贸易·政治·全球化译丛

军费、贸易和大国竞争

迈克尔·P. 格雷斯（Michael P. Gerace） 著
王嘉禹 施 西 译

上海财经大学出版社

图书在版编目(CIP)数据

军费、贸易和大国竞争/(意)迈克尔·P. 格雷斯(Michael P. Gerace)著;王嘉禹,施西译. —上海:上海财经大学出版社,2022.3
(贸易·政治·全球化译丛)
书名原文:Military Power,Conflict and Trade:Military Spending,International Commerce and Great Power Rivalry
ISBN 978-7-5642-3878-0/F·3878

Ⅰ.①军… Ⅱ.①迈… ②王… ③施… Ⅲ.①军事力量-关系-国际贸易研究-西方国家 Ⅳ.①E1②F74

中国版本图书馆 CIP 数据核字(2021)第 200440 号

图字:09-2020-883 号

Military Power, Conflict and Trade

Military Spending, International Commerce and Great Power Rivalry

Michael P. Gerace

ISBN:9780714684482

□ 责任编辑 李成军
□ 封面设计 贺加贝

军费、贸易和大国竞争

迈克尔·P. 格雷斯(Michael P. Gerace) 著
王嘉禹 施 西 译

上海财经大学出版社出版发行
(上海市中山北一路 369 号 邮编 200083)
网 址:http://www.sufep.com
电子邮箱:webmaster @ sufep.com
全国新华书店经销
上海华业装璜印刷厂印刷装订
2022 年 3 月第 1 版 2022 年 3 月第 1 次印刷

710mm×1000mm 1/16 18.75 印张(插页:2) 275 千字
定价:96.00 元

总　序

如果说 2019 年是“黑天鹅”事件频出之年，那么，“黑天鹅”与“灰犀牛”齐舞的 2020 年，可以说是极其不平凡的一年。这一年中，新冠疫情全球大流行，进一步加剧世界经济复苏乏力、收入不平等、增长不确定和不稳定等“老生常谈”的问题。这场疫情对跨地区、跨区域布局的全球产业链产业安全产生了严重冲击，特别是正值选举年的美国，贸易摩擦已经沦为政治选举的工具，美国单方面发起的贸易保护主义行径，已经从关税保护措施跃升至管制技术出口、封杀诋毁外企和限制留学签证，全球保护主义蔓延势头不断上升。与此同时，全球累积的地缘政治风险已经在中东、西亚等地区引发了多次局部性军事冲突，从美伊冲突、土俄在利比亚和叙利亚的角力到印度与巴基斯坦的克什米尔冲突、阿塞拜疆与亚美尼亚的纳卡冲突等，进一步加剧了区域和平发展的不确定性。

可以说，我们正处在一个愈发不确定、不稳定的时代，全球处于百年未有之大变局中，世界进入动荡变革期。第二次世界大战后美国主导的世界经贸规则体系，是世界和平稳定、经济繁荣发展以及全球经济一体化的重要保障机制和驱动力。但从世界经济发展和全球化趋势看，2008 年金融危机以来全球政治经济格局出现显著的调整趋势，涌现出“逆全球化”思潮和贸易保护主义，现有规则体系中的矛盾逐渐累积放大，全球化发展已经陷入前所未有的调整和矛盾。

从更深层次来看，当前世界经济的不确定性和不稳定性来源于以下四大冲击：

第一大冲击来自2019年末爆发并蔓延至全球的新冠疫情。突如其来的新冠疫情在全球蔓延，以极高的传染性使其成为首个真正意义上的“全球化疫情”。在全球化发展深陷泥潭的背景下，新冠疫情阻碍了社会经济活动的正常运行，也进一步影响了国际经贸合作的正常开展，对全球经贸一体化造成了结构性深层次的冲击。同时，新冠疫情还造成了产业安全维度的冲击，包括跨国企业产业链全球布局模式，供应链产业安全等受到空前挑战，航空、旅游等高度依赖外部市场的行业受到外需急剧下降的严重冲击，要素流动严重受阻。此外，新冠疫情还可能对社会经济发展模式产生深远的影响。基于互联网的经济模式以及机器自动化产业在此次疫情期间得到了快速发展，在潜移默化中改变了部分行业乃至社会的运作模式，可能对传统的经济活动方式和就业结构产生长期甚至具有变革意义的影响。

第二大冲击来源于单边及保护主义对全球经贸治理体系的冲击。经验和理论都表明，全球经济一体化是不可避免的发展趋势。但是，受制于全球化本身的结构性不平衡以及由此带来的各种保护主义思潮阻碍了全球化自身的健康发展，第二次世界大战以来建立的现有国际经贸治理体系不断受到挑战与质疑。将“美国优先”作为宗旨的美国特朗普政府，将单边保护主义和民粹主义演绎到极致，从退出《巴黎气候协定》到阻挠世贸组织争端解决机构的正常运作，甚至退出世界卫生组织，这种破而不立的方式显然不利于现有全球治理体系发挥其功能，对全球经贸规则的重构也不会带来任何积极意义。即使美国大选后可能跳出单边主义路线，西方国家中普遍存在的保护主义思潮同样也值得关注。中国等新兴市场经济体通过融入国际分工体系和经济全球化得以快速崛起，这导致新兴经济体的利益诉求、国际地位、权利和义务等发生了重要变化，与发达经济体之间的合作关系和地位也发生了深层次变化。如果发达经济体坚持用保护主义来应对这种格局变化，不仅不利于缓解当前国际治理体系中的南北矛盾，也不利于全球经贸合作的进一步深化。

第三大冲击是中美经贸冲突对全球产业链和分工体系的冲击。美中两国作为全球最大的两大经济体和贸易实体，是全球经贸繁荣和稳定增长的重要压舱石。但是，在特朗普上台后，美国对华政策已经逐渐从特定进口产品的惩罚性关税扩大至惩罚性关税清单，并不断升级至高科技产品出口禁令和恶意抹黑打压中国企业等全方位措施。中美贸易摩擦逐渐转变为中美经贸冲突，对双方乃至区域和全球的经济、贸易和产业发展造成了极大的冲击。美国试图切割、孤立早已同全球产业链深度融合的中国，这不仅提高了全球产业链的运营成本，而且其政策的不确定性对产业安全构成了实质冲击。

第四大冲击是政治军事冲突对区域发展条件造成的冲击。区域和全球和平发展始终是区域经贸发展的重要条件，但近年来不断涌现的政治对立和军事冲突事件对其产生了巨大影响。自 2019 年以来，先后爆发了巴勒斯坦和以色列的加沙地带冲突、印度和巴基斯坦的克什米尔冲突、土耳其先后出兵叙利亚和利比亚、土耳其和希腊的边境冲突、阿塞拜疆和亚美尼亚之间爆发的纳卡冲突等一系列军事冲突。政治军事冲突在西亚和南亚地区呈现出常态化的发展态势，地缘政治正逐渐取代区域经济一体化的地位，这既不利于地区的和平稳定，也不利于区域经济一体化发展。

上述四大冲击不仅反映出如今世界经济发展态势和国际治理体系面临的高度不确定性和不稳定性，也深刻反映出我们正处于世界百年未有之大变局中。从本质上看，国际外部环境的百年未有之大变局体现在，发展中经济体已经更多参与到世界治理体系之中，并由此导致国际政治格局产生变化。对百年未有之大变局，我们有以下几大问题值得关注：

一是全球增长问题。新冠疫情迫使我们深入思考世界经济的增长问题，因为全球化发展难以进一步深化，世界经济已经陷入“长期停滞格局”；新冠疫情对世界经济和全球需求产生短期冲击，以及新冠疫情模式下新技术、新业态将对全球产业结构和产业链造成中长期冲击。同时，2008 年以来各国为应对全球金融危机而普遍采用的货币、财政双宽松的非常态货币政策刺激，在造成全球房地产、股市等资产价格高速膨胀的同时，对经济增长的边际激励效应已呈现出明显的疲软态势。是应当维持非常态货币政策，还是返回常态货币政策，抑或探索其他政策工具？此外，“逆全球化”思潮也是研究全球增长问题不可回避的问题。主流经济学理论可以推定，经济全球化本身体现的国际分工深化、自由贸易发展、全球技术进步和生产力发展，通过市场的相互开放使得各方实现利益最大化。但是在现实中，推动全球化的主体主要来源于发达经济体的跨国企业，而反对全球化的声音也此起彼伏。全球化发展中出现的不同生产要素在国际分工中的收益存在巨大差异问题日益突出；而且，全球化发展中也存在产业转移导致的产业空心化、失业加剧和世界经济层面的“储蓄—消费”结构性失衡问题。这些问题都是全球化进一步深化亟待解决的问题。

二是不平等问题。在现有国际经贸规则体制的有效作用下，随着全球经济的发展，收入不平等问题在全球范围普遍存在，而且呈现加剧的可能。一方面，各经济体间收入不平等问题愈发突出。虽然以中国为代表的新兴经济体在全球一体化进程中取得了高速发展的经济成就，但是在剔除中国等少数发展中经济体后，大多数发展中经济体与发达经济体的经济发展差距呈现出进一步拉大的趋势。这不仅是因为发展中经济体难以顺利融入全球一体化发展进程，还因为当前国际治理体系下，发展中经济体缺乏基础设施建设等公共产品，难以跨越“马尔萨斯陷阱”以及所谓的“中等收入陷阱”。另一方面，经济体内部的收入差距扩大也是值得关注的问题。正如法国经济学家托马斯·皮凯蒂在《21世纪资本论》中所论证的，自由市场经济在财富分配不平等问题上存在市场失灵，较高的资本回报率导致贫富差距的扩大，可能导致一系列社会问题以及长期经济增长难以为继。

三是全球化趋势问题。第二次世界大战以来，以中国—西亚—美欧为核心的全球生产中心、全球能源中心、全球消费中心的“三角稳态格局”开始被打破，全球供应链、产业链、价值链面临重构。一方面，即便美国政权更迭后放弃单边主义，美欧等西方经济体已经愈发重视国内产业空心化和失业问题，由此导致部分产业回归成为必然趋势。而中国等新兴经济体的企业为提高自身在全球价值链中的地位和扩大市场，扩大对外投资以及参与全球资源要素配置势在必行，将调整当前由发达经济体跨国公司主导的全球产业链的布局结构。另一方面，中国等新兴经济体的收入水平上升，带动了国内消费市场规模的扩大，这将对美欧国内需求市场疲软起到一定的补充作用，进而形成以发展中经济体内需市场为核心的区域性经贸一体化新格局。

四是国际经贸规则问题。数十年来，以 GATT/WTO 为代表的多边贸易体制面临多方面的挑战。多边体制的多数谈判停滞不前，拉大了现有多边经贸规则体系与现代全球经贸模式之间的差距。在发达经济体和发展中经济体谈判矛盾无法调和的情况下，多边体制“协商一致”的原则被认为缺乏必要的政策灵活性。在普遍认同国际经贸规则急需改革的背景下，如何改革便成为十分突出的问题。“协商一致”是否有必要妥协和修改？是放任更具灵活性的双边和区域贸易体制，还是通过诸边体制“曲线救国”？与此同时，美国在部分双边贸易协定中设置的“毒丸条款”体现出极大的负外部性。此外，在互联网、大数据等新科技快速发展的背景下，数字贸易已经成为不可忽视的重要经贸模式，特别是科技企业往往体现出较强的垄断性和产业边界模糊性，对现有监管模式和监管政策也提出了严峻的挑战。

五是全球经济治理问题。第二次世界大战以来的现有全球治理体制主要由发达经济体主导，但是在经济发展和科技进步等因素下，该体制存在问题和缺陷是发达和发展中经济体的共识。但是，各方对于如何解决这些问题缺乏共识。国际经贸规则需要的究竟是重构还是修正？同时，对于以中国为代表的发展中大国的崛起，如何避免陷入“修昔底德陷阱”和“金德尔伯格陷阱”，是当前各界亟待破解的问题。

这五大世界经济问题是全球性问题，既需要我们开展全面深入的前瞻性、战略性思考和研究，也需要我们放眼全球，分析和借鉴海内外优秀学者的最新研究成果，发挥他山之石的启迪和作用。

也正因为如此，由上海财经大学出版社选编出版此套“贸易 · 政治 · 全球化译丛”。译丛共包含八本著作，大致分为三个领域，分别是世界贸易体系研究、美国贸易政策研究和自由贸易思想史研究。

《世界贸易体系中的政治经济学：WTO 及未来》（原书第三版）是兼具通识

性和专业性的专著。作者用严谨的逻辑和翔实的资料，系统论述了当前世界贸易体系制度设计的历史背景、经济学原理和内外政治因素。例如，自世贸组织成立以来，国际贸易体系呈现亦步亦趋的发展形势。该书始终将以 WTO 为代表的多边贸易体制作为核心，不仅详细梳理了其谈判历程和背后政治格局，而且着重分析了该机构作为各贸易经济体协商贸易政策的重要平台作用。对于区域贸易等当前全球化所面临的诸多问题与挑战，作者也予以客观介绍和理性探讨。这有助于读者更好地判断未来世界贸易体系的发展趋势。

继创造"资产负债表衰退"概念之后，辜朝明在《大衰退年代：宏观经济学的另一半与全球化的宿命》中再次提出了全新概念——"被追赶经济体"。有别于"马尔萨斯陷阱""中等收入陷阱"等聚焦发展中经济体发展问题，本书以全新的理论分析当今发达经济体出现的经济增长停滞和收入不平等问题，可以理解为高收入水平阶段发展陷阱的研究力作。作为日本著名的经济学家，作者对当前发达经济体所面临的经济与政治困境的核心驱动因素做出界定，并试图跳出当前财政、货币双宽松的发展思路，提出可行的发展思路，体现了其敏锐的洞察力和思想力。

《军费、贸易和大国竞争》是本译丛中唯一一部专注于第一次世界大战前国际经贸体系研究的著作。作者将军事冲突和国际贸易的关系作为研究对象，是国际贸易领域中较为冷门的选题，对国际贸易和国际政治领域研究起到了重要的补充作用。尤其是，作者建立大国关系估计模型，从军事力量与商业合作的角度研究大国之间的竞争合作关系，研究角度新颖且具有创新性。同时，联想到当下复杂的国际形势，不禁令人引发对国际和平局势和趋势变化的遐想。

《国强国富：第二个千年的贸易、战争和世界经济》是一部经济史巨著。作者引用了大量的当代经济学研究成果和经验证据，系统分析了过去一千年以来重大历史事件对国际贸易和地缘政治格局的影响，以及贸易、殖民地在西方世界的崛起及其现代经济增长进程中发挥的作用，有助于读者更好地理解当今世界经济体制。本书从历史的角度，诠释过去一千年来世界各区域的贸易模式及其演进、全球范围的长期经济和政治发展趋势，以及这两者之间的相互作用。

相比众多传统国际贸易和世界经济研究著作，本书的侧重点放在区域经济和地缘政治上。这不仅体现在作者将世界七大区域作为研究单元，而且体现在作者强调地缘政治与国际贸易互为因果的关系。此外，作者还突出分析了军事在国际贸易中的作用。

《四处贩卖的贸易保护主义：〈斯穆特-霍利关税法案〉与大萧条》一书只有四个章节的篇幅，却对《斯穆特-霍利关税法案》的前因后果做出了权威描述。这部被誉为美国史上最臭名昭著的法案，通常被认为是引发 20 世纪 30 年代大萧条和第二次世界大战前世界贸易秩序崩溃的导火索，也是国际贸易学者热衷于引用的经典反例。作者首次全面阐述了该法案背后的美国政治背景以及后续引发的经济后果、国际反响和遗留问题。本书的意义不仅在于警示贸易保护主义在历史上所造成的全球性损害，还在于帮助读者更好地理解美国贸易保护主义思想背后的政治和经济背景。此外，作者采用了新版序言，其中的故事可以视为如今美国政府再兴单边贸易保护主义政策的宝贵教训。

《国家财富：美国贸易政治史》是一本系统研究美国贸易政策及贸易政策背后政治因素的著作，具有很强的学术性和可读性。作者将美国的贸易政策发展脉络分为三个重要阶段，分别是美国贸易保护主义的兴衰、自由经济秩序的建立以及贸易保护主义的复活。本书还选取美国历史上具有转折意义的历史人物，生动刻画出美国贸易政策转变的政治背景和政治决定因素，以便读者更深入地理解美国政治与贸易政策的关系。

《贸易战：国际贸易政策的激进主义和政治化》一书则专注于目前美国最重要的区域贸易安排——《北美自由贸易协定》。相比其他侧重于政府利益角度的研究，作者还利用大量档案材料和数据，着重分析了工会、环境活动家等美国社会政治团体对该协定产生的影响，有助于读者更全面地了解不同利益团体在国际贸易政策中扮演的角色。本书有助于读者更好地理解在《北美自由贸易协定》中纳入劳动和环境保护等条款的政治因素，也有助于理解民间组织在制定国家政策方面的作用。

《自由贸易思想史》对自由贸易思想史的梳理具有重要的学术价值和借鉴

意义。其学术价值不仅在于梳理出自由贸易学说的发展脉络，而且在于整理和对比主要贸易保护理论，从侧面对自由贸易学说的必要性、严谨性、可行性进行了支撑性论述。这有助于我们加深理解自由贸易的理念和意义，也有助于进一步理解为何中国始终坚持对外开放原则和高举自由贸易旗帜。

本套译丛无论是专题的编排还是书目的挑选，都体现出上海财经大学出版社的用心良苦和高瞻远瞩。一方面，译丛所选著作均出自国际顶尖学府的著名经济学家之手，书目的内容体现出极高的学术权威性，其中一本著作更是荣获ASA 2019 年"查尔斯·蒂利杰出图书奖"(Charles Tilly Distinguished Book Award)。另一方面，本套译丛包含了翔实的资料和夯实的数据，十分有利于读者全面和系统地掌握世界经济的发展历史。同时，本套译丛突出了世界经济研究中政治经济学和国际政治研究的地位，顺应了当前全球化发展进程中政治要素影响愈发突出的趋势，有利于国内读者更好地理解国际经贸发展的态势。

本套译丛的翻译和出版工作具有重要的现实意义和学术价值。在面对百年未有之大变局之际，通过前瞻性分析、经贸史学研究等方法，我们可以更加深入理解之前百年的格局，更有助于正确掌握事物变化的客观规律，准确判断未来百年的世界变局。特别是如今经济全球化发展中愈发突出国际政治因素介入的影响，对世界经济的研究已经脱离不了从国际政治角度的研究。同时，译丛中多本译著为国内读者提供了全面而系统的美国政治资料，有助于国内学界更好地把握美国贸易政策变动的趋势。

权 衡

于上海市淮海中路六二二弄

2020 年 12 月

序

在本书中，迈克尔·P.格雷斯以第一次世界大战前波澜壮阔的历史时期为例，探究了军事力量与国际贸易之间的联系。事实上，很多军事家对此都有非常清晰的认识。孙子和克劳塞维茨(Clausewitz)以各自的方式认识到国民经济在生产战争所需资源方面的重要性。由此看来，通过军事行动达成富有成效的军事经济目标在理论上并非重大飞跃。二者之间的联系既可以是直接的[例如百年战争中的烧杀抢掠行动或谢尔曼(Sherman)将军在美国南北战争中著名的横穿佐治亚州行军]，也可以是间接的(如西线消耗战中，不仅要消灭敌人的军事力量，而且要打击支持他们的脆弱经济环节)。

在航空时代到来之前，马汉(Mahan)、科比特(Corbett)这样的海洋军事家将此发扬光大。对他们来说，商业基本上就是依靠商船把货物和人员从世界上的一个地区运送到另一个地区。这为各国开展海上贸易迎来了良机，通过海洋，他们可以进入发达国家及其市场。这反过来也为建立海洋霸权提供了物力、财力(水手、港口、船只、从事海上贸易的商人阶级，可以为政府提供扩大并维持其舰队的经济基础)，而海洋霸权的建立反过来也促进了海洋事业的进一步繁荣。这实际上是一个良性循环。能够利用这种协同效应的国家能在和平时代繁荣发展，亦能在战争时代取得胜利。根据马汉的理论，这也解释了海洋国家能取得如此成功的缘由："通过海洋贸易和海洋霸权掌控海洋意味着取得了支配世界的影响力……也是提升国家力量和繁荣程度的主要物质因素。”[1]

当然这种体系也存在缺陷。海基贸易很容易遭到攻击，而海军的主要职责便是保护它。马汉进一步论述：“海军的必要性……因此，它从一种和平的航运中产生，并随之消失。”同样，另一方的商业也成为旨在破坏敌人战争经济活动有利可图的目标，因此过去的海上大战往往围绕着保卫或攻击海上贸易展开。

正如迈克尔·P. 格雷斯所论述，在过去，人们很容易将军事力量与经济竞争联系在一起。在经济竞争中，一个国家“以优势贸易”的愿望几乎可以被其商业对手视为一种战争形式。这体现在重商主义与军事力量最密切的联系上。这是一种极具竞争性的交易，其目标是获取最大的短期利润，同时将商业竞争对手打得落花流水。19 世纪英国对中国发动的臭名昭著的鸦片战争就是一个典型的例子，前者利用军事力量迫使后者在不利的条件下进行贸易活动。

但与此相反的是，英国的曼彻斯特学派认为繁荣不应是零和博弈。双方受益且促进人类繁荣的自由贸易会缓解紧张形势，发展人类社会的合作精神，最终导致诉诸武力解决争端被看起来是不适当的，甚至会适得其反。因此，重商主义、发扬军事力量作为一方，与另一方的自由主义、自由贸易和和平主义站到了对立面。

在一个国际关系概念向另一个国际关系概念过渡的关键时刻，迈克尔·P. 格雷斯对这些主题进行了十分必要的探索。他指出，这种两极分化太过简单，武装力量的效用会随着国家和群众之间贸易增加而下降的观点是完全错误的。的确，许多人认为，海权本身从一开始就深受自由主义和自由贸易的影响。军事力量，至少是海军的军事力量，似乎不仅是重商主义的核心，而且是已经在很大程度上取代重商主义的偏向自由和合作的商业愿景的核心。没有什么比这更清楚地表明迈克尔·P. 格雷斯所研究的商业和军事力量之间持续变化的联系的必要性。此外，在 20 世纪之初，当国际联盟认为自己是在捍卫全球化的贸易体系，但这个体系最终被认为是有利于全人类时，这样的研究恰逢其时。

杰弗里·蒂尔(Geoffrey Till)教授
伦敦大学国王学院学术研究主任

注释

1. 引自William E Livezey, *Mahan on Sea Power* (Norman, OK: University of Oklahoma press, 1981) p 281–2。
2. 引自A. Westcott (ed.), *Mahan on Naval Warfare* (Boston, MA: Little, Brown, 1919) pp. 16, 18。
3. 例如，参见Peter Padfield, *Maritime Supremacy and the Opening of the Western Mind* (Woodstock and New York: Overlook Press, 1999); Michael P.Gerace, *Seapower: A Guide for the Twenty-First Century* (London: Frank Cass, 2003)。

目　录

引 言

这本书是关于在第一次世界大战之前大国之间军事力量和国际贸易相互作用的研究。一方面，这本书研究 1913 年以前大国自身的行为，重点是它们的冲突和对抗行为是如何与商业行为交织在一起的。在此方面，笔者最感兴趣的是，在和平时期持续存在的冲突格局是如何受到这些国家商业活动影响的。另一方面，这本书探讨了一个更为深远的问题，即军事力量和国际贸易如何在更广泛的范围内相互作用。笔者使用了大国纷争年代的大量统计数据，检验了本书提出的问题。两次世界大战之间及战后时期，虽然通常被排除在外(除非进行了简短的比较)，但它们将是下一个需要考察的合理时间段。

这项研究的框架性概念是，大国的军事力量和商业是不可分割的。在主要的战争时期，商品和军事力量的安全流动是国家的生命线所在。在相对和平时期，贸易和战略紧密相连，构成了一个国家外交政策的核心。虽然这本书提出了军事力量和商业共同变化的观点，但是这种关系的本质及其如何随着时间的推移，在国家之间、在竞争的条件下如何表现，仍然有待研究。迄今没有一项研究试图解释军事力量和商业贸易之间的全部关系，它们之间关系的问题也从未被直接提出。事实上，以当前的学术研究趋势看，这个想法似乎不合时宜。

虽然军事力量和贸易的关系几经争论，但仍浮于表面，没有任何研究试图直接回答这个问题。然而，对世界政治的普遍观察似乎证实，大国的商业活动所到之处，军事力量也随之流动。两者之间的联系往往是问题的核心。不管你听到的是贸易路线需要保护、国际经济关系已成为冲突的主要舞台、原材料的战略意义，还是关于一个国家的海军封锁了另一个国家贸易的新闻，以上种种现象意味着某种形式的军事力量和商业之间的关系。

本研究的目的在于对军事力量与商业贸易之间的关系进行论证，进而确定军事力量与商业在大国之间的关系。在构建论点时，笔者深入研究了几个相关的论点，它们以不同的方式与这个问题相关联。本书的核心是实证材料，并使用了有关大国的一手数据(大部分来自其国家统计数据系列)。笔者认为军事力量和商业是直接相关的，这部分是出于现实主义和重商主义的推理，部分是出于试图以一种非常实际的方式理解变量是如何相互作用的。虽然这一论点可能在一些传统的著作中找到共鸣(在本书第一章中有所论及)，但它并不符合当前的研究趋势。

一段时间以来，有一种流行的说法是，相互依赖的全球经济已经改变了世界政治的性质，已经到了军事力量正在或已经被剥夺其作用的地步。基于相互依赖理论的研究通常认为军事和商业是相互排斥的。当前全球化理论研究的很大一部分也是如此，它们似乎重提了许多相互依赖的主题。虽然在这篇文献中没有系统地论述军事力量和商业是如何联系在一起的，但总体上这两者是反向相关的。上述观点可以这样总结，即军事力量在世界政治中扮演的角色相对狭隘，仅仅是解决涉及主权、领土和征服等传统问题争端的手段之一。如果经济上的相互依赖削弱了主权，使领土问题变得不那么重要，那么军事作用下降似乎是合理的。

经济上的相互依赖将使军事力量的作用下降，这一观点在西方有很大的共鸣。重商主义与军国主义(此后的自由主义与和平)之间的传统联系显然植根于国际关系中的理想主义传统。把“没有政府的经济是最繁荣的经济”这一概念应用到国际关系中，产生了一种复杂的规范性信念，推动了这种推理：贸易的繁荣带来和平，因为所有国家都可以不受阻碍地追求自己的理性私利；经济匮乏滋生战争；重商主义滋生经济需求，因而会导致军事竞争和战争；因此，在一个繁荣的世界里，国家间的比较优势决定了国际关系，军事力量将不起作用。

主权正在衰落的概念也可以这样说：世界经济的变化将不可避免地导致国家制度结构的变化。由于各国日益陷入经济和相关联系之中，它们控制环境和实现目标的能力越来越差。这些经济变化最终将通过剥夺战争赖以发展的环境，即主权国家的竞争体系，来清除世界政治中的战争。

虽然这些问题在本书第一章和第二章中得到了更充分的论述，但笔者要在这里指出，上述论断似乎反映了规范偏好，而不是实证结果。在第一次世界大战之前，列强之间在经济上相互依赖，虽然它们宣称拥有主权，但却随时准备干涉彼此的事务和其他国家的事务。它们之间相当大的经济相互依赖并没有阻止其建立庞大而好斗的军队，这些军队似乎漫游在这个星球上，寻求战争的可能性。

军事力量在和平时期所扮演的角色是这个问题的一个关键点，实际上也是整个研究的关键点。当然，任何对军事力量的研究，其自然焦点都是战争。我们在世界政治中对军事力量的总体看法受到其作战职能的制约。正如下面几章所讨论的那样，我们倾向于把军事力量定义为一种相当狭隘的角色。我们从作战能力和潜在战争的角度评估国家间军事力量的分布，同时将军事力量置于国家间日常关系的边缘地位。因此，人们对军事力量在和平时期所发挥的系统性作用没有明确的认识，而这一作用可能是大国和平关系的核心。正如第三章所讨论的，军事力量在世界政治中有相当广泛的作用，远远超出了所谓的传统问题的范围。这些作用中有许多是在和平时期体现的，许多和平时期的军事活动在某种程度上涉及国际贸易。这些与商业相互作用的军事行动，在和平时期大国的日常行为和政策中是显而易见的，笔者认为，在当今世界的主要国家中也是如此。国际贸易问题与战略和安全问题，并不是完全可以分割的。两国之间的联系是多方面的（见第三章）。例如，在第一次世界大战之前，英国是一个典型的自由贸易国家。在此期间，与其他国家相比，其贸易与财政之间的关系可能比其他国家更为密切，在地理上也更为分散。然而，英国仍然保持着一支庞大而极具侵略性的海军、一支陆军和一支殖民陆军，同时推进着全球政治、军事和经济行动，以维持和保护英国的自由贸易体系。一些粗略的其他国家的例子包括法国海军如何经常以对抗英国商业的私掠战术[1]作为其和平时期的策略，或者殖民军队如何通过武力获得领土以进行贸易扩张，或者是美国亚洲舰队如何强行进入中国水域以扩大和保护美国的贸易利益。

第二次世界大战后，同样的问题也有很多，尽管殖民主义已失去其土壤。例如，美国（也是当时主要的自由贸易国家）在和平时期的战略利益，就体现了军事力量与商业之间许多相同的关切和联系。还有一些例子包括美国海军在保护贸易路线方面的作用，或者战后美国的盟友也是其主要贸易伙伴的事实，以及美国定期使用海军力量封锁和破坏其他国家的贸易（即制裁）。军事力量和商业之间的联系在苏联也很明显。它在冷战期间的盟友（东欧，一度还有中国）也是它的主要贸易伙伴。人们可能会说，东欧与苏联结盟是自然而然的，但这完全无关紧要。军事利益和商业利益之间仍然有密切的联系。如果我们再看看战后时期的小国，无疑会发现无数与贸易关系存在某种联系的军事行动。此外，贸易和金融经常接近大国外交的中心。认为经济问题的重要性是新问题的观点是完全错误的。19 世纪见证了许多国家之间出于政治动机的借贷，以及关税和贸易方面的无数冲突。贸易和财政问题往往是外交问题和冲突的重要方面，即使最初的问题与商业关系不大。一个主要的例子就是 1894 年法国与俄国签订的意图抵御德国的《法俄条约》。另一个是贸易和金融的作用，如巴格达铁路问题与英德在土耳其的竞争有关。也许当时大多数主要的外交问题都涉及贸易或金融方面。

这里的重点是，商业与战略问题交织在一起。一个国家的商业利益和军事利益，或者至少是和平时期军事力量的使用，并不是相互独立的。正如笔者希望在第三章中所论证的那样，理解各国军事和商业行为之间的相互联系是理解和平时期冲突模式的核心。

本研究的主要问题

通过如上论述，那么本研究的主要问题就减少到三个：军事力量与商业有何关联？这种关系在不同国家有何不同？这两个问题将通过探索军事力量和商业在一般意义上相互作用的实际方式，然后将这些相互作用建立在一个本质上是现实主义的论点上，以促进研究。虽然这本书的观点是现实主义的，但这本书本身并不是关于现实主义的。对国家间权力关系的关注，以及与之相对应的现实主义、重商主义推理元素，使本书成为现实主义作品。事实上，重商主义更与本研究直接相关(尽管通常被忽视，甚至在当前研究中令人不悦)。这些问题将在第三章讨论。

第三个问题是，和平时期的军事对抗如何影响贸易关系？这个问题涉及似乎在和平时期持续存在的冲突模式，或至少在第一次世界大战之前确实存在的冲突模式。这里的问题可归结为一个实验，即各国之间的贸易扩张和冲突是否相互排斥，如果相互排斥，那么在什么情况下相互排斥。关于这个问题最复杂的文献是关于冲突和贸易的(见第二章)。尽管这一模式中较早的文献倾向于发现冲突与贸易之间的反向关系，但最近的发现是正向、反向关系各占一半。

尽管笔者没有在本研究中建立冲突和贸易模型，但本研究与相互依赖理论相联系，从而与当前的主题相关。这本书的实证部分涉及冲突和贸易研究，表现在两个方面。一是在第四章和第八章的回归模型中检验了冲突和战争的关系。二是笔者在第七章分析了三种贸易关系情景下的竞争大国的贸易数据：竞争对手之间的贸易；它们与第三国市场的贸易；它们与第三国的贸易，虽然对方不是一个大国，但却是其竞争对手。在这三种情形中，有待确定的问题是竞争对手的贸易地位是否表现出任何形式的两极分化，即一国的地位上升而另一国的地位下降。这种关注的部分动机是为了证实英国对德国在国际贸易市场上以其利益受损为代价获取利益的抱怨(见第六章)。

这些问题看似简单，但军事力量与商业之间的互动方式可能非常复杂。这些问题也很重要，因为军事力量和商业的联系作用可以上升到大国关系的核心层面，例如，军事力量在和平时期的作用和用途，国家间冲突相互依赖的重要性，贸易和军事行为如何相互作用以及大国之间的和平结构。

为什么选择第一次世界大战前的时期

为了探讨这些问题，本研究分析了 1913 年以前各大国的贸易和军事数据，包括美国、英国、法国、德国、意大利、俄国和日本。除了简单的统计数据比较，奥匈帝国通常被排除在研究之外。这样做的原因是，统计奥匈帝国的数据存在诸多困难，包括货币单位的变化和许多数据的单独计算（如预算数据），以及数据的可用性问题。

本研究的起始日期有些随意，一般是在 1850 年之后，但随后的时期通常被认为是大国竞争的经典时期。尽管这些国家的一些数据可以追溯到 1850 年，但其中大部分数据仅可追溯到 19 世纪 60 年代或 19 世纪 70 年代初。例如，统一后的德国的数据始于 1871 年，意大利的数据始于 1861 年。然而，英国、俄国和法国的数据从 1850 年起就可以轻易获取，而有些数据则更早便有记载。

研究第一次世界大战之前的时期，以理解军事力量和国际贸易如何相互作用，这有几个有趣的原因。这一时期是大国竞争的经典时期，其本身就很有趣，也很重要。在许多方面，这一时期给现代竞争性国家体系打上了烙印。除了本研究中的国家在过去和现在都是世界上最重要的国家之外（尽管在不同程度上），它们的军事和国际贸易构成了这一研究课题的绝大部分。

然而，最重要的是第一次世界大战前的一小段时间为本研究中的大量主要国家的关系提供了现代历史上最好的机会：因为所有样本国家都参与商业和军事的竞争活动持续了很长一段时间。第一次世界大战前时期的特点是：各大国之间的贸易和稳定的商业关系不断扩大，贸易关系普遍保持稳定（偶尔出现短期争端），各种军事、外交和商业激烈竞争，而所有大国都在不同程度上卷入其中。这些国家之间也存在一定程度的战略和商业多样性，因此可以进行一些有趣的比较。一些国家是海上强国，一些国家是陆地强国，一些国家是资源丰富的国家，一些是资源贫乏的国家，一些国家奉行自由贸易政策，一些国家奉行重商主义政策，一些国家拥有海外帝国，一些国家在陆地上扩张。

第一次世界大战前的时期吸引人的另一个原因是，从数据的角度来看，这段时期足够长和稳定，足以提供足够的时间数列来进行当前的研究。19 世纪的统计报告质量高，而且稳定。在第一次世界大战后，各种国家统计丛书的质量和细节明显下降。使用的数据和来源的描述可以在附录 1 中找到。

现代唯一的另一个多极体系是在两次世界大战之间。然而，两次世界大战之间的年份不如前一段时期那么有吸引力，它们的长度要短得多，而且以混乱为特征。战争的后果、大萧条的冲击、俄国共产主义以及意大利和德国法西斯主义的兴起，所有这些都影响了数据的连续性(尽管意大利的问题要少一些)。事实上，两次世界大战之间的那些年并没有提供本研究中所有国家足够的年度数据。

苏联政权建立后，大量的俄国数据不再有用，甚至不再可用。除了第一次世界大战、革命和内战造成的最初混乱之外，苏联的统计数据还存在政治保密问题。还有一个更深层次的问题，即苏联数据中普遍存在的随意性。由于苏联计划经济对于商品价格和数量的集中管理(1918－1922 年的战时共产主义时期，以及后来从 1930 年起斯大林的集体化运动)，以货币形式表示或反映价格信息的数据本质上是武断的，而且没有通过市场定价。因此，汇总的数据没有反映根本的经济状况。实际上，人们认为苏联的数据可能并没有衡量出他们在衡量的东西。

德国在两次世界大战之间出现了另一个数据连续性的主要问题。这里面临的第一个问题是 20 世纪 20 年代初到中期，由于恶性通货膨胀，德国物价水平不稳定。这种不稳定性破坏了数年的数据。然而，不久之后，纳粹掌权，数据报告出现了明显的变化。例如，1934 年以后，德国的国家统计丛书不再报告德国的军事数据。有一些关于德国在 1938 年之前的总军费开支的估计[1]，但是以通常的方式可以得到的信息已经结束了。最理想的情况下，人们可以从国家统计丛书中获得到 1934 年的德国军费的时间序列，尽管在 20 世纪 20 年代中期这会很麻烦。

意大利似乎没有同样的问题。尽管随着 1922 年墨索里尼政权出现和 1925 年后自由秩序瓦解，意大利的数据在此后很长一段时间仍保持着惊人的连续性。当然，意大利法西斯远不如德国法西斯那么集权和激进。直到 20 世纪 30 年代末，大多数意大利的军事和贸易数据一直都是可用的。然而，在 20 世纪 30 年代的意大利，只有全部的军费开支是可用的，而最后一次在国家统计丛书中披露军费开支是在 1937 年。

冷战时期也许是这三个时期中最独特的一个时期，主要因为这一期间只剩下两个大国可以进行这样的研究(其中只有一个拥有可靠分析的军事和经济数据)。当然，西欧和日本在第二次世界大战后的数据是可得且可靠的，但是这些国家在冷战期间所扮演的角色与其在第一次世界大战之前或两次世界大战之间的那些年截然不同。西欧和日本不再如第一次世界大战一样扮演参与者的角色，而是成为超级大国政策的响应者。西欧和日本在第二次世界大战后成为美国的安全与贸易伙伴，所扮演的角色受到了很大的限制。英国和法国在地区外保持了其军队的作用，但是德国、意大利和日本没有。

更合理的解释是，同盟国的军队是以美国为中心的集体安全秩序的一部分。此外，西欧和日本在冷战期间的贸易扩张在很大程度上受到以美国为中心的世界经济的限制。因此，冷战时期主要国家之间的军事力量和商业之间的相互作用，必须从盟国的集体安全和贸易联盟的角度来理解。然而，就大国而言，美国仍然是拥有足够数据进行这类研究的唯一候选国家。

在第二次世界大战之后的时期，从横向的角度研究这一问题可能会更有成效。由于世界上国家数目的增加，自 1960 年以来，这种研究尤其如此。一项包括当今世界上所有不同国家的研究，将有助于更深入地理解军事力量和商业在各种不同条件下是如何相互作用的。从数据的角度看，世界银行、国际货币基金组织等国际组织广泛提供了许多国家的数据。

研究方法

本研究的基本论点是，军事力量和贸易活动是共同变化的，且有充分的理由加以论证。笔者还认为，军事竞争对贸易两极化的影响取决于贸易的类型。大国之间的贸易不存在两极化，尽管竞争确实会使贸易冲突加剧(不一定是同一件事)。互为竞争对手的国家在第三国市场的贸易中，无论第三国是另一个大国抑或本身就是竞争的目标，都存在竞争对手之间的贸易极化。这些发现适用于第一次世界大战之前的主要国家。笔者不会推断 1913 年以后的情况。两次世界大战之间的年代和冷战时期与第一次世界大战之前的时期有很大的不同。然而，笔者认为，本研究的结果确实引发了有关军事和商业扩张问题的思考。

这些发现是通过综合运用分析和描述方法得出的。回归模型在第四章和第八章中使用国家一级的数据估计，相关定义详见第三章的最后一节。第四章研究的 7 个国家中每个国家有 4 个单方程模型，第八章中有 6 个回归模型(共 34 个)，第八章的回归模型是基于第四章的回归模型。虽然这些模型是单方程估计，有观点认为应该把它们作为一个方程组来估计，但是出于几个原因，笔者选择不这样做。虽然基本模型已经在第三章中给出了定义，但是笔者仍然想让数据在这些限制中自圆其说。除了所有的经济和军事变量，还有一组虚拟变量用于冲突、战争，以及笔者想要测试的重要日期和转折点。笔者还想通过使用这些虚拟变量测试某些自变量与因变量之间关系的可能变化。在回归量的论证和选择所设定的范围内，笔者希望每个模型尽可能令人信服，而不受估计系统需求的约束。虽然这一决定可能会招致批评，但第四章和第八章中介绍的模型既可靠又具有挑战性。

第五、第六、第七章使用了描述性统计表检验大量的商业和军事数据。使用这些表格的总体目标是将详细的贸易和军事信息整合到大国行为的历史背景中。在第六章和第七章的军事和商业政策方面尤其如此。对大国行为的描述和分析依赖于二手文献，主要来自历史和相关著作。大国竞争的故事并没有以一种全面的方式呈现。大量的外交和联盟被排除在讨论之外，或者只是简单地提及。相反，实质性的讨论集中在军事和商业互动上。

虽然笔者依靠二手文献提供实质性材料的参考，但统计表提供了一定程度的商业和军事细节，这是大国研究中经常缺失的，也提供了很多难以获得的数据。例如，第六章的区域贸易和商品组表大部分(虽然不是全部)是笔者根据年度贸易表编制的。“军事力量”一词在本书中被广泛使用。在回归分析中，这个术语与军费开支同义，并用于大多数描述性数据。的确，军事力量是一个广泛的概念，可以用任何数目或各种因素的组合表示。有观点认为，在比较不同国家时，总开支并不是衡量军事力量的最佳指标，这种观点有一定道理。有学者认为，能够影响军事力量水平的军队之间的差异没有考虑在总支出中。相反，有人认为，军队的作战和维护预算是综合国力的更好体现，因为作战和维护预算将随着军事装备数量的增长和军事技术变得更加复杂而增加。[2]

这一论点可能有几分道理，尽管不可能获得有关期间内所有七个国家的详细军费开支细目。虽然在一些国家比较容易在几年内获得军费开支的次类别，但不可能在所有国家和所有年份都这样做。因此，这里使用了全部军费开支。上述观点还可能存在的一个缺陷是，技术和重要设备维护的成本不会保持不变，它们之间也不会有一个恒定的比例，因此，军事行动和维护预算的规模可能无法准确反映军队的资本密集程度。实际上，一支军队的行动和维护预算在很长一段时间内可能是下降的，尽管这支军队的技术有所改进。

本研究中唯一会经常使用的支出细目是陆军和海军的支出。还应指出，这里使用的是实际用于军事的数额，包括普通和非常开支，而不是预算中拨出或表决的数额(见附录1)。

军事力量一词在这本书中也以一种相当实际的方式使用，因为它不断地提到军事的实际用途，而不是用这个词来表示更广泛或更分散的军事力量的概念。鉴于军费开支反映了这些使用军事力量的费用，因此，将军事力量作为军费开支的同义词应当不会过分误导读者。这在第三章中有更详细的论述。

论 点

这项研究的一个重要部分是详细阐述重商主义的军事层面。第三章提出的论点是,军事力量和商业之间的关系建立在军事力量和贸易之间多方面联系的基础上,而这些联系是重商主义行为的各个方面。无论一个国家是否奉行自由贸易政策,这些联系都是显而易见的。笔者没有把第三章中的论证称为理论,因为它是故意自下而上建立的,而不是自上而下建立的。

这意味着笔者并没有从国家行为的一般假设出发,然后试图对这些关系进行理论化,而是试图在第三章较低层次上论证所提出的关系。在对重商主义进行了适当的讨论(不幸的是,这可能显得有些笼统)之后,笔者接着详细阐述了军事力量和商业之间的具体联系,目的是以具体的方式揭示这些变量之间的实际联系。虽然这些联系的各个方面可以在大量的文献中找到(参见第一章),但是没有人试图以系统的方式研究所有这些联系。在介绍了军事力量和商业之间的联系之后,笔者试图评估这些联系可能以何种方式形成变量之间的关系。

采用这种自下而上的论证方法有两个原因。

首先,军事力量和商业之间的联系实际上不是一个问题。也就是说,虽然这个问题涉及许多工作,但在任何地方都不是一个问题。笔者甚至会说,这个问题本身缺乏吸引力。读者可能会适时地问:"为什么军事力量和商业要联系在一起?"这在文献中并无先例。然而,正如笔者希望在第三章中说服读者的那样,军事力量与商业之间存在着如此之多的联系,其中许多是在和平时期运作的,以至于我们有非常好的动机期待这两者之间存在某种关系。

其次,笔者不想把这种关系建立在泛泛而谈的基础上,而是把它建立在切实、具体和常识性的联系上。常识性问题至关重要。国际关系的研究常常似乎为了(有时是模糊的)一般性而牺牲了常识性的联系。第一章和第二章的文献将证明这一点。尽管有些文献在使用理论和方法方面很复杂,但这些文献往往忽略了这些变量如何以及为什么以一种非常实际的方式相互作用的问题。

这个问题实际上比现在的问题更广泛。笔者对用传统的方法建立一个真正令人信服的理论论证的前景缺乏满足感，这使笔者对常识性问题进行了深入的思考。为什么指向相反结论的理论也同样合理呢？即使一个理论非常清楚，甚至是严格的（也许甚至是基于理性选择的），它也可能被另一个提供同样令人信服的观点的理论所反对。这涉及一个长期存在的问题：为什么国际关系中的理论（也许更普遍的是政治科学中的理论）没有进步——或者，至少没有产生一套像经济学中的理论那样结构良好、分析有力且实用的理论体系？这其中肯定有很多原因，但笔者想到了一个基本原因，它与笔者所说的变量的常识有关。例如，在比较政治学和经济学时，笔者注意到经济学中使用的大多数变量似乎都包含对其行为的直接常识参照，而政治学中使用的大多数变量则不包含。笔者在这里用常识这个术语指一个变量的行为中最基本的含义。如果一个变量包含一个与之相关的直接常识，那么该含义对观察者来说是不言而喻的，通过检验也是正确的。

举几个例子来进一步说明，以利率为例，它是一个宏观经济变量（实际上，银行间贷款利率是决定经济中其他因素的关键指标）。这个变量要么上升要么下降，当它上升或下降时，我们马上就知道它意味着什么。假设利率上升，其他一切保持不变。不考虑任何理论或其他变化，利率上升的意义是不言而喻的。这意味着，考虑到利率是借钱的成本，现在借钱的成本更高，而那些存钱的人则可以获得更高的回报。这个陈述便是常识，它使我们能够做出更多的常识性陈述。在保持其他一切不变的情况下，我们可以断言，企业现在将不那么倾向于借贷。我们可以像凯恩斯那样，质疑利率在控制投资行为方面的重要性，但无论其总体重要性如何，较高的利率都会对借贷产生负面影响（其他因素仍保持不变）。这便是常识，因为随着利率的上升，企业现在必须在投资上赚更多的钱偿还贷款并赚取利润，这就增加了风险。

另一个例子是宏观经济层面的工资水平（甚至是一家公司或一个行业的工资水平）。如果工资水平上升，而其他方面没有变化，那么我们马上就知道这意味着什么。这意味着企业成本上升，工人的可支配收入增加。另一个常识性的说法是,从公司的观点来看,在其他因素不变的情况下,不断上涨的工资水平会对利润产生下行压力。这将迫使企业减产,如果情况足够严重,就意味着经济衰退和更高的失业率。上述都是简单的常识,无须引用任何理论。诚然,企业理论试图为这些观察提供一个严格的框架(也有人对这一理论提出批评,包括对企业追求利润最大化这一假设的批评),但经检验,利润等于收入减去成本是正确的,因此,如果成本上升,而其他因素不变,那么利润就会下降。

当然,上面的例子是非常简单的场景,在经验上肯定会更复杂(在现代理论的背景下也会更复杂),但这些表述是直接的常识性的变量。也许在许多年以前,人们的确认为上述一些说法是理论,但它们在今天看来似乎是常识,因为所指出的变量变化的意义似乎被嵌入变量本身的定义构成。工资水平是企业成本的一个组成部分,而利率是借款的成本。

诚然,有一些经济学变量没有如此清晰的常识性参照,但大多数基本是存在的。笔者试图在这里对变量中的理论和常识性参照物进行概念上的区分。经济学理论的特点是,即使是非常复杂和抽象,即使有学术分歧(宏观经济学有很多分歧),其固有的论证逻辑以一种合理的方式与变量中的常识基础联系在一起。经济理论学家试图确保该理论与变量中潜在的常识相联系,以使其具有经济学意义。没有任何理论可以预测企业会追求负利润,或者随着工资水平的提高,工会会反对这种做法,而企业会支持这种做法。这些说明毫无意义,这些变量的常识是理论所依据的实际的、具体的基础。

在任何实际的方法中都不存在“政治科学意义”这一概念。笔者能想到一些例子,其中一个政治变量的行为在政治学中提供了直接的常识性参照物,但这些例子少之又少。一个细微的问题是,在一个单一席位的选举中,得票最多的候选人获胜(排除复杂的选举规则)。另一个常识是,在议会制政府中,政党越多,任何一个政党获得多数选票的机会就越少,这就需要组建联合政府。这两个例子可能都是无关紧要的,可能还有一些其他的无关紧要的例子,但是我们在政治科学中拥有的大多数变量都不包含对它们的直接的常识性参照物。相反,我们的变量要么包含大量常识的可能性,要么根本没有常识性参照物。

军费开支对本书至关重要，并且是说明笔者观点的一个很好的例证。如果一个国家的军费开支上升，而其他一切保持不变，那么这意味着什么？考虑到这种变化的政治（或非经济）方面，会有一系列常识性可能。军费支出的增加可能意味着国家获得了更强的军事力量，尽管也可能是国家购买更多的军火但在提升军事力量方面收效甚微（也就是说，国家浪费了它的钱，其目的也许是为了回应选民对议员工作的施压）。然而，如果国家确实提升了其军事实力，那么进一步断言该国现在在世界上更安全可能是一种常识，因为它可以更好地保护自己的利益。不幸的是，同样可以轻易推断的是，增强军事力量将使一个国家变得不那么安全，因为其他国家将对此做出反应，并进行相应支出。增强的军事力量和国家安全之间的相关可以是双向的。另一种可能性是，政府的军费支出不是防御性的。很有可能其增加的军费是为了增强攻击能力，以配合国家的战争或侵略扩张计划。甚至有可能是国家出于国内政治或经济原因（如财政政策原因）增加支出，而与国际关系无关。

上述问题使我们无从得知一般哪种情况是可能的，因为以上种种都是增加军费开支所可能导致的常识。这里还有可能性是一些没有提到的，只有当我们事后进行实证研究才能知道具体是因为何种原因。但是，如果我们试图建立理论，则难以将提出的关系与变量中的常识性参照物联系起来，即使这种方式确实比一个构造良好的替代方法更有说服力。此外，军费开支的不同常识的可能性并不都是相互兼容的。开支的增加不可能同时使一个国家更加安全且更加不安全，然而加息（对企业来说，借贷成本更高，但储户期待获得更高收益）或者工资水平的提高（企业成本增加，工人可支配收入增加，消费产品的销售额增加）所带来的常识性可能都是相互兼容的。

将军费开支的变化限制在单一常识性参照物或一组相容参照物的唯一方法是对国家或变量做出假设（即假设国家没有扩张的意图，不浪费金钱，没有已知的对手或敌人可能会对军费增加做出反应，也不会对国内的军费开支压力做出反应）。我们可以断言，军费开支的增加意味着国家现在有了更强的军事力量，而这种实力的增强提供了更大的安全保障。但是我们剥夺了对变量的真正理解。变量的常识性参照物是我们的理论得以被经验性地验证的具体原因。

我们的许多变量就像军费开支一样，它们只是在变化时包含多种不互相兼容的常识性可能。然而，有些变量似乎根本没有常识性参照物。一个很好的例子就是可变极性。极化，定义为国际体系中主要国家的数量，一直是许多理论和实证研究的中心。这个变量一般有三种情况——单极、双极和多极，其含义是不言而喻的。重复与上文相同的练习，让我们假设国际秩序从多极走向两极格局，其他都是常数，排除一切理论的适用，那么这意味着什么呢？这种变化似乎没有任何直接的常识性意义。要找到一个常识性的说法，我们能做的最多就是重申两极分化的定义。也就是说，由于这种变化，权力现在更加集中了，但这本身意味着什么还不清楚。

常识匮乏使得我们很难以始终如一且令人信服的方式解释这个变量的意义。因此，我们有理论预测在极性相同的情况下会出现相反的结果，这就不足为奇了。例如，瓦尔兹(Waltz)认为两极体系是最稳定的，而辛格(Singer)和斯莫尔(Small)则认为两极体系是最不稳定的，而且容易发生战争。[3] 他们都提供了支持各自观点的论据，而且每个论据都是合理的。他们所提出的两个变量之间的关系——极性和稳定性——包含一些常识判断，但这些论点并没有在变量中归结为常识。

相反，在极性变量中有一种笔者称之为准常识的东西，然而，这是一种关于变量条件的推测性推理形式(这里是双极性)。笔者并不是说准常识是关于关系(即两个或多个变量如何相互作用)的推测性论证，而是关于单个变量本身的推测性论证。有人可能会说，就像瓦尔兹在他的书中所论述的那样，两个大国比几个大国更容易解决它们相互之间的问题，在两极世界中，一个国家的承诺更少，因此对其行为的约束也更少。[4] 在这里，两极格局的显著特征是它们减少了国家间交往的复杂性，并减少了对每个国家的约束。或者有人会同辛格和斯莫尔一样，认为两极体系中有更多的联盟，而联盟与战争有关。在多极世界中，国家间的联盟较少，因此对行为的约束也较少，从而它们可以自由地追求自身的利益而不产生冲突。[5] 在这里，两极格局的显著特征是，国家更受约束，更纠结于联盟之中，这几乎与瓦尔兹所看到的两极格局相反。

这些类型的论证可以指导我们解释变量行为，也就是说，两极化的显著意义是什么？然而，这些参数在变量中并不明显，通过检验也不是正确的。相反，工资水平的提高增加了企业的成本，并且在其他所有因素不变的情况下，对利润造成下行压力，这是不言而喻的事实。由于该变量没有明确的常识性指称，理论家就极化的含义进行了推测性的论证，从而指导了对极化的解释。一旦我们理解了极化意味着更少或更多的约束等，就可以断言，两极格局（或多或少）与稳定性是相容的。当理论家断言这个变量与另一个变量之间的关系时，他所利用的正是这个变量的显著特征。每一个关于极性的准常识性论证都是合理的，但都是推测性的；每一个关于极性和稳定性的假设都是合理的，但都不是基于变量中直接的常识性参照物。正如迈克尔·沙利文（Michael Sullivan）所言："毫不奇怪，对两极和多极化的批评同样站得住脚。"[6]

在国际关系（或更广义的政治学）中，有多少变量具有这种特征？笔者不知道这个问题的答案，但是如果对学科中使用的所有变量进行普查，无疑会发现很多。例如，关于战争起因的研究就充满了这类变量，即使在解释中使用了经济变量，情况也依然如此。其原因是经济变量——如 GDP 增长率——被用在其常规领域之外，因此超出了其通常的常识性内容。例如，在使用国内生产总值增长作为战争的解释变量时，人们并没有指向经济增长与就业或通货膨胀之间的联系，也没有指向这些事件所产生的任何扩展的可能性。这个问题与战争的起因无关，战争的起因是，随着经济增长，失业率下降。在这里普通的常识性参照物不再是显著的问题。相反，在试图将这个变量与战争联系起来时，需要一些准常识，因为有关经济增长如何导致战争的直接推理，不会导致不言而喻的常识陈述。相反，我们必须对经济增长可能带来的结果——如对资源需求的增加（这是常识）——进行推测性的论证，这将意味着某种可能导致战争的国家行动（这不是常识）。这个论证可能很有道理，但它不是一个直接的常识性所指的变量。

笔者无意进一步讨论这个问题，因为这将永无止境。笔者想说的是，在我们的学科中，建立理论往往等于为各种关系建立合理的论据，这些关系要么依赖于变量中的准常识，要么与其他变量中包含的多种常识可能性紧密相关。在这两种情况下，变量的推断特征在实际操作中是否真的在数据中起作用，有点像碰运气。也许军费开支的增加提高了国防能力，也许是浪费钱，也许是为了侵略。可能某年的开支提高了国防能力，但下一年的开支便成了铺张浪费。甚至在笔者看来，我们实际上并没有在变量的变化中考虑到常识性的意义，因为我们在努力建立一种理论的时候，其实一开始就以一种稀有的、抽象的意义来思考。

笔者并没有试图以通常的方式建立一个关于军事力量和商业之间关系的理论，而是试图在变量中提供尽可能多的常识，特别是军费开支和贸易之间的联系。虽然笔者在第三章中提供了一些关于更一般意义上的关系以及它们如何反映国家行为的论证，但也试图推断出变量之间的实际联系以及它们在关系中的意义。

这项工作可能是徒劳的，但笔者决心尽可能揭示各种变量中的常识，因为军事力量与商业之间的联系在世界政治中是真实存在的。问题在于，这些变量之间的联系可能多到以至于笔者的努力将产生一个较为混乱的论点，而不是一个相对明晰单一的论点，但笔者准备坦然接受。

因此，第三章的目标是尽可能基于军事和商业行为的具体细节论证军事力量与商业之间的关系。毋庸置疑，这里将重点放在参与者层面，而不是系统层面。第三章第一部分描述了重商主义本身，第二部分探讨了军事力量和商业之间的实际联系。第三章的其余部分试图评估这些联系，并提出拟测试的核心模型。

为什么笔者要着墨于重商主义？如前所述，国家行为的重商主义特征体现在军事力量与商业联系的多种方式。笔者相信现实主义（传统现实主义比新现实主义更甚）在逻辑上和历史上都与重商主义有关。

重商主义在如今确实有些受人诟病，究其原因也许是自由主义在成为学术研究的主流。即使是侧重于权力和冲突的现代现实主义的研究，仍然可能有潜在的自由主义。有时这是直接且明显的,如讨论霸权和自由贸易,有时这是植根于理论本身的,如使用市场和公司代表国际体系和国家。

即便一个国家偏好自由贸易,重商主义行为仍然在许多方面有着明显的体现。当然,即使是自由贸易安排,也很少是明确的自由贸易案例。人们越是仔细研究这些协议的细节,就越看不到优化消费者剩余的政策,就越能看到企业和政府的利益。在笔者看来,关于国家行为的重商主义观点,因其涉及经济问题,常见于大量文献,只是没有明确地被称为重商主义。甚至可以说,很多研究中关于国家行为与世界经济相关的论断,往往披着伪装的外衣,而其实质依然是重商主义。人们甚至可以从马克思本人的论述中找到安东尼奥·塞拉(Antonio Serra)、托马斯·孟(Thomas Mun)甚至让·博丹(Jean Bodin)的影子,更不用说马克思所引用的那些众所周知的古典经济学家了。

一些重要的问题

探究军事力量和商业之间的关系有趣出于以下几个原因。诚然关于国家实力和国际关系的讨论相当广泛且著述颇丰,但军事层面的国家实力往往不被重视。关于国家安全问题和国际经济关系的辩论的焦点一般是经济竞争力如何影响战略能力。[7]

此外,国际政治经济学中的许多文献讨论国家实力与国际经济之间的相互作用时,都采用了一种明显的非军事的国家实力概念。本书将在第一章和第二章进一步对此进行讨论。这里还需提到的是,在关于国家与贸易如何互动的讨论中,国家实力被搁置一旁。本书试图将军事层面的国家实力纳入上述的讨论当中。如果军事力量和商业是相关的,那么两者之间的冲突又是如何相互影响的呢?在经济相互依赖的条件下,这种关系对军队的作用有什么影响?军事竞争是否会影响贸易关系(反之亦然),如果会,又是如何影响贸易关系的?认为贸易竞争和军事竞争是相互排斥的观点可能是一种误导。稳定的商业关系在多大程度上取决于稳定的军事关系?这些问题使我们认识到和平时期军事力量的更大作用，且是本书的重中之重。

了解军事力量和商业是如何相互作用的，不仅有趣，而且了解它们相互作用的原因以及将这些信息融入一个有意义的框架中也很重要。军事力量和商业之间的关系在多大程度上取决于有关国家的具体特点，在多大程度上取决于权力的总体分配？此外，这些关系在多大程度上受到历史的限制，即它们是否被新的事物或发展所取代？军事力量与商业之间的关系如何与一个国家的利益相联系？

这种研究不仅可以比较军事力量和商业之间的各种经验联系，而且将指向冲突的多维视角。和平时期各国的冲突模式很少是一维的。例如，美苏冲突可能主要是军事冲突，但其经济构成相当于一个全球经济分界线。把军事力量置于大国和平时期关系的中心，并把它与商业联系起来，冲突就变得更加复杂了。评估一下大国之间军事力量和商业的关系，然后把这些结果整合到它们的经济和军事竞争中，其中的联系就不言自明了，但大国间的竞争往往非常复杂。

因此，和平时期的国家间冲突在这里被理解为反映军事力量和商业之间模式化的互动。这些模式可能具有地缘政治性质，因为它们具有空间成分。人们可以较好地关注世界上哪些地区对一个国家最重要，以及为什么重要。

军事力量和商业在其他时间段，如内战和冷战时期，是如何联系起来的？军事力量和商业在其他国家（如第三世界国家）之间是如何联系的？这种关系只存在于大国之间吗？简言之，许多问题都是由这项研究引发的，当然问题总会多于答案。

研究计划

第一章和第二章介绍了探讨上述问题的相关文献。虽然似乎没有任何文献直接涉及军事力量和商业之间的关系，但有几份文献在某种程度上与这一问题有关。这类文献包括海军至上主义和相关的军事/战略文献、一些历史著作（特别是传统文献）、战争潜力文献、国家兴衰文献和一些地缘政治文献。形式表现虽然多样，但大多数文献都提供了军事力量和商业之间的一系列联系。

从实质性的观点来看，传统文献为军事力量和商业之间的关系提供了支持。鉴于这个问题没有现成的答案，传统文献提供了一些（虽然不是全部）军事力量和商业的逻辑和实际连接点。军事力量和商业相互作用的领域在很大程度上与两个相关的问题有关，其一为军事力量的具体用途以及这些用途如何影响贸易（有意或无意）；其二为国际贸易影响军事力量的具体方式。

本书对相关文献的讨论不仅仅局限于文献综述。本书试图根据各国参与的军事行动范围，提供一幅与军事力量的商业相关方面的图景，并描绘商业活动在军事层面的意义。两者之间的联系表现在各国的政策中，但如何表现却相对复杂。在可能的情况下，笔者将尽量具体地阐述这些工作对军事力量和商业关系的影响，其中隐含的相互作用比乍看起来更为复杂。有时这些文献很善于揭示各种联系，不管它们有多复杂，有时它会进行一些大而无用的概括。

现实主义文献也提供了一些见解，但多数不尽如人意，而且很多都是概括性的。当现实主义文献具体描写军事和商业事务时，它们往往会侧重于常见的材料。事实上，上面提到的许多文献本身可以被称为现实主义。现实主义的理论方面似乎没有那么直接的意义。除了以权力为中心的现实主义性质外，从国家权力的角度（特别是在传统现实主义中）对经济问题的固执观点是一个明显相关的领域。在许多传统的现实主义文献中，经济问题是从重商主义的角度来评价的。

然而，本书不是关于现实主义的。剖析现实主义文献的细枝末节会使本研究远离主题。本研究试图提出一个关于军事力量和商业之间关系的论点。为此，笔者在第三章的研究仅限于组织军事力量和商业之间的众多具体联系，并将这些联系放在重商主义的背景下，并定义模型和变量，以供后面章节评估。

本书第二章考察的另一组文献是相互依赖和全球化的相关文献，这与第一章的文献截然不同，后者暗示军事力量和商业应该是直接相关的。当然，这些含义可以通过不同的方式得出，也有一些例外。相反，有关全球化的文献和相关著作倾向于暗示军事力量和商业力量相互远离。相互依赖的文献并没有直接提出这个问题，但它对这种关系的影响是直截了当的。一些全球化文献也是如此。这些著作非常多样化，并不是所有的都是相关的，但有一些全球化的文献似乎是新瓶装旧酒，其中一些似乎是相互依赖文献的当代版本。

在第三章概述了学界争论之后，第四章使用大量的军事、商业和冲突变量来预测回归模型。第四章预测了 28 个模型，结果喜忧参半且存在争议。在这里笔者想说的是，在模型中这两种观点似乎都得到了印证。

第五章到第七章是关于军事力量和商业如何在国家间相互作用的实证调查。第五章直接考察了大国之间的相互依赖程度，重点关注国家之间的价格水平、通货膨胀率、贸易依赖和相互进口依赖。其目的只是确定它们之间是否存在相互依赖关系以及相互依赖的程度。其结果与人们普遍认为的相互依赖对世界来说是新事物的论断形成了鲜明对比。第六章和第七章详细分析了更多的贸易和军事数据，其目的之一是确定是否存在明显的商业军事模式，这些模式提供了对第四章结果多样性的洞察，笔者也有兴趣将各国的商业军事行为置于历史和经验的背景之下。最后，本书考察了不同国家的进口依赖性，以确定敌对国家的贸易依赖是否与非敌对国家的贸易依赖不同。大国的政策当然是众所周知的。因此，笔者不只是简单地叙述外交政策，而是比较各国的商业和军事数据，同时将这些数据与扩张行为联系起来。

在这项研究中，美国的军事力量和商业之间有着显著的联系，这是显而易见的事实。然而，这些联系揭示了一个极其复杂的结论，这也是事实。在任何数据中都没有一个清晰的结论。虽然第八章的目的是帮助降低前面结论中的一些复杂性，但实际上最终加剧了这种复杂性。笔者利用区域贸易数据估计了六个额外的回归模型，发现军事模型中贸易条件的符号、大小和显著性都是不同的。

由于本研究的目标兼顾理论与实际（理论上的 t 很小），因此研究可能有点混乱。其部分原因是这项研究绝对是跨学科的，并且站在几种互相忽视的理论之间。造成这个混乱的另一个原因是，笔者致力于让数据尽可能复杂。因为统计上的细节越少，大国的行为似乎就越复杂。一方主张军事力量和商业之间存在正相关，另一方主张军事力量和商业之间存在负相关，这两种观点似乎都得到了一些支持。

尽管这里得出的结论具有试探性，但笔者相信，直接关系比反向关系更有说服力。然而，这项研究似乎引发了更多的问题，且没有提供令人满意的答案。我们能够而且可能应该做的是在当代国家中研究这些问题。整个战后时期为此提供了许多可能性。

注释

1. 例如，参见 Burton H.Klein, *Germany's Economic Preparation for War* (Cambridge, MA: Harvard University Press, 1959), p. 258。
2. Ron Huisken, *The Meaning and Measurement of Military Expenditures,* SIPRI Research Report No. 10 (Stockholm: SIPRI, 1973), pp. 15–17, 29–32.
3. 参见 Kenneth N.Waltz, *Theory of International Politics* (New York: Random House, 1979); J.David Singer, *Models, Methods, and Progress in World Politics* (Boulder, CO: Westview, 1990)。
4. Waltz, *Theory,* pp. 165, 193 .
5. Singer, *Models,* pp. 163, 242 .
6. Michael Sullivan, *Power in Contemporary International Politics* (Columbia: University of South Carolina Press, 1990), p. 83.
7. 其中的一些文献在第一章讨论。

第一章

军事力量与贸易的相关探讨

人们可以找到与军事力量和贸易有关的几乎无休止的评论，一些当代文献和大量的传统文献在某种程度上都涉及这个问题。虽然笔者在下文逐一介绍了这些文献，但应当注意的是，这些传统概念并不像笔者所暗示的那样截然不同。尽管它们之间存在差异，但或多或少都暗含某种联系。此外，对于一些类似的问题，笔者将避免赘述。

接下来，我们将尝试评估每种传统理论与本研究问题的相关性，同时也尝试在适当的情况下，讨论这些理论怎样引导人们对军事力量和商业之间关系的预期。虽然这些探讨都没有提出问题或试图阐明军事力量和贸易之间可能存在的系统性关系，但它们都对这种关系有一些启示。此外，许多传统文献提供了大量的实质内容，解释了为什么应该重视军事力量和商业之间的关系。原因在于，传统文献往往侧重于具体的军事活动，其中许多是在和平时期进行的，同时将这种活动与商业直接联系起来。最后，笔者试着将下面的讨论局限于文献中最相关的观点，而非对每种探讨都做出一般性的评价。

现实主义

传统现实主义并没有为本研究中的问题提供一个现成的框架，但提供了与本书中的问题相关的两个一般领域。首先，现实主义倾向于重商主义推理，这与新现实主义中潜在的自由主义形成鲜明对比。这一推理源于传统现实主义的观点，即国家之间的利益冲突是世界政治中的自然条件，这种冲突往往会影响商业关系。其次，现实主义和战争的经济潜力研究（见下文）一样，有着关注国家权力要素的历史（摩根索的说法）。笔者认为现实主义在这一方面就像战争潜力研究。它关注一个国家经济的各个方面，从人口到农业再到工业，并试图从一个国家的潜在实力来评估。[1] 我们可以从中得出军费开支和贸易之间的联系，正如下文关于战争的经济潜力文献所论述的。

关注与经济潜力和战争问题交织在一起的利益冲突，是传统现实主义假设的产物，即国家是世界政治的主导者，它的行为是理性的，它的思维和行动是以权力为基础的。国家追求自己的利益，而这些利益是以权力来界定的。摩根索的论断传达了一种长期固有的观念，即国家有一个自主的价值体系（以获取和保留权力为中心），支配着国家的决策。

这些基本假设可以严格地适用于国家是权力最大化者的情况，也可以宽泛地适用于国家仅仅追求自身利益的情况（无论其定义如何）。例如，斯蒂芬·克拉斯纳（Stephen Krasner）对国家利益的定义就相当宽泛。他指出，国家利益是由国家的言论和行为所定义的，只要国家的行动与某些随着时间的推移而持续存在的公共目标相联系。[2]

正如前面所说，本书并不是关于现实主义的，因此笔者也无意继续展开讨论。但笔者认为有必要至少提一下现实主义与当前问题相关的一些总体方面，但下面的文献（其中一些可能实际上被称为现实主义）以一种更具实质性的方式回应这些问题。

海军至上主义相关研究

对于本书中所提出的问题，最相关可能也是最古老的的传统研究，主要出现在关于海上力量及其功能的文献中。从马汉和科比特等古典思想家到现在，海上力量一直被认为在贸易和航运方面发挥着重要的作用。其作用可以是攻击性的，也可以是防御性的，持续时间可长可短。在它们与贸易的关系方面，可以是含蓄的，也可以是明确的。

海上力量与贸易关系最明显的领域是经济战。经济战有许多定义。一些人认为它主要是在国家之间的军事战争条件下运作的。在这里，它变成了一种工具，既能增强自己，又能削弱对手，从而击败敌人。[3] 鉴于国家间商业关系的存在，经济胁迫可以取代军事胁迫[4]，一些人将其视为军事冲突的替代方案。然而，从军事角度看，经济战涉及使用军事力量中断国家间资源的流动和使用，而且是“胁迫性的……以削弱对手的实力”。[5] 这种观点认为，现代经济战与过去的做法相似，不同的是，冷战时期的经济战是在面临军事僵局时发动的。[6]

另一些人则从更广泛的角度看待经济战，认为它可能涉及军事力量和许多非军事手段，包括对贸易的政策限制、信贷和金融管控以及航运法规。[7] 因此，经济战可能包括许多类型的国家行动，但并非所有行动都涉及军事力量。例如，人们可以把战后的美国贸易管制制度及其与多边出口控制协调委员会的多边对等制度，看作在和平条件下旷日持久的经济战。

经济战的军事方面可以包括几乎任何类型的军事行动，无论是在和平时期的有限武力，还是在战争时期的大量武力。私掠也许是最古老的例子之一，私掠指的是一种以袭击和摧毁敌人的商业为要旨的海军战略，而非传统意义上的获取制海权。[8] 这种策略的前提是需要示敌以弱，在战争时期，则将敌所不欲施加于敌。[9] 在 19 世纪和 20 世纪的部分时间里，法国人对英国实行了这种战略。德国在两次世界大战中都奉行摧毁商业的战略。私掠是海军实力较弱的国家的一种战略，因为该国的商业活动受到了敌人更强大海军的破坏。[10]

当然，商业掠夺现象有着悠久的历史。它反映了一种更古老的重商主义对国家间相对财富的关注，即一个国家寻求对另一个国家造成经济伤害，同时以牺牲目标国家的利益来充实自己。[11] 从历史上看，私掠者是这项活动的关键代理人。其将收到君主的捕拿特许，以便在海上进行私人掠夺。在现代，由于海军力量的增长和专业化以及商船与军舰的天壤之别，私掠活动开始失去其军事价值。事实上，私掠活动本身也需要海军的保护。[12] 尽管 1856 年《巴黎宣言》宣布私掠为非法活动，但海上私掠现象仍在继续。例如，英国海军一直在私掠，直到第二次世界大战结束。[13] 值得注意的是，美国没有加入该宣言，部分原因是它希望在未来保留使用私掠船的选择余地。[14] 然而从《巴黎宣言》开始，商业掠夺行为逐渐成为海军的一项职能。

在过去的 150 年里，技术的变化改变了私掠的地位。例如，蒸汽机的出现给商船在躲避商业掠夺时带来了更大的灵活性，因为其不必再依赖风力，因而更容易驶离原有航线。[15] 另外，鱼雷船和潜艇的出现，特别是大规模使用的时候，使得对依赖海上贸易的国家进行私掠更为艰难。[16] 地理也可以与私掠战术相关。马汉认为，法国与英国在地理上的接近为法国的私掠战术提供了优势，因为它接近攻击目标。法国巡洋舰在北海、英吉利海峡和大西洋上都有港口，而这些是英国开展贸易的地方。[17]

私掠战术的目标有不同的理解，即时的目标是打击商船，但最终的目标是破坏经济。航运和贸易的破坏将会推高海运保险和运费成本，直至贸易停止。[18] 例如，这种威胁使英国对第一次世界大战前的战争保险问题感到痛苦，并担心食品短缺的后果。英国对海外粮食供应的依赖引发了关于饥饿理论的讨论，这凸显了战争发生时英国的脆弱感。人们还担心食品短缺可能导致社会和劳工动荡。[19]

除了私掠，海军还进行封锁和禁运。封锁和禁运当然是海军的主要武器。伯纳德·布罗迪(Bernard Brodie)区分了海上封锁和商业封锁，前者只限制军事力量的行动，后者旨在阻止贸易。[20] 封锁是一项旨在扼杀的全面政策，而对商业的攻击则是一种刺激性策略。[21] 封锁和禁运是控制贸易的军事手段。马汉认为,海上贸易控制相当于陆地权力在内部行使的命令。他指出,海洋的价值来自它作为商业和通信的通道价值,海洋运输商品的增量构成了国家的物质繁荣。[22] 马汉甚至认为,私人的交易一旦在海上进行,就真的是公共财产。因为金钱是战争的支柱,贸易是为国家赚钱的手段,商品在海上运输时就失去了它的私密性。[23]

也许正如马汉所想,控制贸易并不是海权的主要武器,但无论其相对战略价值如何,它肯定是海权的长期功能。[24] 迈克尔·麦克奎尔(Michael McGuire)认为,海上贸易的三个组成部分值得战略关注。除了运输中的货物或船舶的通行,还包括货物的可用性和船舶的可用性。战略注意力应该集中在这三个方面,因为它们都容易受到干扰。[25]

除了这些影响贸易的进攻性行动,还有整个海洋力量的防御面。制海权,或海上控制,是大海军的最终战略概念,体现了保护自身贸易的设想。关于制海权的定义有很多,笔者不想对这个概念或它的问题进行太深入的讨论。在这里,制海权的目的是控制其他国家海军的行动条件(包括选择战斗或不战斗的能力)。旧的定义意味着对海洋的全面控制,而现代的定义引入了更多的区别。[26]

不管概念的细微之处,制海权意味着保护贸易的能力。在战争中,大型海军可能会通过护航队来防御私掠,即由军舰护送和保护过境的商船。[27] 一些人认为,护航队是防止商业被破坏的唯一可靠手段。[28]

然而,对于海军保护本国商业的要求存在一些争议。评论家们经常看到,他们自己的国家比其他国家需要更多的保护。例如,在第一次世界大战之前,英国的普遍观点是,德国海军政策的目的不是保护德国的商业,而是要取代英国。德国对商业保护的要求被过分夸大了。有些英国人确实认为德国海军对英国没有伤害,英国无权阻挡德国,但大多数人认为德国是个威胁。[29] 但与此同时,英国的评论家对英国及其保护需求的标准却有所不同。对英国来说,在英国的商业得到保护之前,需要获得制海权。[30] 当然,德国人的观点与英国人的观点如出一辙。提尔皮茨(Tirpitz)认为,如果没有战舰,德国的巡洋舰和鱼雷船就毫无意义,因为即使它们也需要保护。[31]

在和平时期,一个拥有全球贸易地位的国家需要确保自己有能力保护其贸易不受上述攻击性行为以及任何其他行为(包括恐怖主义和海盗行为)的伤害。这需要保护贸易路线、咽喉要道和进入关键地区的通道。[32] 有时这些需求是根据重要的商品(如石油)来确定的,有时它们被看作整个贸易系统的一种更普遍的需求。[33] 当然,这样普遍的控制也会产生对付对手的强制工具。英国著名的"五把钥匙"据说把控了欧洲进入世界的途径,而这正是德国试图破坏的桎梏。[34] 还有大量关于冷战的文献,讲述了苏联对西方挑战的危险,其中特别提到了确保进入地球上重要贸易区域和贸易路线安全的必要性。[35] 南非、好望角航线、地中海和中东通常被视为最突出的地区。例如,如今美国花费了相当多的钱保护来自中东的石油供应,尽管对这一数额的估计相差很大,从每年 60 亿美元到 600 亿美元不等。[36]

然而,有一种观点认为,由于越来越多的以价值衡量的世界贸易以投资的形式通过电子途径完成,海上通道变得越来越不重要。商品贸易在世界贸易中的份额日益减少。[37] 虽然投资在国际贸易中所占的份额可能会越来越大,但商品贸易的绝对值在增长。此外,这种观点忽视了一个事实,即许多商品对维持一个国家的经济至关重要,更不用说国家安全,遑论它们在贸易中所占的比例如何。最后,外国投资本身可能会产生与海军力量相关的商业用途,因为它会导致公民在国外拥有财产,而这可能会成为国家利益的因素。如果一个小国而不是美国在人质危机后冻结了伊朗 120 亿美元的资金,伊朗不会在 1979 年对一个小国动用军事力量吗?[38] 大国不会对小国采取同样的行动吗?大国使用其军事力量来收缴债务和惩罚金融顽抗也是有例可循的。

最后,还有一些海军行动在较小的层面上对贸易产生了一些影响。它们包括炮舰外交、展示国旗、管辖领海、确保良好秩序、执行条约权利和通行权。这些都是现代国际政治的重要因素。詹姆斯·凯布尔(James Cable)用相当具体的术语定义了炮舰外交。他指出:"炮舰外交是使用或威胁使用有限的海军力量……为了在促进一项国际争端或在领土内或在其本国的管辖权内对外国国民不利方面取得优势或避免损失。”[39] 根据凯布尔的定义，炮舰外交不属于战争，但不仅仅是为了展示旗帜、赢得威望或服务于其他非强制性的国家而将海军派遣到一个外国港口结束。炮艇外交包括在争端中一国对另一国强制使用有限的海军力量；一个强大的国家针对弱国；它与强制外交是相同的，只是它总是以其种身份使用海军，而强制外交的范围更广。[40]

凯布尔对炮舰外交的定义没有提及国家的海外商业利益。在商业不受威胁的情况下，公开利用海军力量进行进攻性军事行动可能已经过时了。在 19 世纪后半叶，甚至在马汉之前，很多美国海军都认为海军是商业的主要支柱。[41] 美国在 19 世纪和 20 世纪还在远东维持了一个亚洲舰队，其中包括炮艇，部分是为了促进美国的商业和保护海外美国人的生命和财产。当时在远东有利益的其他大国也是如此。事实上，美国海军在和平时期是这个国家真正的贸易代表。在中国尤其如此，美国和欧洲各国的炮艇在中国的领海和河流上巡逻。[42]

然而，炮舰外交的例子在整个 20 世纪继续存在，并没有减少。事实上，大国对小国使用有限武力的能力也可以通过空中力量来实现，在某些情况下，还可以通过陆地力量来实现。[43] 一位学者认为，实行炮舰外交的国家数目可能会增加，原因有二：一是有投射能力的海军数量在增加；二是日益多极化的世界可能为使用有限的武力提供更多的机会。[44]

上文提到的其他类型的海军活动，例如展示国旗，是旨在影响另一国行为的海军外交方面。[45] 正如凯布尔所说，展示国旗不同于炮舰外交，炮舰外交的目的始终是获得某种特定的优势，展示国旗可以产生多种结果。展示国旗可能只是为了提醒人们这个国家的权力和利益，也可能是出于训练或情报目的。[46]

海洋本身的经济价值产生了一系列与海军实力直接相关的问题。一位学者指出，自第二次世界大战以来，出现了一种逐渐扩大海洋主权的趋势，即沿海国将控制范围进一步扩大到远离其海岸的地方。[47] 今天，沿海国主张 200 海里专属经济区，其中包括对一直延伸到大陆边缘的海床和底土资源的领土权利，这些水域的渔业权、通过权、污染控制和有关事项。[48] 国家确实有商船无害通过的权利,但海洋自由的理念是任何国家都可以在没有其他国家许可的情况下通航。[49]

从历史上看,就像科伯格(Koburger)指出的那样,海军主力在狭窄的海域没有遇到过真正的麻烦,除非麻烦来自另一支大型海军。但是,现代技术,如快艇、潜艇、导弹、岸基防御和其他技术,使得较小的沿海国家不必发展强大的水面部队就可以拒绝他国力量进入狭窄水域。[50] 有人认为,这种发展剥夺了大型海军在临近敌人的狭窄海域指挥的能力,或者至少增加了这一任务的难度,并使较小的沿海国家海军有了对抗大型海军的手段。[51] 这些条件会造成国家间的冲突。在和平时期,沿岸国行使主权,维护良好秩序,控制领海资源;非沿岸国寻求通道、进入当地港口和利用当地资源,例如渔业和矿产开发。[52]

有几个与专属经济区有关的问题可能导致冲突。首先,包括渔业在内的资源被大量使用可能使这些资源面临枯竭的威胁。这可能导致加强对领海的控制。其次,领海存在边界和管辖权争议,如日本、中国和韩国就当地海域的油气资源存在争议。[53] 由于污染、事故和航运等原因,海峡国家加强航道管理的努力也存在冲突。沿海国出于安全原因试图对军舰施加限制。美国热衷于为其军舰开辟畅通无阻的航道,就像苏联崩溃前一样。最后,在深海海底开发问题上也存在冲突。[54]

海洋资源的重要性日益增加,使人们意识到必须确保海上秩序,这被定义为"不同文化和政治结构的国家之间的贸易和通信的和平管理"。[55] 然而,即使良好的秩序始终存在,较大的国家可能仍然认为有必要强迫较小的国家达到其目的。[56]

上述对海军力量商业相关方面的描述表明,海上商业利益和军事利益是交织在一起的。海权的概念本身通常包括一系列的商业利益。甚至苏联海军上将戈尔什科夫(Gorshkov)也在他的海洋力量概念中加入经济成分。他对海权的定义非常宽泛,除去其意识形态方面的修饰,听起来非常像马汉的定义。戈尔什科夫在其海权概念中包括了几乎所有对海洋的军事、商业和科学用途。他指出，海权的概念在一定程度上等同于国家的经济实力。[57] 戈尔什科夫的海权概念也涉及了商业、渔业和科学船队。他指出，商船不仅是运输货物的重要手段，而且在战争时期对海军具有重要的后备作用。[58]

当然，戈尔什科夫的想法与西方传统的海权概念并无太大不同，西方传统的海权概念大多包括其商业方面。然而，也可能正如一位学者所指出的，今天商船和海军力量之间的关系比马汉时代更为复杂。如今，许多船只(尤其是美国)悬挂着方便旗。此外，还有国际贸易分工。虽然国家间的竞争可能产生变化，使世界经济不再相互依赖和开放，但目前相互依赖的事态可能要求在更广泛的基础上提出保护商业的想法。航运已经国际化，国家可以在没有大型商船队的情况下拥有巨大的贸易利益。这意味着，一个国家的军舰可能不得不保护悬挂他国国旗的商船，这将符合所有贸易国家的更广泛利益。[59] 在某种程度上，贸易保护已经从一个国家扩展到另一个国家，美国海军在保护贸易路线和商业流动方面的作用使当今世界大部分国家受益。

海军相关文献的重点是利用海上军事力量达到政治、商业和军事目的，并对政治和商业收益做出了一些假设。海洋的军事和贸易层面并没有明显的分界，正如杰弗里・蒂尔(Geoffrey Till)指出，就打击海上通信而言，经济行动和军事行动的区别在历史上一直模糊不清，因为海洋是这两种活动的共同舞台。[60]

虽然上述文献阐述了军事力量和海上贸易之间相互作用的实质，但它是从一个海军主义者的视角出发的。这意味着所讨论的概念主要是根据海军及战略效用来评估的。然而，上述内容目的是要强调这样一个事实，即不论上述任何概念的相对作战价值如何，它们对贸易都是至关重要的。从海军的角度来看，它们的重要性可能是相对的且可能会引起争论，但从贸易的角度来看，它们的重要性更接近于绝对的。通过军事力量控制、破坏或促进贸易的能力是独立于市场机制的。国际贸易市场的生存本身是军事环境的一项功能，因为市场需要保护，不受其他国家侵略行为的影响。

陆军和空军力量

在某种程度上,可以说,上述大部分也适用于陆地武装力量,甚至可能是空中力量。传统的说法是,陆军是一种不如海军灵活的治国工具。其中一个原因可能是,在国外使用陆军意味着政治承诺,而海军可以雇佣和撤出。[61] 这可能是说因为陆地区域被各主权国家所分隔,因此军队无法像海军那样灵活行动。海军在世界许多地方拥有公海和无害通道。马汉认为,海洋相对于陆地的优越流动性,使有出海口的国家在推动其商业发展方面具有优势,特别是在亚洲。[62] 尽管如此,陆权自古以来对一个国家或近或远的商业活动都起着至关重要的作用。

一个国家对自己边界的主权控制,有时由其陆军加以保障和管理,赋予国家管制、征税甚至中断贸易的权力。几乎所有国家都有这种能力,可以在战时使用,或者在和平时期作为一种创造收入、胁迫和影响的手段。[63] 与马汉所说的私人财产在海上失去其私人性质类似,R. G. 霍特里(R. G. Hawtrey)也指出,主权赋予其领土上的财产权。这使各国有权给予和保留这些权利,特别是在发展特许权方面。[64] 此外,在某一地区占据霸权地位和主导地位的陆地国家可以阻止海上强国获得进入某些地区的贸易通道,比如拿破仑时期的法国对英国贸易的封锁,这相当于一个海上强国所行使的霸权。[65]

在以陆路相连的国家中,通常需要在国家公路和铁路连接方面进行一些合作,但这些问题往往与有关国家的实力和利益纠缠在一起。尤其是在通往海上和空中走廊的问题上。[66] 穿过另一个国家领土的通往海洋的走廊意味着将主权移交给内陆国家。[67] 走廊的开放一直是个问题。在某些情况下,尤其是第一次世界大战后的德国,外国通过走廊进入可能会给让步国留下持久的怨恨。因此,1921 年关于过境自由的巴塞罗那会议接受了过境权的概念,40 个国家签署了一项公约,给予内陆国家同样的入海便利,就仿佛在一国领土上旅行。[68] 然而,尽管过境权得到接受,但过境做法却减少了,因为各国为了自己的政治目的利用自己的能力来干预货物的过境。

尽管欧洲冷战时期过境权的法律地位未受到影响，但这一时期的分裂也减少了过境行为。[69] 1948年柏林封锁本身就是一个关于陆权问题的案例。虽然通常不从这个角度来看待这场危机，但它确实是陆权阻止进入飞地的情况。当时，这块飞地受到了物资短缺的威胁，只有美国的空军才能予以补给。

此外，陆军可以被派往海外占领领土。陆军经邀请或武力进入外国领土。法国和英国的殖民地军队曾充当驻防部队和警察部队。英印军队发展成为东印度公司的一个私人部门。随着该公司在欧洲大陆的贸易扩张，以及它的条约和收购体系，军队建立了警戒线，在那里贸易可以繁荣发展。[70] 随着时间的推移，印度被英国政府接管（1857年印度兵变之后），印度军队成为殖民政策的工具。法国的殖民历史揭示了一个类似的故事。尽管有一种趋势是将法国的殖民和军队政策理想化，认为它不是面向“粗俗的商业”，而是作为一个伟大的文明使命的工具。[71] 但法国人也需要维持商业秩序。殖民地军队也是法国殖民政策的最终保障者，在两次大战期间，法国的殖民政策越来越倾向于保护主义。

俄国在整个19世纪及更早时期向中亚和远东地区的扩张在本质上也是殖民主义的，其政治、商业、探索和军事目标与西方殖民扩张一样混杂在一起。[72] 俄国在西方的扩张行为一直有一种强烈的被妖魔化倾向，好像它不知何故受到了既邪恶又不同于推动西方扩张的力量的驱使，但俄国的行为似乎与英国殖民印度，甚至美国向太平洋的扩张没有什么不同。列强都有着相同的动机（勘探、买卖兽皮和开展贸易），而且都有一个为这一行动辩护的意识形态。俄国人有一种弥赛亚主义的文学传统，它赞美俄国文明的优点，同时为其扩张辩护，这很像北美的天命论或罗得西亚式的关于英国文明和文明使命的言辞。

事实上，英国人可能是妖魔化俄国扩张行为的始作俑者，因为他们担心俄国向南进军印度。在理想化大英帝国的同时，英国帝国主义者指出了俄国的威胁。在某种程度上，哈尔福德·麦金德（Halford MacKinder）的地缘政治可能只是对这种妖魔化俄国南下以保护英国北上趋势的一种极大的夸大。

虽然殖民统治已成为过去，但它提供了关于土地安全与贸易扩张之间关系的丰富经验。所有殖民地军队都随着交通基础设施的扩张而扩张，很快就有了稳定的贸易流。古老的政治地理学学派经常把一个政治共同体的演变描绘成一个经济单位。这涉及一个领土勘探和定居的过程，然后是边界的演变。军事力量被认为是这一过程中必不可少的手段。[73]

然而，虽然殖民军队消失了，但联盟和占领履行了类似的安全职能。苏联在东欧的贸易控制政策包括强迫东欧与经互会将贸易从西方转向莫斯科，这些政策是否能够在不被苏联军队长期占领的情况下得到执行和维持？在没有与美国结盟的情况下，西欧能否重建并参与以美国为中心的战后经济秩序而不被颠覆？鉴于朝鲜的情况，我们可能会问关于韩国同样的问题，甚至是日本。如果苏联军队和美国军队以类似于德国的方式共同占领日本，那么战后（或许是在朝鲜战争爆发之后）日本的复兴能取得同样的成功吗？

最后，空中力量对商业也有一定的影响。当然，在两次世界大战期间，空军理论家倾向于对空中力量的未来持极端立场。然而，大多数人认为空军的力量对贸易有一定影响。杜赫（Douhet）的大规模空袭构想要求选择工业和城市目标。虽然这类行动已被用于战争，但杜赫认为这种轰炸会利用平民士气的脆弱性，这可能低估了平民。杜赫还认为，飞机仍将是通用武器，而不是专用武器，就像轰炸机和战斗机之间那样[74]，而空中力量比他想象的要复杂得多。

威廉·米切尔（William Mitchell）认为，空中轰炸可以击沉军舰和商船。空军和潜艇联合起来将威胁水面舰艇，使后者的重要性下降，成为陆军和空军的辅助力量。[75] 米切尔还认为，飞机可以控制海上通信，这可以用来扼制一个依赖海上贸易的国家。[76] 那么，私掠战术就从空中进行了。德·塞弗斯基（De Seversky）还认为空军在现代战争中占据了主导地位。现代冲突的第一个和决定性的舞台不在陆地，也不在海上，而在天空。[77]

这些关于空军力量的观点，虽然较为绝对，但从来没有完全实现过。空军力量仍然是陆、海力量的支持。然而，就其打击和撤退能力而言，空中力量也是灵活的，特别是当与海上力量联合使用时。但是应当指出，就商业而言，空中力量和海上力量并不对等。虽然有些贸易是通过空中进行的(因国而异),但大多数贸易是通过海运完成的,然后是陆地。通过空中进行的商业活动只占海、陆的一小部分。人们长途旅行更多的是乘飞机,而不是乘船,但其军事用途的商业层面与海洋和陆地运输有关。

尽管上述海军和相关文献提供了军事力量和商业如何相互作用的信息,但它是从传统观点出发的。相关研究没有努力探索这种关系的全部性质,也没有试图概括。此外,本文从战略和战争中的作用来评价上述联系,而不是从贸易的角度。文献仍然是描述性的,主要集中在军事辩论上。笔者将在第三章阐述这些海军和军事活动对军事力量和贸易关系的影响。上述军事联系在性质上非常多样化,也让探究任务极其艰巨。

战争的经济潜力

另一个与当前问题有关的学派同样历史悠久,这一学派潜心研究战争的经济潜力问题,并在20世纪40年代达到顶峰。有大量的文献涉及战争规划,因为它涉及资源、劳动力、工业潜力、武器制造和经济控制。大多数早期的研究还认为,关键物资的自给自足对于战争潜力至关重要[78],这常常要求采取各种重商主义政策,以减轻战时的脆弱性,例如储存本国缺乏的自然资源,限制出口,减少奢侈品进口和一系列相关政策。[79] 美国常常忽视这些担忧,直到出现一种威胁才使人们意识到经济活动的军事意义。这一点在两次世界大战前美国对商船的政策中表现得很明显。主张竞争和对航运不干预的自由贸易主张往往占上风,直到出现明显的军事威胁,这突显了商船的军事意义。[80]

这种理论的重点是各国的资源需求,但它往往进一步考虑到经济中与战争潜力有关的所有方面,包括劳动力。克劳斯·克诺尔(Klaus Knorr)的研究也许代表了这种理论的主要观点。他将战争的经济潜力定义为"交战方产生战斗力的极限能力"[81],尽管后来他扩大了这一概念的范围。克诺尔指出了战争的经济潜力和军事潜力之间的区别。第一个概念范围更广,几乎涵盖了影响一个国家作战能力的经济的各个方面，第二个概念只关注军事手段。[82] 这种理论还试图将国家权力的各种要素分类，作为清单或"权力清单"。[83]

克诺尔表示，战争的经济潜力的概念衰落，因为人们预期未来的战争，包括核战争，不会是消耗性的。在核战争中，决定性的打击会在一开始就出现。核武器的出现意味着"第二次世界大战肯定没有未来"[84]，这个概念也随之衰落。但是 20 世纪 70 年代的石油危机，以及 1979 年后苏联对其面临的威胁的重新认识，加上其海军规模的扩大，很可能使这一观念重新抬头。石油冲击还使工业国认识到，和平时期需要保障获取石油和其他原材料的安全。当代对安全获得矿物资源的焦虑导致了类似的政策需求，例如国家储备短缺的矿物。

例如，美国拥有战略石油储备。1977 年年底，美国的战略石油储备仅为 746 万桶，但自那以后又大幅增长。20 世纪 90 年代，美国的战略石油储备在 5 亿至 6 亿桶之间波动(1999 年为 5.67 亿桶)。[85] 然而，现代人们对石油安全的担忧，很大程度上也是对价格稳定和整体经济的担忧。不稳定的石油价格被认为是对工业经济的重大威胁，就像失去获取石油的渠道一样。[86] 或许，油价大幅上涨将引发另一场滞胀。对这种发展的恐惧，让人想起了英国人传统上对由私掠引起的保险费率和食品价格不稳定的担忧。

关于资源储备的经济学可能是模棱两可的[87]，但一个国家储备大宗商品可能有多种原因。这些因素包括限制获取商品、抑制价格(尤其是当商品由垄断集团控制时)以及军事/战略原因。甚至有人建议，各国可以开始储备大宗商品，以抵消美国制裁的影响。[88] 如若这样，储备就可以成为一种工具，用来抵御影响商业的侵略性军事行动。

因此，从战争潜力的角度来看，贸易与军事力量有关，它是解决国内经济缺陷、克服军事脆弱性和满足战时生产的一种手段。只要贸易安全，这种做法就可能奏效。上文提到的限制准入的可能性造成了一个弱点，这也需要军事作用。这是典型的重商主义推理，它指向某种形式的贸易控制政策，例如寻求维持有利的贸易平衡，进口大宗商品以储存，或使用军事力量确保获得海外矿产供应。这种思想也受到自由贸易思想的批评(见第二章)。

战争的经济潜力问题似乎是一个过时的观念，但这个观念从来没有真正消失过，而且在今天可能比过去更具有现实意义。当下依然存在一些关于这个问题的争论，只是用不同的术语表达。目前的争论指向贸易扩张（即资源外流到其他国家、技术转让、能力丧失等）造成的脆弱性。它关注的是同样的问题，但是来自贸易流的另一端。一般来说，富裕国家关心的是如何阻止关键项目制造能力的丧失或阻止向潜在对手出口材料，而先前的辩论将贸易扩张视为获取军事资源的一种手段（从而降低一国的脆弱性），而今天，这很可能是弱国的观点。这些研究的一个主题是，一个国家的战争经济潜力如何受到经济相互依赖、市场开放和不断变化的比较优势的影响。这种脆弱感集中在世界主要经济体及其获得安全的能力上。

其中一些研究试图评估美国在多大程度上丧失了生产军事物资能力，以及如何应对。例如，西奥多·莫兰（Theodore Moran）主张一种“复杂的新重商主义”政策，即当某一特定军事物资的供应集中在少数外国市场时，美国就需要保持生产该物资的能力。[89] 在这个问题上的传统态度是呼吁在对国家安全至关重要的领域实行全面的经济自给自足政策，但莫兰承认，在现代世界，这样的政策既不必要，也不合理。他承认，抵消比较优势会给社会带来成本。因此，在军事装备方面实行全面自给自足的政策将对经济造成太大损害。

另一些人则认为，通过普通市场渠道随时可获得军事资源对出口国构成安全问题。还有一些人关注的是，鉴于自由贸易和相互依赖的性质，如何保持国家在技术上的优势。[90]

这篇文章关注的是由于比较优势以及潜在对手军力增长造成的能力损失进而导致的脆弱性（甚至是衰退），因为它与发达国家（如美国）的问题息息相关。但凡事都有两面性。我们可以从雄心勃勃的发展中国家的角度来看待这些研究。这样一个国家可能通过贸易获得军事技术和资源。换言之，从小国的角度来看，发达国家的脆弱性是它们的机会，这实际上说明了上述文献的观点，即将贸易作为助长战争潜力的一种手段。

当前关于战争的经济潜力的争论显然与相互依赖理论（见第二章）和衰落

文献(下文)有关。这些文献的现代变体实际上是更广泛的关于国家安全与世界经济之间的联系文献的一部分,本章涉及了其中的诸多主题。[91]

这些文献中的一个共同缺陷是,很容易夸大脆弱性或安全所需的资源。因此,在呼吁制定一项解决手边问题的政策时,传统文献有一种明显的戏剧化和不分青红皂白倾向。虽然贸易和军事力量之间的联系在这类文献中似乎很直接,但有很多模棱两可的地方。

例如,我们可以笼统地说,如果有关国家进口对其军事力量很重要的材料,那么军事力量就取决于贸易。但在这里我们有很多种可能性,每一种可能都包含了这种关系的不同形式。例如,如果一个国家进口成品军品,那么贸易将立即为军事力量提供助力。如果一个国家进口的资本货物用于发展其工业,而这些资本货物又可能生产军品,那么这种关系就不那么直接,而更具长期性。如果该国进口的原材料对已经存在的国内军事工业很重要,那么这种关系也是一种长期关系。如果军事物品的进口被认为反映了一种脆弱性,那么这种脆弱性可能产生一种军事作用,以保护贸易准入。如果以上为真,那么我们会有一个更复杂的关系。在这里,军事力量依赖于进口,但进口的安全依赖于发挥军事力量的作用。

如果一个国家出口军品、技术或资源,那么这种关系就更复杂了。如果出口有可能耗尽国内军事生产所需的关键货物或资源,那么出口可能会对军事力量产生负面影响(尽管这似乎不太可能发生)。如果一国的出口提高了对手的军事实力,也可能会有一种负相关关系,这是一种更可能的情况。由于对手进口对军事力量提高至关重要的物品,而变得更加强大,出口国变得相对较弱。两国力量平衡的这种相对变化,反过来可能会促使出口国提高其军事力量作为回应,这将使两国关系变得更加复杂。在极端情况下,可以想象,出口国和进口国之间可能会开始一场军备竞赛,而这一切最初都是由出口推动的。

以上理论可以在当今的中美关系中得到部分验证,美国对中国的出口包括数量可观的军品。美国向中国输送大量的军事技术并提供军事顾问直到1989年。在克林顿执政期间,取消了1989年后美国政府实施的一些限制。美国对中国的总体贸易逆差很大，因而中国每年流入大量资金。然而，美中关系可能是竞争性的，甚至可能是敌意的。如果美国对中国的威胁评估以及由此产生的任何战争计划都受到中国军事力量的影响，如果美国对中国的出口至少在一定程度上助长了中国的军事力量，那么，断言美国对中国的出口在助长两国军事竞争方面起到了一定作用是非常合理的。

然而，一般的(军事或非军事)货物出口可能会对军事力量产生更广泛的影响。贸易路线的安全和出口市场的准入可以产生军事影响，正如准入和安全适用于进口一样，这些问题将在第三章中进行更充分的讨论。

霸权与国家兴衰研究

关于国家兴衰的讨论由来已久，但这一领域最近的研究似乎与本研究最为相关。在许多当代著作中，军事力量不一定是从贸易、特定商品或战时生产的角度讨论的，而是从一个国家的整体经济角度讨论的。一个国家军事力量的强弱和能力，以及其战略地位，最终取决于其经济体量的大小、生产力和技术水平。这一立场由来已久，但却是最近有关美国衰落的观点的基础。然而，有人可能会说，这一观点过于悲观，可能是由于 20 世纪 70 年代的滞胀和萧条而产生的。

例如，保罗·肯尼迪(Paul Kennedy)的想法是基于两个方面的命题。首先，历史的演进从根本上说是由经济和技术的变革所驱动的。其次，不均衡的增长率影响各国的军事和战略地位，这反映了一种观点，即军事力量取决于一个经济体的承受能力。因此，各国的兴衰可以用这种不均衡的增长来解释。当一个霸权国家的军事承诺开始超过其经济支付能力时，再加上新的和精干的竞争对手的到来，霸权国家开始衰落，并被推上历史的下坡路。[92]

罗伯特·吉尔平(Robert Gilpin)也提出了类似的观点，不过更偏向于理论层面。吉尔平想把国际体系的变化解释为霸权衰落(通常是霸权战争)的一种结果。他指出，由于利益的变化和国家间增长的不平衡，“国际体系从平衡状态走向不平衡状态”。[93] 不平衡的出现是因为在维持或改变体系的国家之间，成本和收益的平衡发生了变化。吉尔平的解释基于五个假设：如果一个国家改变体系是无利可图的，那么体系将保持稳定；如果这样做的好处大于成本，一个国家就会寻求改变；一个国家将通过领土、政治和经济扩张来寻求这种变化，直到任何进一步变化的边际成本等于或大于边际收益；一旦进一步变革的成本和收益达到平衡，维持体系的经济成本上升的速度要快于支撑体系的能力；如果这种状态持续下去，体系就会发生变化，霸权力量下降，出现新的均衡。[94]

当代有关美国经济衰退及其安全影响的争论也指出，主要问题是消费大于储蓄和投资，贸易逆差和成本上升只是表面问题。[95] 另一些人则认为，美国工业和技术的衰退侵蚀了战后安全体系的基础。其他地方的工业创新正在为新的安全体系奠定基础。[96] 20 世纪 80 年代和 90 年代初的研究往往将西欧和日本视为这一进程的主要受益者。随着美国的衰落和苏联的收缩，日本获得了巨大的财富，西欧为经济联盟和自治做好了准备。[97] 进而言之，未来的世界贸易关系大体上有两种选择：有管理的多边主义（最好的选择）或区域重商主义（最坏的选择），或者在这两种立场之间摇摆不定。[98]

虽然有理由假设一个国家的军事力量取决于其经济承受能力，但这些文献（以及相互依赖理论的相关文献）大多将国家描绘成一个理性的消费者，甚至是一个公司。吉尔平说，只要改变这个体系不赚钱，它就会保持稳定，这意味着什么？从国家的角度来看，利润是如何计算的呢？虽然其中一些文献可能属于新现实主义的范畴，但在其推理中存在一种潜在的自由主义，即认为国家关注福利最大化。有时很难理解这里所说的是什么，因为福利的概念在这些文献中是模糊的。福利是指一个人的经济福利吗？它是指福利经济学意义上的净收益吗？或者福利是指国家本身的非经济目标，也许是军事目标？

在许多经济政策中，国家可能关心福利，或为其消费者争取最大的经济利益和尽量减少成本，但它也关心传统意义上的经济实力问题。这意味着，从福利最大化的角度来看，国家不会总是以理性的方式行事，甚至不会有盈利的概念（如果可以计算的话）。例如，影响效率的储备政策的存在表明，国家并不总是像价值最大化的消费者那样行事。

曼瑟尔·奥尔森(Mancur Olson)提出了对重商主义政策选择的批评,这完全基于自由主义的观点。他证明,从消费者选择理论的角度来看,对战争引发的短缺的担忧和上述许多想法都是非理性的。他回顾了英国历史上三次主要战争期间的粮食短缺,并指出重商主义者对粮食短缺及其后果的看法是错误的。[99] 当然,奥尔森正试图提出一种消费者选择的方法反对传统的重商主义思想。其基本观点是,从消费者选择的角度考虑某些商品、必需品和其他奢侈品是武断和错误的,因为任何商品都会在边际支出水平上带来同样数量的满足感。各种商品的消费支出构成将决定其总体重要性。因此,石油的边际增长可能并不比葡萄酒的边际增长更重要[100],两者给消费者带来的满意度是一样的。

国家确实以重商主义的方式行事,这一事实表明,它们不仅仅是理性的消费者。这一点在传统研究中得到了很清楚的论述,这些研究在两次世界大战期间将经济实力法和社会经济福利法兼而论之。虽然这些研究大多认为福利制度与和平相一致,但他们明白国家在经济问题上的政策从权力角度看是理性的,从福利的角度看是非理性的。[101]

如果从消费者选择的角度看重商主义的政策选择是不理性的,那么我们假设国家的决策是由更大社会的效用最大化行为所支配的。究其原因,重商主义政策要么是不必要的,要么完全不能实现效用最大化的目标。它可能是一个次优的政策,使效用低于其最大值,这使得它成为一个非理性的政策。但是,如果国家一开始就奉行重商主义政策(这大概就是我们首先批评国家的原因),那么国家显然不是由一种类似于消费者决策的效用最大化演算来管理的。相反,它的行为就像一名重商主义者。如果国家试图实现权力目标,那么,我们怎么能说国家的政策选择是非理性的(前提是政策也不能产生权力)?

显然,国家不仅仅是重商主义者,它还从事旨在服务于社会福利目标的行为。然而,当涉及自由主义与重商主义贸易政策的辩论时,上述文献往往似乎混淆了“是”与“应该是”之间的区别。对国家行为的批评伴随着对应该采取何种政策的建议,这是论据的“应有”部分。但这种分析通常是用科学的经验主义术语分析的,这正是经济理论所声称的,也是争论的重点。如果国家的某些决定是重商主义的,那么这就是需要观察到的事实。我们能说这个国家的决定是错误的或不合理的吗?我们是在试图证明国家违反了科学定律吗?如果是这样,那么为什么国家行为的事实不是关于国家实际情况的有效经验观察?如果我们只是观察事实,那么我们将发展出一种理论,即国家在其行为中有时是重商主义者。也许这种冲突是由于这样一种观点,即就资源和政策而言,国家是经济的主要组成部分,同时又是经济中不受欢迎的部分。国家是一种侵入经济的非经济力量,如果不加以干涉,它就会按照经济理论中反映的科学原理运行。

在后面的章节中,我们将对这些问题进行更多的讨论。这里只需指出,从自由主义假设的观点来看,经济政策在军事上的重要方面不一定是明晰的。如果国家只是一个消费者,那么这个推理就没有问题。但国家也是一名"士兵",它考虑的是军事价值最大化,而不是享受收益。因此,国家做出某些商品比其他商品更重要的判断可能不是武断的。尽管从福利的角度看,可以更好地利用这些资源,但推行一项经济上无效率的政策,例如补贴商船业,也可能是相当合理的。

对于军事力量和商业之间的关系,国家兴衰的相关研究又有何见解?肯尼迪的论点可能暗示了一个国家在其不同阶段都有不同的关系。当一个国家崛起时,军事扩张和贸易扩张会同时进行。当霸主地位衰落时,它们就会反过来。就新兴国家而言,贸易和军事力量之间的直接联系可能反映出两个不同的过程。一个可能是这个崛起的国家享受着经济的增长。因为经济在增长,贸易和军事力量都在扩张。贸易增长是由一个经济体生产能力的提高(出口)和国内需求的增长(进口)带动的。军事扩张是由不断增长的财富支撑的,这使得国家能够负担得起。如果这是两者之间的联系,如果贸易的组成与军事没有联系,就是一种虚假的联系。这种联系的真正原因是经济的普遍增长。军事力量和贸易之间的联系是巧合,因为两者都是由同样的第三个变量引起的。如果贸易也助长了军事力量,这种联系就不会是虚假的,但这与前面的论点有关。

也有可能是,在国家上升阶段,军事扩张是由不断扩大的国家利益主导的,而这些利益至少在一定程度上是由贸易扩张决定的。例如，肯尼迪在讨论19世纪英国海军的作用时就暗示了这一点。如果是这样，那么这种直接的联系将反映出上述海军至上主义相关研究所指出的同一类论点。一般来说，我们会把军事扩张看作商业扩张的支持机制。

在国家衰落阶段，我们预计军事力量和贸易负相关。其原因可能是，当国家实力下滑时，其军事承诺被视为超出了其经济承受能力。这可能意味着贸易在下降（或者至少贸易赤字在增加），特别是正在衰落的国家面对效率更高的竞争对手时。因此，国家试图维持其军事承诺（这样做的成本可能会增加），而其贸易开始受到影响。这一论点与军费开支和经济增长有关。这项研究中最近的一个假设是，军费开支对经济增长有负面影响，尽管有一长串的原因可以解释。[102] 这些文献大多以传统的宏观经济学为基础，尽管其中一些是为证实肯尼迪的论点而设计的。[103]

地缘政治与原材料

地缘政治学提供了几个与本研究问题相关的领域，但最明显的一个领域涉及原材料的战略和地缘政治意义。虽然有大量关于原材料的文献，但并非所有文献都与战略问题有关。这些文献中有很多只是简单的经济和政治方面的。但是，自地缘政治学出现以来，原材料的战略意义一直被讨论。

有关原材料的战略问题研究往往关注战争时期原材料的获取问题，或者控制原材料的必要性，因为这是一个国家强盛的必要条件。[104] 在传统的地缘政治文献中有一个根深蒂固的信念，即所有大国都拥有一个腹地，以补充工业中心的需要。如果一个国家缺乏足够的原材料，这将阻止其成为大国。[105] 无论这些假设是对是错，它们都为地缘政治学提供了思路。这种观点被麦金德进一步延伸，他认为俄国的资源潜力可以用来缔造强大的军事力量。[106] 奇怪的是，他并没有以同样的方式看待美国。

有时有人说，这个时代的趋势是，小的政治单元随着被大的政治单元的吸收而消失。这被认为是现代工业化战争需要的一个功能,因为更大的政治单元将提供更多的人口和更多的原材料。[107] 这一问题可能出现在19世纪欧洲对美国和俄国的焦虑中。美国内战中北方获胜、战后重建、工业化以及来自美国的更激烈的贸易竞争,引发了欧洲范围内建立大陆联盟对抗美国的呼声。欧洲媒体将美国的竞争视为一种威胁,并呼吁对美国采取某种联合行动。[108] 这些担忧因美国与欧洲多个国家之间的碰撞而加剧,比如1887年与德国在萨摩亚问题上的冲突,以及1895年与英国在委内瑞拉的争端。1898年美国打败了西班牙,这加剧了欧洲的恐慌。[109] 当然,对美国经济崛起的担忧后来被对德国崛起的同样担忧所取代。对原材料的直接政治控制是必要的观点也推动了国家扩张和获得殖民地的呼声。[110] 对原材料的关注往往也与人口需求有关。[111]

当然,第二次世界大战前对原材料的思考也遭到了批评。人们常常听说,原材料的核心问题是对原材料的需求是国际性的,而控制原材料的是国家。这种分歧被认为是战争的起因,可以通过某种形式的国际控制解决。[112]

冷战还催生了大量有关原材料的地缘政治文献。这些文献倾向于从美苏冲突和西方获取原材料的安全需要的角度看待问题。中东和南非是研究的重点地区。苏联经常被视为试图将其影响力和控制力扩大到那些对其原材料有极大依赖的西方地区。[113] 这种担忧常常与苏联海权扩张有关。

上述文献或许是地缘政治讨论贸易的唯一领域。许多传统的地缘政治著作只是表面地处理经济问题,这也许是整个地缘政治传统的一个主要局限。然而,正如上述描述中所提到的,地缘政治学在处理经济问题时也采用了重商主义的推理方法,这种推理方式让人想起了以前关于权力经济与福利经济的讨论,只是这种做法缺乏系统性。

许多地缘政治工作也在没有充分证据的情况下进行了笼统的概括。例如,由麦金德首先勾勒出来并在后来冷战期间重新出现的所谓苏联威胁论,也许是一种大规模的夸大,没有考虑到阻碍苏联前进的经济、政治和后勤困难。[114] 苏联甚至无法在1979年征服阿富汗,更别说在100年前入侵印度并将其从英国手中夺走。麦金德也许是一个很好的英国帝国主义者,他把中亚的英俄对抗变成了反对任何能够威胁到英国的力量的号召。

尽管地缘政治文献有不足之处，但其重点关注原材料和贸易，把这当作国力基石，甚至是国家软肋，这就要求发挥军事的作用，使得这一部分地缘政治文献与上述大部分文献处于同一阵营。

注释

1. 参见Hans J.Morgenthau, *Politics Among Nations* (New York: McGraw-Hill, 1985) 6th edn, 由肯尼斯·W.汤姆森(Kenneth W. Thompson)修订, pp. 127–69。
2. 参见Stephen D.Krasner, *Defending the National Interest: Raw Materials Investments and US Foreign Policy* (Princeton, NJ: Princeton University Press, 1978), pp. 42–5; Krasner, 'State Power and the Structure of International Trade', *World Politics* 28/3 (April 1976), pp. 317–47, 在这篇文章中他引入了类似的国家概念。
3. Paul Einzig, *Economic Warfare* (London: Macmillan, 1940), pp. 1–2, and Neill H.Alford, Jr. and N.Neill, *Modern Economic Warfare: Law and the Naval Participant* (Washington, DC: GPO, 1967), p. 11.
4. Albert O.Hirschman, *National Power and the Structure of Foreign Trade* (Berkeley: University of California Press, 1945), p. 15. 约翰·C.沙芬(John C.Scharfen)将经济战视为使用经济武器或经济力量来达到目的，就像国家使用军事力量一样，他呼吁使用武力时，手段和目的要同样明确。参见John C.Scharfen, *The Dismal Battlefield: Mobilizing for Economic Conflict* (Annapolis, MD: Naval Institute Press, 1995)。
5. Alford, *Modern Economic Warfare*, p. 11.
6. Ibid., p. 1.
7. Klaus Knorr, *The Power of Nations: The Political Economy of International Relations* (New York: Basic Books, 1975), pp. 138–9, and Yuan-Li Wu, *Economic Warfare* (New York: Prentice-Hall, 1952), pp. 6–8.
8. Bernard Brodie, *A Guide to Naval Strategy* (Princeton, NJ: Princeton University Press, 1944), p. 137.
9. Brodie, *A Guide*, p. 137.
10. Bernard Brodie, *Sea Power in the Machine Age* (Princeton, NJ: Princeton University Press, 1941), p. 103.
11. Nicholas Tracy, *Attack On Maritime Trade* (Toronto: University of Toronto Press, 1991),p. 17.
12. Ibid., pp. 18–19, 24.
13. Ibid.
14. Edwin B.Hooper, *United States Naval Power in a Changing World* (New York: Praeger, 1988), p. 101.
15. Brodie, *Sea Power*, pp. 103–4.

16. Brodie, *A Guide,* p. 139, and Eric J.Grove, *The Future of Sea Power* (Annapolis, MD: Naval Institute Press, 1990), p. 15.
17. Alfred T.Mahan, *The Influence of Sea Power Upon History: 1660–1783* (1890; reprint, New York: Sagamore Press, 1957), p. 27.
18. Geoffrey Till, *Maritime Strategy and the Nuclear Age* (New York: St. Martin's Press, 1982), pp. 150–1,155.
19. Arthur J.Marder, *The Anatomy of British Sea Power: A History of British Naval Policy in the Pre-Dreadnought Era, 1880–1905* (New York: Alfred A.Knopf, 1940), pp. 84–6. For an in-depth study of this issue, see also Margaret L.Barnett, *British Food Policy During the First World War* (Boston, MD: George Allen and Unwin, 1985).
20. Charles W.Koburger, Jr., *Narrow Seas, Small Navies, and Fat Merchantmen: Naval Strategies for the 1990s* (New York: Praeger, 1990), p. 43.
21. Brodie, *Sea Power,* p. 329.
22. Alfred T.Mahan, *The Problem of Asia and its Effect Upon International Policies* (Boston, MA: Little, Brown, 1900), p. 51.
23. Ibid., p. 53.
24. Tracy, *Attack,* p. 2.
25. Michael MccGwire, 'Maritime Strategy and the Super-Powers,' in Jonathan Alford (ed.), *Sea Power and Influence: Old Issues and New Challenges* (London: IISS, 1980), p. 58.
26. 赫德利•布尔(Hedley Bull)表示，由于现代科技发展，如今的制海权将不再是绝对的，而更多的是海洋控制。他还指出，除非与盟国合作，否则只寻求对本国领海及其航道的控制才是合理的选择。Hedley Bull,'Sea Power and Political Influence',in Jonathan Alford (ed.), *Sea Power and Influence: Old Issues and New Challenges* (London: IISS, 1980), p. 7.
27. 关于护航队性质与实践的概述，参见John Winton, *Convoy: The Defence of Sea Trade, 1890–1990* (London: Michael Joseph, 1983)。
28. Grove, *Future,* p. 15.
E.L.Woodward, *Great Britain and the German Navy* (Oxford: Clarendon, 1935), p. 54.
30. Marder, *Anatomy,* pp. 97–8.
31. Peter Padfield, *The Great Naval Race: The Anglo-German Naval Rivalry, 1900–1914* (New York: David McKay, 1974), pp. 55–6.
32. 参见 Robert J.Hanks, *The Cape Route: Imperiled Western Lifeline* (Cambridge, MA: Institute for Foreign Policy Analysis, 1981)。
33. 参见 Ewan W.Anderson, *Strategic Minerals: The Geopolitical Problems for the United States* (New York: Praeger, 1988)。
34. 英国海军上将费舍尔说："五把钥匙可锁住世界！新加坡、好望角、亚历山大港，直布罗陀和多佛。这五把钥匙属于英国，并由英国五大舰队把持。"引自Marder, *Anatomy,* p. 473。
35. 例如，参见 Hanks, *The Cape Route;* also by same author, *The Unnoticed Challenge: Soviet Maritime Strategy and the Global Choke Points* (Cambridge, MA: Institute for Foreign Policy Analysis, 1980)。
36. 有关这方面的文献回顾及推导估算值的难点，参见Patricia S.Hu, 'Estimates

of 1996 US Military Expenditures on Defending Oil Supplies from the Middle East: Literature Review' (August 1997), at wwwcta.ornl.gov/Publications/military.pdf Mark DeLucchi and James Murphy, 'US Military Expenditures to Protect the Use of Persian Gulf Oil for Motor Vehicles' (April 1996), at www.uctc.net/papers/325.pdf。

37. Grove, *Future,* p. 179.
38. 关于冻结伊朗在美资产的深入研究，参见 Benjamin J.Cohen, *In Whose Interests? International Banking and American Foreign Policy* (New Haven, CT: Yale, 1986), pp. 147–76。
39. James Cable, *Gunboat Diplomacy: Political Applications of Limited Naval Force* (New York: Praeger, 1971), p. 21.
40. Ibid., pp. 20–1.
41. 对这个问题出色的研究，参见 Kenneth J.Jagan, *American Gunboat Diplomacy and the Old Navy: 1877–1889* (Westport, CT: Greenwood Press, 1973)。
42. 从19世纪末到20世纪20年代对美国海军政策和远东外交的简明讨论特别是对中国的关注，参见 Bernard D.Cole, *Gunboats and Marines: The United States Navy in China, 1925–1928* (Newark: University of Delaware Press, 1983), especially pp. 24–44。
43. 当然，早期的空军理论家认为空军可以为运输和经济基础设施提供几乎无限的力量。另请参阅下文陆军在确保陆上贸易方面的作用。
44. Grove, *Future,* p. 196.
45. Till, *Maritime Strategy,* p. 209.
46. James Cable, *Navies in Violent Peace* (New York: St. Martin's Press, 1989), pp. 71–3.
47. Koburger, *Narrow Seas,* pp. 99–100.
48. Ibid.
49. A.D.Couper, *The Geography of Sea Transport* (London: Hutchinson University Library, 1972), p. 65.
50. Koburger, *Narrow Seas,* pp. xv-xvi.
51. Ibid.
52. Ibid., p. 101.
53. 例如，参见 Mark J.Valencia, 'Northeast Asia: Petroleum Potential, Jurisdictional Claims and International Relations', *Ocean Development and International Law 20/1* (1989), pp. 35–61。
54. Robert E.Osgood, 'Military Implications of the New Ocean Politics', in Jonathan Alford (ed.), *Sea Power and Influence: Old Issues and New Challenges* (London: IISS, 1980), pp. 13–15.
55 Michael Howard, 'Order and Conflict at Sea in the 1980s', in Jonathan Alford (ed.), *Sea Power and Influence: Old Issues and New Challenges* (London: IISS, 1980), pp. 74–5.
56 Erik Moberg, 'The Protection of Resources,' in Jonathan Alford (ed.), *Sea Power and Influence: Old Issues and New Challenges* (London: IISS, 1980), p. 19.
57. S.G.Gorshkov, *The Sea Power of the State* (Oxford: Pergamon Press, 1979), pp. 1–2.
58. Ibid., p. 28.

59. Grove, *Future,* pp. 40–1, 179–80, 222.
60. Till, *Maritime Strategy,* p. 150.
61. Edward N.Luttwak, *Strategy and History, Collected Essays* (New Brunswick, NJ: Transaction Books, 1985), Vol. 2, p. 79.
62. Mahan, *Problem of Asia,* pp. 40–2.
63. Hirschman, *National Power,* pp. 15–16.
64. R.G.Hawtrey, *Economic Aspects of Sovereignty* (London: Longmans, Green and Co., 1930), p. 23.
65. Colin S.Gray, *The Leverage of Sea Power: The Strategic Advantage of Navies in War* (New York: The Free Press, 1992), p. 85.
66. Patrick O'Sullivan, *Transport Policy: Geographic and Economic Planning Aspects* (Totowa, NJ: Barnes and Noble, 1980), p. 219.
67. Norman G.Pounds, 'A Free and Secure Access to the Sea', *Annals of the Association of American Geographers* 49/3 (September 1959), p. 256.
68. Ibid.
69. Ibid., pp. 256–68.
70. Gerald Morgan, *Anglo-Russian Rivalry in Central Asia: 1810–1895* (London: Frank Cass, 1981), p. 11.
71. 例如，参见 Jean Gottmann, 'Bugeaud, Gallieni, Lyautey: The Development of French Colonial Warfare', in Edward M.Earle (ed.), *Makers of Modern Strategy: Military Thought from Machiavelli to Hitler* (Princeton, NJ: Princeton University Press, 1943), pp. 234–59。戈特曼(Gottmann)将法国在殖民地的军事政策描绘为"受伟大文明使命的驱使"。
72. 俄国的扩张有诸多动机，许多人认为俄国的每次行动背后都有其宏伟设计，但没有令人信服的理由认为其不等同于西方的海外殖民扩张，它蚕食邻国疆界，在这过程中征服与贸易被等同看重，参见 Morgan, *Anglo-Russian Rivalry,* 他认为贸易对俄国扩张的重要性不亚于英国在印度的例子。
73. 关于扩张模式和边界演变为经济单元的经典理论来自 Nicholas J.Spykman and Abbie A.Rollins, 'Geographic Objectives in Foreign Policy, I', *American Political Science Review* 33/3 (June 1939), pp. 391–410; Nicholas J.Spykman and Abbie A.Rollins, 'Geographic Objectives in Foreign Policy, II', *American Political Science Review* 33/4 (August 1939), pp. 591–614。
74. 对三位空军理论家杰出的总结性文献参见 Edward P.Warner, M. Earle (ed.), 'Douhet, Mitchell, Seversky: Theories of Air Warfare', in Edward *Makers of Modern Strategy: Military Thought from Machiavelli to Hitler* (Princeton, NJ: Princeton University Press, 1943) pp. 485–503；Douhet, Bernard Brodie, *Strategy in the Missile Age* (Princeton, NJ: Princeton University Press, 1959), pp. 71–106. 对相关理论更为现代的论述，参见 Russel F. Weigley, *The American Way of War: A History of United States Military Strategy and Policy* (Bloomington: Indiana University Press, 1973), pp. 223–41。
75. William Mitchell, *Winged Defense: The Development and Possibilities of Modern Air Power—Economic and Military* (New York: G.P. Putnam's Sons, 1925), pp. 4–5.
76. Ibid., pp. 5, 101–2, 126, 127.
77. Alexander P.De Seversky, *Victory Through Air Power* (New York: Simon and Schuster, 1942), p. 333.

78. 这一领域有大量的文献，一个经典的研究参见 Henry W.Spiegel, *The Economics of Total War* (New York: Appleton-Century, 1942)。另请参见上文提到的有关原材料的早期文献。
79. 英国1915年通过的《麦克纳关税法》(Mckenna Duties) 对多种进口商品征收33.5%的关税，其目的是为了减少奢侈品进口，提高汇率增加收入，减少进口以便为战争物资提供充足动力，这些关税一直持续到1924年。这一政策反映了经典的重商主义推论，即有些商品是必需品，有些是奢侈品，而贸易顺差有助于战时生产。Joseph M.Jones Jr., *Tariff Retaliation: Repercussions of the Hawley-Smoot Bill* (Philadelphia: University of Pennsylvania Press, 1934), pp. 215–16; Einzig, *Economic Warfare,* p. 55。
80. 有关美国总体政策的讨论，参见 Rene de la Pedraja, *The Rise and Decline of US Merchant Shipping in the Twentieth Century* (New York: Twayne Publishers, 1992)。
81. Klaus Knorr, 'The Concept of Economic Potential for War', *World Politics* 10/1 (October 1957), p. 49.
82. Klaus Knorr, *Military Power and Potential* (Lexington, MA: Heath Lexington Books, 1970), pp. 21–39.
83. 例如，参见 Stephen B.Jones, The Power Inventory and National Strategy', *World Politics 6/4* (July 1954), pp. 421–52。
84. Klaus Knorr, *The War Potential of Nations* (Princeton, NJ: Princeton University Press, 1956), pp. 3–15. See also Knorr, 'Economic Potential', p. 51.
85. US Census Bureau, *Statistical Abstract of the United States* (Washington: GPO, 2000), p. 591, table 958.
86. Thomas L.McNaugher, *Arms and Oil: US Military Strategy and the Persian Gulf* (Washington, DC: Brookings Institution, 1985), pp. 8–9.
87. 例如，参见 Albert L.Nichols and Richard Zeckhauser, 'Stockpiling Strategies and Cartel Prices', *Rand Journal of Economics* 8/1 (Spring 1977), pp. 66–96。
88. 这种可能性在"交战"条款中得到了阐释；Lugar AntiSanctions Measure Could Preclude Important US Security Policy Options', Casey Institute Perspectives, no. 98-C 117 (William J.Casey Institute of the Center for Security Policy), 22 June 1998, at www.securitypolicy.org/papers/1998/98-CH7.html。
89. 参见 Theodore H.Moran, *American Economic Policy and National Security* (New York: Council on Foreign Relations Press, 1993)。
90. 一些例子是：Rose Marie Ham and David C.Mowery, 'Enduring Dilemmas in US Technology Policy', *California Management Review* 37 (Summer 1995), pp. 89–107; Beverly Crawford, The New Security Dilemma Under International Economic Interdependence', *Millennium* 23 (Spring 1994), pp. 25–55; David G.Haglund (ed.), *The Defence Industrial Base and the West* (New York: Routledge, 1989)。
91. 有关这篇文献的详细总结，参见 Michael Mastanduno, 'Economic Statecraft, Interdependence,and National Security:Agendas for Research',in Jean-Marc F.Blanchard,Edward D.Mansfield and Norrin M.Ripsman (eds), *Power and the Purse: Economic Statecraft, Interdependence and National*

Security (London: Frank Cass, 2000), pp. 288–316; Michael Mastanduno, 'Economics and Security in Statecraft and Scholarship', *International Organization* 52/4 (Autumn 1998), pp. 825–54。

92. Paul M.Kennedy, *The Rise and Fall of the Great Powers: Economic Change and Military Conflict From 1500 to 2000* (New York: Random House, 1987). 肯尼迪在引言中总结了他的推论, pp. xv-xxv。
93. Robert Gilpin, *War and Change in World Politics* (Cambridge: Cambridge University Press, 1981), pp. 14–15.
94. Ibid., pp. 10–11.
95. 有关这方面的简明论述，参见 Moran, *American Economic Policy*。
96. Michael Borrus and John Zysman, 'Industrial Competitiveness and American National Security', in Wayne Sandholtz et al. (eds), *The Highest Stakes: The Economic Foundations of the Next Security System* (New York: Oxford University Press, 1992), pp. 7–8.
97. 例如，参见 Wayne Sandholtz and John Zysman, 'Europe's Emergence as a Global Protagonist', in Wayne Sandholtz et al. (eds), *The Highest Stakes: The Economic Foundations of the Next Security System* (New York: Oxford University Press, 1992), pp. 81–113。
98. Steve Weber and John Zysman, 'The Risk that Mercantilism will Define the Next Security System', in Wayne Sandholtz et al. (eds), *The Highest Stakes: The Economic Foundations of the Next Security System* (New York: Oxford University Press, 1992), p. 168.
99. 参见 Mancur Olson, Jr., *The Economics of Wartime Shortage: A History of British Food Supplies in the Napoleonic War and in World War I and II* (Durham, NC: Duke University Press, 1963)。奥尔森指出: "认为食品或工业原材料短缺对一个国家极端不利的观点，认为所有财富都来自地球，只有地球产品应该被征税的观点一样，是'重农学派谬论'的明显例证。" 如果他们考虑的是享受收入而以消费者为分析对象，那么这种观点就是有意义的，如果考虑的是战争潜力而以士兵为分析对象，则这种观点毫无意义。
100. Ibid., pp. 7–14, where he explains his reasoning.
101. 参见 Eugene Staley, *World Economy in Transition: Technology Vs. Politics, Laissez Faire Vs. Planning, Power Vs. Welfare* (New York: Council on Foreign Relations, 1939), pp. 204, 206–8, 212; Eugene Staley, *Raw Materials in Peace and War* (New York: Council on Foreign Relations, 1937)。
102. 关于军费开支和经济增长的文献相当多，一些人主张二者为正相关，另一些人则相反，主张二者负相关，相关的文献包括: S.Deger and R.Smith, 'Military Expenditure and Growth in Less Developed Countries', *Journal of Conflict Resolution* 27/2 (1983), pp. 335–53; R.W. DeGrasse, *Military Expansion and Economic Decline: The Impact of Military Spending on US Economic Performance* (Armonk, NY: ME Sharpe, 1983); P.C. Frederiksen and R.E.Looney, 'Defense Expenditures and Economic Growth in Developing Countries', *Armed Forces and Society* 9/4 (1983), pp. 633–45; D. Lim, 'Another Look at Growth and Defense in Less Developed Countries', *Economic Development and Cultural Change* 31/2 (1983), pp. 377–84; M.J. Mueller

and H.S.Atesoglu, 'A Theory of Defense Spending and Economic Growth', in J.E.Payne and A.P.Sahu (eds), *Defense Spending and Economic Growth* (Boulder, CO: Westview, 1993), pp. 41–53; C.Nardenelli and G.B. Ackerman, 'Defense Expenditures and the Survival of American Capitalism: A Note,' *Armed Forces and Society* 3/1 (1976), pp. 13–16; R.P.Smith, 'Military Expenditures and Capitalism', *Cambridge Journal of Economics* 1 (1977), pp. 61–76。有关双方对这一争论的评价，参见 S.Chan, 'The Impact of Defense Spending on Economic Performance: A Survey of Evidence Problems', *Orbis* 29/2 (1985), pp. 403–34; S. Chan, The Political Economy of Military Spending and Economic Performance: Directions for Future Research', in A.L.Ross (ed.), *The Political Economy of Defense: Issues and Perspectives* (New York: Greenwood, 1991), pp. 203–22; R.Ram, 'Conceptual Linkages Between Defense Spending and Economic Growth and Development: A Selective Review', in Payne and Sahu (eds), *Defense Spending*, pp. 19–39。

103. C.Huang and F.W.Hoole, 'Military Burden and Economic Hegemonic Decline: The Case of the United States', in A.Mintz (ed.), *The Political Economy of Military Spending in the United States* (London: Routledge, 1992), pp. 238–58.

104. 参见 Derwent Whittlesey, *The Earth and the State: A Study in Political Geography* (New York: Henry Holt, 1939)。

105. 腹地为国家提供了工业资源和防御纵深，人们普遍认为大国的疆域是其国际地位的核心。Geoffrey Parker, *The Geopolitics of Domination* (London: Routledge, 1988), p. 142. Saul B.Cohen, *Geography and Politics in a World Divided* (New York: Oxford University Press, 1973), p. 103, 他认为一个统一的欧洲能否存在，取决于它能否将北非和撒哈拉纳入囊中作为腹地。

106. 当然，哈尔福德・麦金德经典陈述成为长期以来有关资源问题以及科技与地理关系的基础，参见 *Democratic Ideals and Reality, With Additional Papers* (New York: W.W.Norton, 1962)。

107. Whittlesey, *Earth and the State,* p. 193.

108. T.Miller Maguire, *Outlines of Military Geography* (Cambridge: Cambridge University Press, 1899), p. 148–9. See also Jacob Viner, *The Customs Union Issue* (New York: Carnegie Endowment for International Peace, 1950), pp. 22–3.

109. Raymond G.O'Connor, *Force and Diplomacy: Essays Military and Diplomatic* (Coral Gables, FL: University of Miami Press, 1972), pp. 4–5.

110. 这样的作品有很多，参见 Royal Institute of International Affairs, *Raw Materials and Colonies* (New York: Oxford University Press, 1936), Helmer Key, *The New Colonial Policy* (London: Methuen, 1927); Brooks Emeny, *The Strategy of Raw Materials: The Study of America in Peace and War* (New York: Macmillan, 1934)。

111. 同前注。

112. 也许在两次世界大战之间有许多著作对有关原材料和国家政策的传统思想提

出了批评，参见 Sir Norman Angell, *Raw Materials, Population Pressure and War* (Boston, MD: World Peace Foundation, 1936); Herman Kranold, *The International Distribution of Raw Materials* (London: George Routledge and Sons, 1938); Benjamin Wallace, Bruce and Lynn Ransey Edminster, *International Control of Raw Materials* (Washington, DC: The Brookings Institution, 1930); C.K. Leith, J.W.Furness and Cleona Lewis, *World Minerals and World Peace* (Washington, DC: The Brookings Institution, 1943)。

113. 关于矿产冷战期间的战略意义，有大量的文献特别关注美苏冲突和南非，参见 Cas de Villiers (ed.), *Southern Africa: The Politics of Raw Materials* (Pretoria: Foreign Affairs Association, 1977); W.C.J.Rensburg and D.A.Pretorius, *South Africa's Strategic Minerals: Pieces on a Continental Chess Board* (Johannesburg: Valiant Publishers, 1977); Alfred E.Eckes, Jr., *The United States and the Global Struggle for Minerals* (Austin: University of Texas Press, 1979); Charles K.Ebinger, *The Critical Link: Energy and National Security in the 1980s* (Cambridge: Ballinger, 1982); Hans W.Maull, *Energy, Minerals and Western Security* (Baltimore, MD: Johns Hopkins University Press, 1984); also Anderson, *Strategic Minerals*。

114. 自麦金德开始，这种对俄国军事潜力的看法就有着悠久的传统，虽然有不同的版本，但都在某种程度上受到了麦金德的启发，参见 John E.Kieffer, *Realities of World Power* (New York: David McKay Co., 1952); Nicholas J.Spykman, *The Geography of the Peace* (New York: Harcourt, Brace and Co., 1944); Colin S.Gray, *The Geopolitics of Superpower* (Lexington: University of Kentucky Press, 1988); Zbigniew Brzezinski, *Game Plan: How to Conduct the US-Soviet Contest* (Boston, MD: Atlantic Monthly Press, 1986)。

第二章

相互依赖理论与全球化

正如前文所言，对于这项研究来说，当代研究中最重要的部分也许就是相互依赖理论。究其原因，这是当代研究中唯一一个明确指出应该如何看待军事力量与商业之间关系的理论。讽刺的是，笔者提出了一个论点，声称自己是现实主义者，但同时也承认现实主义并没有提供具体的指导方针。相互依赖理论也没有直接解决军事力量和商业问题，但它关注的是随着经济相互依赖的增加，军事角色会发生什么变化，这提供了一个明确的指导方针。

总体来说，相互依赖理论的相关文献倾向于把贸易和军事力量看作相互排斥的关系。此类研究的总体趋势是把军事力量和贸易看作独立的、对立的范畴，其政治表现形式、影响渠道和解决争端的方法也各不相同。这并不是说，这个学派认为国家实力和贸易是相互排斥的，恰恰相反。所有国家都在不同程度上承认国家实力在贸易关系中的作用。但与贸易相关的国家实力概念，显然是非军事性的。当谈到军事力量时，大多数相互依赖理论的研究都认为它和贸易正渐行渐远。

相互依赖和全球化的多样性

戴维·鲍德温(David Baldwin)对军事和经济的治国方略的定义截然不同。他指出,军事治国方略涉及主要依靠暴力、武器和武力的影响力尝试,而经济治国方略涉及主要依靠市场环境下的资源的影响力尝试。[1] 约翰·康尼贝尔(John Conybeare)认为国家间的贸易战本质上是为了实现与贸易有关的经济目标而发生的冲突,冲突中使用的手段是对贸易的限制。[2] 他还认为,在 18 世纪,商业竞争和军事冲突密切相关,因为重商主义将军事力量和财富联系在一起。但是到了 18 世纪后期,重商主义的衰落导致军事冲突和商业冲突的脱钩,事实上,“19 世纪自由主义者看到了贸易和军事冲突之间的负相关”。[3]

相互依赖理论的相关文献普遍支持这样一种观点,即经济上的相互依赖(除其他外)已导致军事力量在世界范围内失去效用。在相互依赖的全球经济中,军事力量作为实现预期结果的国家工具,已不再是理性、高效和有效的。在批评传统现实主义时,基奥恩(Keohane)和奈(Nye)坚持认为,军事力量不是在所有领域都可以替代的:它可能与某些问题有关,但与其他问题无关。传统现实主义者主要从军事角度来看待国家实力,并认为国家间军事力量的差异决定了冲突的结果。基奥恩和奈指出,在复杂的相互依赖条件下,即不同社会之间大量的多样化问题通过不同渠道联系起来的情况下,各国将避免使用武力。[4]

不仅“高”军事问题和“低”经济问题之间不再有区别,而且军事力量的效用也受到了限制,因为“实力”资源已经变得多维又具体。奈指出,与过去相比,当今世界在经济上更加相互依赖,特别是由于通信技术的发展,能源、资源发生了变化。他进一步指出,“尽管有着令人印象深刻的传统实力资源,但大国控制其环境的能力也因世界政治问题的变化而减弱”,这反映了“国家实力正在变得越来越不可替代、越来越缺乏强制力、越来越不可触摸”。[5] 这与鲍德温的要求相似,即国家实力分析必须伴随着政策应急框架,这样我们才不会落入将军事力量视为终极力量的陷阱。[6] 这种想法也与软实力的争论有关,最突出的是最近关于美国衰落的辩论，也是由这里的一些人提出的。这一论点普遍认为，由于美国可支配的软实力资源的规模非常大，衰落派的观点被夸大了。[7]

詹姆斯·罗森诺(James Rosenau)同样指出，社会、文化、经济和政治相互依赖的程度越高，由此产生的冲突通过军事威胁和行动解决的可能性就越小。[8]相互依赖的兴起缩小了军事应用的范围，因为较新的问题不涉及军事安全和领土问题。因此，军事能力的范围缩小，各国政府动员国内支持军事问题的能力下降。相反，相互依赖的问题是技术性的、分散的和适应性的，例如那些涉及技术复杂性、货币稳定性、污染和资源的问题。[9] 值得注意的是，罗森诺并没有将相互依赖问题称为政治性的，因此充满了冲突(即使这种冲突本质上是非军事性的)。诸如在获取技术方面的冲突，在承担污染责任方面的冲突，在货币问题上的冲突，当然，还有在资源方面的冲突，这些都不难发现。

理查德·罗斯克兰斯(Richard Rosecrance)提出了两种不同的国家行为模式，他认为世界政治在军事和商业方面最突出的分歧之一是军事/领土和贸易。贸易世界和军事世界构成了两种不同的国际运作方式。罗斯克兰斯将军事世界等同于主权、领土扩张、自给自足(以及重商主义)和战争。它的政治和争端解决方法围绕着实力平衡和国家之间的等级差异。在第二个世界中，贸易的比较优势取代了实力平衡，因此经济功能取代了等级制度在界定国家方面的角色。这里，各国将进行合作和谈判，关注贸易收益，而不是领土问题。实力等级制度的消亡还将带来国家间平等的衡量标准，这与和平和繁荣齐头并进。[10]

虽然大多数国家实际上是这两种行为模式的混合体，但贸易国的发展却以军事/领土国为代价。这种情况在战后一直在发展，但它的早期根源是英国19世纪的贸易体系。然而，随着今天相互依赖的增加，它将抑制冲突的传统根源。事实上，经济上的相互依赖将对国家关系产生有益的影响。罗斯克兰斯认为，在这样一个无政府环境中，只有以贸易世界为代表的互惠交换和劳动分工才能防止冲突。[11]

这种想法延续到最近关于后冷战时期的辩论中。在这里，罗斯克兰斯看到了世界经济多极化的出现，没有大国“争强好胜”。在这个体系中，参与者的主要目标将是经济，而不是军事，所有国家都是潜在的客户、市场或原材料和技术的来源。[12] 在这方面，每个国家都可以通过批准或拒绝贸易和外国投资影响甚至在经济上威慑其他国家。[13] 在这样的体系中，好战的国家通常不会兴旺发达。[14]

当代研究也存在相当多的相互依赖关系，其中大多数都符合上述观点。这种想法的一种是，各国可以通过在区域和次区域一级建立合作的政治和经济联系加强其安全。[15] 如果相互依赖可以缓和冲突，那么目标应该是努力创造相互依赖。这些文献似乎是相互依赖和多边冲突管理相关研究的结合体。

还有人认为，相互依赖在减少冲突方面收效甚微，这并不是因为相互依赖本身有什么缺陷，而是因为各国继续追求自身利益。只要国家行为以自身利益为导向，就会产生冲突。[16] 这种观点可能与罗斯克兰斯关于军事世界的概念相一致。在军事世界中，国家根据实力平衡来思考和行动。然而，在更深的层面上，这种自我利益的概念本身就是一个问题，它打破了许多有关相互依赖的文献中所阐述的基本自由规范，即国家的自我利益通常是兼容的。

日益增长的全球化研究在许多方面与相互依赖的研究密切相关。事实上，这些研究中的大部分似乎都是对相互依赖所引起的同类问题的再思考。全球化文献中关于主权衰落的争论就是一个很好的例子，其认为主权受到了世界上大量新势力的威胁。其中最主要的是市场的开放、跨国公司和国家间日益增长的监管网络。这些力量都限制了一个国家的行动能力与制定规范和结构的能力，可能使一个国家更难使用武力。[17]

当然，关于主权被假定侵蚀的可取性，众说纷纭。主权的衰落在本质上是一件好事，因为它意味着民族国家的终结，这一观点在规范上符合上述大多数有关相互依赖的文献。[18] 这种观点通常也借鉴了自由主义经济学的类比。还有一种观点认为，主权确实在衰落，但出于种种原因，这是一件坏事。主权的侵蚀会使较弱的经济体得不到强大经济体的保护，也会削弱或威胁民主本身的生存。相反，维护主权被认为是一个国家在世界经济中繁荣的必要条件，据一些学者的观点，维护民主是必要的。[19]

全球化文献中的论点还讨论经济和管制限制的问题，这些限制意味着阻碍使用军事力量。然而，在这个问题上还没有达成全面共识。一些人给世界描绘了一幅悲观的画面，如果这一画面是正确的，那么它将使我们期望军队在和平时期发挥更大的作用。其中一些观点似乎有些夸张，但它们确实强调了国家间经济利益和权力差异的重要性。

一个恰当的例子就是市场参与者乔治·索罗斯(George Soros)所表达的观点。索罗斯认为，主要西方国家的利益在冷战后已经缩小，越来越关注经济利益。这一观点是他对全球资本主义普遍性控诉的一部分。他认为全球资本主义体系的失败有两个原因。一个是金融市场固有的不稳定性，造成了严重的破坏；另一个是政治的失败。政治，以及其他许多职业，已经被金钱和金钱的价值所主宰。他坚持认为，过去西方在外交政策中更多地关注道德问题，但随着经济自利占主导地位，这一点在今天几乎消失殆尽。他在书的第六章中指出："只要资本主义继续取得胜利，对金钱的追求就压倒了所有其他社会因素。"并在第九章中写道："货币价值取代了内在价值的作用，市场已经主导了不属于它们的社会领域。"[20]

当然，索罗斯并不熟悉历史。除了当前美国外交政策行为中始终存在的道德主义之外，他忽视了商业利益在16世纪主要国家传统行为中的中心地位，更不用说这些国家在与其他国家和人民打交道时的极端残暴(甚至对其自己的人民)。虽然笔者认为他的观点表明经济利益的重要性依然存在，但如果他认为这种利益的中心地位是新出现的，笔者会对他提出批评。

有人可能会认为索罗斯的批评映射出他是潜在的激进派，但笔者认为他更像是一名重商主义者。他认为经济私利与一般道德利益不相容，这无疑是对自由主义传统的一种突破，可以反映出激进或重商主义的观点。然而，让他更像一名重商主义者的是，他把金钱视为经济的核心(更不用说政治了)。对自由主义者来说，财富和金钱根本就不是同义词，而对激进主义者来说，阶级冲突是问题的核心，而索罗斯呼应了经典的重商主义推理，即金钱是经济和政府背后的驱动力。同样，辛格(Singer)和威尔多夫斯基(Wildovsky)关于全球化实际上意味着世界分成和平区和动荡区的论点似乎是武断的。[21] 虽然他们的论据旨在批评世界正朝着单一的全球秩序前进(我倾向于同意这种批评),但他们的批评也暗示过去与他们对现在的描述有所不同。富国和穷国之间的差距在过去和今天一样明显,也许甚至更明显。军事力量的使用也比今天更加赤裸裸,更不需要道德掩护。只要看看英法殖民军队在被征服领土上的侵略行径就知道了。

过去与现在在某些方面根本上不同的观点在许多自由主义文献中很常见。在科学技术领域,甚至在世界经济的扩张中,很难反驳这种观点,但在国家间的冲突中,这种观点很容易被夸大。在笔者看来,经济利益的中心地位、使用军事力量保护和促进这些利益,以及财富和权力分配上的严重不平等,在今天看来并没有多大不同。

相互依赖与全球化的若干问题

笔者将在这里解决上文论述的几个问题。首先,20 世纪 70 年代,由于经济上的相互依赖,政治的高低不再有区别,这并不新奇。各种学派的世界政治研究给人一个清晰的印象,即没有一名学者假定了高级政治和低级政治之间的区别。在 19 世纪和 20 世纪早期,海权主义学者如马汉和科比特,地理和军事作家如麦金德和 T. 米勒 · 马奎尔(T. Miller Maguire)、兰格(Langer)、伍尔夫(Woolf)和马德(Marder)等传统历史学家,以及其他跨学科的许多人,似乎从未引入这种区别。几乎每一个重大的外交问题都有军事和经济两方面的内容,许多国际贸易和金融问题都与大国之间的实力竞争交织在一起。如果存在高低政治之间的区别,即军事领域永远是最重要的,经济问题不重要,那么它也许只存在于战后的现实主义这个相对受限制的学者群体之中。然而,在更广泛的传统文献中,贸易和战略的讨论似乎是交织在一起的。

其次,主权正在衰落的观点似乎没有说服力,原因有几个。上述思维往往会对过去提出一种错误的看法。其含义是,在过去,主权比今天更安全。主权在过去是近乎完美的原始状态,但时至今日,这一概念由于国际政治的现代因素而弱化。简单回顾一下历史就会发现,主权的起源和发展从中世纪晚期开始就是一个极不平衡的现象。[22] 在三十年战争之前，只有少数国家（法国、西班牙、英国和奥地利）被认为拥有它。三十年战争之后，出现了大国的概念。大国是比其他国家更重要的主权国家。其他大多数民族要么没有主权，要么有部分主权。神圣罗马帝国内部的国家被赋予与外国势力签订条约的权力，只要他们不密谋反对帝国。虽然帝国的皇帝是完全意义上的君主，其他人是部分意义上的君主。

这些大国认为其他国家是明显可侵犯的，有时它们也互相侵犯。在第一次世界大战之前所谓的典型的大国竞争时期，主权被认为处于鼎盛时期，大国经常侵犯它们不承认主权的国家，它们之间也经常相互干预。从来没有一个时期，主权的概念如此强大，以致它在所有国家周围提供了一堵无法穿透的墙。事实上，所有大国之间的战争都证明了这样一个事实：主权国家一有必要就会侵犯邻国的主权。国家之间不仅相互侵略，而且还相互占领领土，侵占财产，通过结盟和协议，或者通过精心策划的经济马基雅维利主义，想方设法使彼此陷入相互依赖的境地。

具有讽刺意味的是，在这个据说主权概念正在衰落的时代，主权概念在主要大国中从未像今天这样受到重视。今天的大国相互尊重对方政府的合法权威，也尊重小国政府的权威。国与国之间在贸易、执法、旅游等领域的法律互动日益增多，这一良好迹象表明，主权国家倾向于承认彼此的合法主权。

如果认为战争和征服是过去国家行为的主要模式，但认为今天这种行为的趋势有所减少，这可能会引起误解。除了少数例外，今天的主要国家也是过去的主要国家，它们确实通过武力获取了大量领土。这些国家（美国、西欧国家、俄国和日本）今天可能不太可能参与这种行为，但世界其他国家呢？印度和其他几个大国似乎并没有宣誓放弃侵略作为获取领土的手段。还有许多小国在战后一直卷入战争。如果我们说世界政治的趋势是不使用武力，难道不只是指当今主要国家的行为吗？我们谈到世界政治的趋势时，可能完全忽略了小国的活动，而把大国的行为误认为是趋势。

还有一个问题是，过去各国都在寻求经济上的自给自足（这被认为是战争的主要原因),而且总体上比今天独立得多。[23] 因为国家在过去更独立,主权更强大。然后将现在与过去的画面对比。已知主权概念已经下降或削弱,因为国家不再独立。国家本身要么也在衰落,要么正在转型以适应新的环境世界,这是一幅假象。

当主权概念处于鼎盛时,国家在某种程度上是相互独立的,这种观点忽视了法律观念和事实条件之间的差异。主权是一个法律概念。它的存在从来没有建立在事实独立于他人(政治、经济或其他方面)影响的假设之上。主张主权与独立之间的联系也许是这样一种观念的产物,即一旦一个国家拥有主权,它就与其他主权国家平等。平等被用来暗示独立和自治。然而,主权概念中的平等假设只具有法律意义,对世界政治的实际情况没有任何暗喻。一个国家可能拥有主权,这是一个法律事实,但仍然被一个政治、经济和安全依赖的网络所缠绕。这种联系也可能是经济上自给自足与旧世界力量平衡的结合体。如果一个国家是自给自足的(我不认为它们是),那么它们也是彼此独立的。随着自由主义的传播,自治消失了,主权也因此被削弱。

仅粗略地看一下现代历史就会发现,一个国家的贸易和财政经常与另一个国家的贸易和财政纠缠在一起,贸易政策一直是传统外交的核心问题,一个国家的经济政策的制定往往考虑到它们对另一个国家的影响。19 世纪,英国和欧洲主要国家对俄国向中亚扩张铁路的担忧就是明证;1894 年,法国借钱给俄国作为与俄国结盟对抗德国的手段;巴格达铁路问题中德国在土耳其影响力的增加与大国经济、战略、外交关切的纠缠;1930 年,欧洲抗议并报复美国的《斯穆特-霍利关税法案》;20 世纪 30 年代对东欧的掠夺性贸易政策以及所谓的"大东亚共荣圈"。在现代历史上,确实有无数其他的例子可以被引用,以便清楚地表明,在主权被认为是不容置疑的时期,国家存在于外交、经济和战略影响的复杂网络中。而在现代历史上,情况却从未如此。

主权与国家财富和实力之间的关系往往缺乏清晰度。因此,主权与自治和独立之间的关系不明确。一个国家可以很弱,依赖于另一个国家,但仍然是主权国家,强国尊重弱国的内部权威,尽管一个国家获得主权的能力本身就与该国的实力和财富有关。历史记录在这一问题上不甚相同。如果一个国家自己强大而富有，那么它的主权主张可能会很容易得到承认，或者它的主张可能会得到武力或武力威胁的支持。我们可以看到普鲁士在 1867 年转变为北德意志联邦，然后在普法战争后以这种方式转变为一个完全统一的国家。强国可能承认弱国的主权，因为这会对自己和其他国家产生影响。欧洲许多小国被授予主权，是因为大国想在它们之间建立缓冲国。例如，1830 年的比利时就是如此。

此外，一个国家行动能力的障碍并不一定意味着主权的衰落，原因有几个。有些障碍取决于有关国家的自愿接受，例如条约、协定。在这种情况下，国家仍然有权选择退出条约，甚至可以违反条约。违反条约会导致报复，但这并不意味着主权会削弱。自从现代国家制度本身发挥作用以来，违反条约就导致冲突。此外，只要国家体系存在，强国就会（通过联盟）相互依赖以求得安全。即使是在如今的欧盟，成员国正在放弃对货币政策和货币的控制权，一个成员国也可以选择退出欧盟。从形式上讲，欧盟成员国承认一体化进程不可逆转，但过去也有先例表明，它们在解决违反一体化计划的问题时诉诸民族主义的解决方案。如果欧盟某个较大的经济体决定退出使用欧元，重新使用本国货币，会发生什么情况？自愿合作甚至政策协调在多大程度上意味着对主权的限制？

然而，如果条约本身是以武力强加给一国的，那么通过条约存在的限制确实是对主权的限制。从战败国的角度看，和平条约往往具有这种特点。例如，人们会这样看待德国主权和《凡尔赛和约》（1919 年），甚至第二次世界大战后德国的占领和分裂。然而，一致缔结的条约并不影响主权，特别是鉴于主权国家通常是这些条约的签署国这一事实。

其他障碍则以意想不到的后果出现，比如经济疲软甚至全球经济扩张造成的障碍。这些障碍包括对国家行动能力的制约和对国家实现目标能力的制约，但并不意味着国家的权力结构正在瓦解。这里有两点需要注意。其一，一个国家在世界上取得成功的能力取决于它能否获得相关资源，无论是经济、政治还是军事资源。一个国家既可以是主权国家，也可以是弱国。然而，虽然一个主权国家可能缺乏这种资源，但拥有主权实际上增加了获取这些资源的能力。这就是主权国家建立大型常规军事力量的能力，而不是革命运动的游击队的原因。其二，当今国际体系中的每一个国家都一如既往地对人员跨境流动和商业活动施加各种规定。尽管跨国公司和资本市场的增长肯定有着复杂的经济安排，但它们的增长并不意味着国家监管能力的终结。国家仍然可以干预，有时甚至切断经济联系。

如果主权在下降，难道不意味着国家在内部管理人民和商业的能力也在减弱？因为其他一些权威结构承担了这个角色。我们可以说，由于现代交通和通信技术，国家可以控制其人民进出该国，因而获得了对内更强的管理能力。如果我们认为主权在国际关系中正在衰退，但在国家内部却看不到相应的必然结果，这是否自相矛盾？最后，还有一个对主权的明显威胁，但这个威胁已经存在了很长时间，它是不平等的财富和权力本身的副产品，也是其他主权国家造成的威胁。主权国家在维护自己主权的同时侵犯他国主权的例子不胜枚举。这种威胁是显而易见的，但在有关主权障碍的讨论中一般都避而不谈"如果"。强国侵犯弱国的主权，并不意味着主权本身的普遍衰落。在这种情况下，只有弱国的主权会被削弱。伊拉克 1990 年入侵科威特就是一个国家侵犯另一个国家主权的简单例子。如果没有其他主权国家(如美国)的力量，那么科威特的主权可能已经被永久地取代。此外，联合国在维持伊拉克治安、防止伊拉克制造大规模杀伤性武器方面的作用当然是对伊拉克主权的侵犯，但如果联合国本身没有得到其他主权国家的力量支持，那么联合国能否在一开始就这样做呢？

尽管跨越国界的联系太多了，但财富和权力的分配对一个国家的安全和行动能力似乎和以往一样至关重要。尽管在这个主权被"唱衰"的时代，这个理念可能从未像今天这样受到主要国家的重视。也许修昔底德在《米洛斯人对话录》(Melian Dialogue)中的名言——强者可以为所欲为，弱者则必须忍气吞声——仍然适用。[24]

以上的评述围绕着三个普遍的特征，这些特征贯穿了许多有关相互依赖的文献。其一，相互依赖是一种新现象，是战后贸易扩张的结果。第二，相互依赖具有革命性意义，因为它将改变国家和世界的运作方式(或已经这样做了)，从而抵消传统冲突的趋势。第三，相互依赖是相对永久的或不可逆转的。也就是说，相互依赖是一种长期的趋势，代表着进步本身的运动，从旧的走向新的。

尽管战后世界在很多方面都是新的，但相互依赖本身并不新鲜。正如第五章和第六章所表明的那样，大国之间存在高度的经济相互依赖。也许各国之间相互依赖的程度、经济交易和政治交流的频繁程度是新的，但相互依赖本身却不是。

最后，相互依赖研究对军事力量的理解是狭隘的。这个问题可能是本研究最重要的一点。一般来说，军事力量只在涉及领土和扩张的问题上有意义。新问题不属于军事力量的范畴。因此，军事力量的范围很窄，只涉及少数类型的问题，其使用集中在具有特定目的的特定问题上。这意味着要利用军事力量在某一特定问题上取得结果，也意味着没有更广泛的用武之地。这也意味着军事力量的使用是暂时的，甚至是短期的，因为一旦问题得到解决，军事目的就结束了。这里有三点要说。第一，一些新问题实际上具有直接的军事意义。罗森诺提出的上述四个新问题中，至少有三个具有军事意义——几乎任何类型的技术都具有军事应用价值，资源问题具有战略意义，海军参与管理领海以防止污染。第二，我们也可以说，所谓的传统问题在现代世界中是相当普遍的。除了第一次海湾战争外，世界上还有许多与领土有关的小冲突（其中许多与种族及相关冲突有关）。

然而，最重要的一点是，军事力量在世界上的用途远比文献中让我们相信的相互依赖要广泛得多。这些用途中，有许多是长期的、一般的，也有一些是短期的，而且有很大一部分与国际贸易有关。虽然在第三章中探讨了这些联系，但这里的要点是，贸易问题与军事问题并不是泾渭分明的，我们可以详细阐述上述任何一点来证明。然而，笔者想提醒读者注意的是，军事力量在世界政治中的作用非常广泛，而且其发挥作用的方式、方法很大程度上与贸易有关。对此，我们将在第三章详细研究。

冲突与贸易

与本节相关的文献是关于贸易流量的文献，它试图衡量冲突、外交和联盟对贸易的影响，或者反过来，衡量贸易对冲突的影响。近年来，这些文献的规模和复杂程度已经足够，足以就冲突与贸易之间的关系提出一套不同的研究结果。例如，巴比里(Barbieri)和施耐德(Schneider)最近的一篇文章指出，相关文献的特点是在概念、理论见解和数据的定义上的差异，这可能解释了研究结果的多样性。[25] 这类文献大多将贸易作为自变量，而冲突作为因变量，尽管也有一些研究反其道行之。有些人还测试了变量的因果方向，结果各占一半。[26]

在这类文献中，尤其是较早的文献中，一个普遍的发现是贸易和冲突是负相关的，而贸易和合作是正相关的。[27] 这些文献大多运用贸易理论的某些方面来推理，通常侧重于提出自由贸易与国家间合作是一体的论点。其中大部分还采用了引力模型，其中政治和冲突变量被简单地添加到回归分析中。

要解释贸易为何会改变一个国家对另一个国家的行为，关键在于理解贸易对于相对各国的一系列激励。例如，波拉克(Polackek)认为，双方之间的相互依赖会增加冲突的成本，降低争议的程度。[28] 这是直截了当的自由主义推理。相比之下，波林斯(Pollins)主张在生产者和消费者两方面实行受政治影响的激励措施。消费者可能会以友好的政治姿态购买友好国家的进口商品，拒绝来自敌对国家的进口商品；进口商可能会从友好国家进口商品，以将风险降到最低。进口商也被认为关心国家的国际安全目标。[29] 这种推理似乎不如波拉克的那么令人信服，因为似乎没有很好的理论或经验基础断言消费和生产行为受到政治或外交偏好的影响，但这也符合自由主义的推理。然而，进口商考虑这类信息的论点可能比主张消费者考虑这类信息的论点更有根据，因为从事国际贸易的公司确实对政治风险问题给予了一些关注。塞耶斯(Sayers)对贸易和冲突研究中的经济假设进行了很好的评估。[30]

最近关于贸易和冲突争论的研究有更为复杂的发现。例如，曼斯菲尔德(Mansfield)和布朗森(Bronson)基于第二次世界大战后的数据发现联盟和特惠贸易协定对贸易有积极影响。[31] 奥尼尔(Oneal)和罗塞特(Russett)还继续支持贸易促进国家间和平的观点，甚至发现依赖程度的不对称变化与冲突无关。[32] 然而，莫罗(Morrow)、西弗森(Siverson)和塔巴雷斯(Tabares)并没有发现联盟对国家间的贸易有积极的影响。联盟对贸易的影响在多极体系和两极体系之间可能有所不同。[33] 然而戈瓦(Gowa)还发现，虽然联盟对贸易有积极影响，但这种关系的性质在不同的国际体系中各不相同。[34]

贸易可以改变一个国家的行为，这是上述许多研究的共同观点。这个概念在直觉上是显而易见的，因为它毕竟符合美国传统的外交政策行为。无论美国对某一国家采取贸易制裁还是签署贸易优惠协定，贸易工具都被用来影响其行为。这种行为是冷战政策的一个关键部分，比如尼克松-基辛格利用贸易影响苏联和中国行为的政策。扩大和收缩对苏联和中国的贸易一直是政策行为，直到冷战结束(并延续到今天对中国)。

政策重点假定了因果关系的某个方向：政策影响贸易，而贸易影响(或未能影响)目标国的行为。当然，首先导致这些政策的往往是目标国的初始行为。例如，美国收紧或放松对共产主义国家的贸易禁运的政策影响了与这些国家的贸易，被认为对后者的行为有一定影响。

虽然冲突和贸易文献没有解决军费开支和贸易是如何相关的问题，但它有一些暗示。像相互依赖文献一样，基于冲突和贸易文献中的自由主义部分，我们可以预见军费开支和贸易呈负相关。我们可以说，随着国家间冲突的加剧，贸易下降，军费增加。增加军费开支将是对不断升级的冲突的一种回应。如果我们认为贸易影响冲突，那么我们可以说，随着贸易的增长和冲突的减少，军费开支也会减少。

军事力量与贸易的启示

虽然上述只是对当今国际关系文献中真正占主导地位的趋势的一个粗略概述，但这一总结确实抓住了争论的主要方向。当然，关于相互依赖的争论是理想主义的，也是自由主义基本原则的反映。尽管这些专家并不希望政治消失，正如一位自由主义经济学家所希望的那样，他们中的许多人确实将“经济多极化”视为相关性的框架，一些人认为这将取代军事力量平衡，在军事力量平衡中，比较优势和经济利益将成为未来成功之路。[35] 阻碍这一进程的只是过时的军事领土秩序的扭曲。这里有一个经典的自由主义假设，即所讨论的单位（这里是国家）的基本私利是相互和谐的。在多极世界中，如果国家理性地计算自身利益，就会产生一种和平的相互依赖关系。尽管合作并不总是意味着和谐，但它至少意味着一种可以容忍的摩擦状态。相互依赖的思想（也许比最近的冲突和贸易文献更为明显）会让我们期待一种关系（无论如何具体化）可能近似于以下内容：

$$MILITARY = f(\overset{-}{TRADE}, \overset{+}{PROTECTIONISM}, \overset{+}{WAR})$$

军事力量与贸易或贸易增长负相关，与保护主义正相关，与战争在某种程度上正相关。相互依赖的思维方式或许是本研究中讨论的唯一一种方法，它直接表明了军事力量和商业之间关系的任何行为方程。

当然，除了战争，本文主张一种相反的关系。笔者在这里主张（并希望稍后阐明）相互依赖文献中军事力量和商业的分离是人为的。这种人为的分离是建立在对军事力量作用的一个非常狭隘的观点上的。在本书中，军事力量是一种国家工具，它的目的是解决围绕“传统”问题的争端。如果出现了新的问题，如经济问题或污染问题，那么解决争议的新方法就必须随之出现。尽管有上述对相互依赖相关文献的批评，但在为其辩护时，应该说，在这一系列作品中使用的推理通常都是构建良好的，并且比第一章中所回顾的文献更为严谨。

注释

1. David Baldwin, *Economic Statecraft* (Princeton, NJ: Princeton University Press, 1985), p. 14.
2. John A.C.Conybeare, *Trade Wars: The Theory and Practice of International Commercial Rivalry* (New York: Columbia University Press, 1987), p. 3.
3. Ibid., p. 145.
4. Robert O.Keohane and Joseph S.Nye, *Power and Interdependence* (Boston, MA: Scott, Foresman and Co., 1989), 2nd edn, pp. 24–25.
5. Joseph S.Nye, Jr., *Bound to Lead: The Changing Nature of American Power* (New York: Basic Books, 1990), pp. 186, 188.

6. 例如，参见 David Baldwin, 'Power Analysis and World Politics: New Trends Versus Old Tendencies', *World Politics* 31/2 (January 1979), pp. 161–94。
7. 例如，参见 Joseph S.Nye, 'Soft Power', *Foreign Policy* 80 (Fall 1990), pp. 153–71。
8. James N.Rosenau, *The Study of Global Interdependence: Essays on the Transnationalization of World Affairs* (London: Frances Pinter, 1980), pp. 40–1.
9. Ibid., pp. 43–6.
10. Richard Rosecrance, *The Rise of the Trading State: Commerce and Conquest in the Modern World* (New York: Basic Books, 1986), pp. 15–28.
11. Ibid., p. 16.
12. Richard Rosecrance, *America's Economic Resurgence: A Bold New Strategy* (New York: Harper and Row, 1990), pp. 195–97.
13. Ibid., p. 197.
14. Ibid., p. 197. See also Richard Rosecrance, 'Regionalism and the Post-Cold War Era', *International Journal 66/3* (Summer 1991), pp. 373–93.
15. 参见 Lev Voronkov, 'Regional Cooperation: Conflict Prevention and Security Through Interdependence', *International Journal of Peace Studies* 4/2 (July 1999), pp. 83–93; Jean Marie Guehenno, The Impact of Globalisation on Strategy', *Survival 40* (Winter 1998/99), pp. 15–19。他认为欧盟式的制度化相互依赖，相较于美国模式，提供了一种更好的增强安全的手段。
16. George Kaloudis, 'The Search for Global Order', *International journal on World Peace* 15 (March 1998), pp. 3–21.
17. 这种对主权的侵蚀被称为全球化的一个新方面。参见 Noel O'Sullivan in 'Concept and Reality in Globalization Theory', in C.P.Rao (ed.), *Globalization, Privatization and Free Market Economy* (Westport, CT: Quorum, 1998), pp. 11–27。然而并非所有人都认为主权实际上正在衰落，对于不同的观点，参见 Viktor Vanberg, 'Globalization, Democracy, and Citizens' Sovereignty: Can Competition Among Governments Enhance Democracy?' *Constitutional Political Economy* 11 (March 2000), pp. 87–112; Christoph Gorg and Joachim Hirsch, 'Is International Democracy Possible?' *Review of International Political Economy* 5 (Winter 1998), pp. 585–615; Peter F.Drucker, The Global Economy and the Nation-State', *Foreign Affairs* 76 (September-October 1997), pp. 159–71; Vivien A.Schmidt, The New World Order Incorporated: The Rise of Business and the Decline of the Nation-State', *Daedalus* 124/2 (Spring 1995), pp.75–106。
18. 罗伯特·吉尔平总结了这些观点，参见 Robert Gilpin, *The Challeng of Global Gapitolism; The World Economy in the 21st Century* (Princeton, NJ: Princeton University Press, 2000), pp. 311–23。
19 这种观点有多种形式，一个具有代表性的例子是 Peter Evans, 'The Eclipse of the State: Reflections on Stateness in an Era of Globalization', *World Politics* 50 (October 1997), pp. 62–87; Robert Marshall, 'Autonomy and Sovereignty in the Era of Global Restructuring', *Studies in Political Economy* 59 (Summer 1999), pp. 115–47; Carlo jean, 'The Role of the Nation State in Providing Security in a Changed World', *International Spectator* 33/1 (January-

March 1998), pp. 67–77; Samuel M.Makinda, 'Sovereignty and Global Security', *Security Dialogue* 29 (September 1998), pp. 281–92; Rebecca R. Moore, 'Globalization and the Future of US Human Rights Policy', *Washington Quarterly* 21 (Autumn 1998), pp. 193–212; M. Shahid Alam, *Poverty from the Wealth of Nations: Integration and Polarization in the Global Economy Since 1760* (New York: St. Martin's Press, 2000), 他发现一个国家的主权与其在世界经济中的表现存在直接关系。

20. George Soros, *The Crisis of Global Capitalism: Open Society Endangered* (New York: Public Affairs, 1998), pp. 102, 106–7. 其他人如 Henry A.Kissinger, *Diplomacy* (New York: Simon and Schuster, 1994),警告不要在世界范围内推广自己的价值观，其含义是美国的我行我素,艾肯伯瑞(Iken-berry)认为该策略是理想主义的而是促进和平的务实做法。参见 G.John Ikenberry, 'Why Export Democracy? The "Hidden Grand Strategy" of American Foreign Policy', *Wilson Quarterly* 23/2 (Spring 1999), p. 56,wwics.si.edu/OUTREACH/WQ/ WQSELECT/IKENB.HTM。
21. Max Singer and Aaron Wildovsky, *The Real World Order: Zones of Peace, Zones of Turmoil* (Chatham, NJ: Chatham House, 1993).
22. 主权问题的起源，传统上归同于1648年威斯特伐利亚会议，也是一个具有争议的问题，事实上这个概念由来已久，实际上是由让•博丹在《国家六书》(Six Book no the Seate)中首次提出的。有关当前的争论，参见下面题为《威斯特伐利亚秩序的延续和挑战》[Continuity and Change in the Westphalian Order', *International Studies Review* 2 (Summer 2000)]。中关于主权问题的一系列文献。
23. Rosecrance, *Trading State,* pp. 14–15.
24. 罗伯特•霍尔顿(Robert Holton)对许多关于主权的假设提出了批评，他说这些假设无异于天方夜谭。参见Robert Holton, *Globalization and the Nation-State* (New York: St. Martin's Press, 1998), pp. 81–91。
25. Katherine Barbieri and Gerald Schneider, 'Globalization and Peace: Assessing new Directions in the Study of Trade and Conflict', *Journal of Peace Research* 36/4 (July 1999), pp. 387–404.
26. 例如，参见 Mark Gasiorowski and Solomon W. Polackek, 'Conflict and Interdependence: East-West Trade and Linkages in the Era of Détente', *Journal of Conflict Resolution* 26/4 (December 1982), pp. 709–29; Rafael Reuveny and Heejoon Kang, 'International Trade, Political Conflict/Cooperation, and Granger Causality', *American Journal of Political Science* 40 (August 1996), pp. 943–70; Rafael Reuveny and Heejoon Kang, 'Bilateral Trade and Political Conflict/Cooperation: Do Goods Matter?' *Journal of Peace Research 35* (September 1998), pp. 581–602。
27. Mark Gasiorowski, 'Economic Interdependence and International Conflict: Some Cross-National Evidence', *International Studies Quarterly* 30/1 (March 1986), pp. 23–38; Gasiorowski and Polackek, 'Conflict and Interdependence'; Joanne Gowa, *Allies and Adversaries, and International Trade* (Princeton, NJ: Princeton University Press, 1994); Solomon W. Polackek, 'Conflict and Trade', *Journal of Conflict Resolution* 24/1 (March 1980), pp. 55–78; Brian M.Pollins, 'Conflict, Cooperation, and Commerce: The Effect of International Political

Interactions on Bilateral Trade Flows', *American Journal of Political Science* 33/ 3 (August 1989), pp. 737–61; Brian M. Pollins, 'Does Trade Still Follow the Flag?' *American Political Science Review* 83/2 (June 1989), pp. 465–80; Lois W. Sayrs, 'Reconsidering Trade and Conflict: A qualitative Choice Model with Censoring', *Conflict Management and Peace Science* 10/1 (Spring 1988), pp. 1–19.

28. Polackek, 'Conflict and Trade.'
29. Pollins, 'Conflict, Cooperation', and Pollins, 'Follow the Flag'.
30. Lois W.Sayrs, 'Expected Utility and Peace Science: An Assessment of Trade and Conflict', *Conflict Management and Peace Science* 11/1 (Spring 1990), pp. 17–44.
31 Edward D.Mansfield and Rachel Bronson, 'Alliances, Preferential Trading Arrangements, and International Trade', *American Political Science Review 91/1* /1 (March 1997), pp. 94–107. See also Edward D.Mansfield, Jon C.Pevehouse, and David H. Bearce, 'Preferential Trading Arrangements and Military Disputes', in Jean-Marc F.Blanchard, Edward D.Mansfield and Norrin M.Ripsman (eds), *Power and the Purse: Economic Statecraft, Interdependence and National Security* (London: Frank Cass, 2000), pp. 92–118.
32. John R.Oneal and Bruce Russett, 'Assessing the Liberal Peace with Alternative Specifications: Trade Still Reduces Conflict', *Journal of Peace Research 36/4* (1999), pp.423–42.
33. James D.Morrow, Randolph M.Siverson, and Tressa E.Tabares, 'The Political Determinants of International Trade: The Major Powers, 1907–90', *American Political Science Review 92/3* (September 1998), pp. 649–61.
34. 参见 Gowa, *Alliances and Adversaries,* Solomon W.Polackek, John Robst and Yuan-Ching Chang, 'Liberalism and Interdependence: Extending the TradeConflict Model', *Journal of Peace Research* 36/4 (1999), pp. 405–22, 该书也为贸易降低冲突的观点找到了证据，但其结果较为复杂。
35. 参见 Rosecrance, *Economic Resurgence* and *Trading State*。这种想法在那些认为多极世界最符合稳定和经济繁荣的人身上最为突出。参见 J.David Singer, *Models, Methods, and Progress in World Politics* (Boulder, CO: Westview, 1990), p. 12, 其中错综复杂的关系以及友谊和敌对的转变(意味着)没有任何单一的利益可以在国家之间制造一种自我恶化和自我强化的分裂。

第三章

军事和商业联系：重商主义的维度

尽管第一章的文献五花八门，但贯穿其中的一条主线是重商主义。许多这类文献都倾向于通过重商主义的视角看待国家和经济资源之间的经济关系。事实上，迄今为止本书所评论的所有文献的一个普遍差异就是自由主义和重商主义之间的分歧。在早期的理想主义和一些地缘政治[1]、新现实主义（尤其是涉及多极化的新现实主义）、相互依赖和全球化研究中，对经济问题的自由主义观点是显而易见的。重商主义的观点在大多数传统现实主义、一些新现实主义以及大多数地缘政治、海军主义、军事和战争潜力文献中都很明显。有趣的是，这些文献大多采用自由主义或重商主义的推理，而没有明确说明。这些观点在文献中如此分散，以至于人们想知道这些方法到底在争论什么。

上述文献中的重商主义思想表明，人们倾向于根据经济问题、资源和贸易对权力的产出和"国际存在感"的影响，以及它们在引发国家间冲突中的作用来看待这些问题。然而，在这些研究中，重商主义及其作用也确实模糊不清，这可能源于当代强烈的观念，即重商主义本质上是坏的和错误的，它本身是人民生活水平低下和国家间冲突的罪魁祸首。但是，如果说重商主义思想在以权力为中心的国际关系中普遍存在,那么它就值得加以澄清。

重商主义行为也有一些方面经常被忽视。其中一个与军事力量在和平时期的作用这个更大的命题有关,其通常的做法是假定军事力量在世界上的作用相当有限。它要么是战争时期的一种工具,要么是和平时期日益过时的强制手段。在任何一种情况下,军事力量都被狭隘地聚焦于在某些问题领域取得有利的结果。这种理解暗示了军事力量的两个特征。首先,它意味着任何军事力量的使用都是与具体问题有关的(这表明其目的狭隘)。其次,它暗示了它的使用即使不是短期的,也是暂时的。一旦在某些特定问题上取得了成果,军事力量就达到了(或没有达到)其目的。如下所述,虽然军事力量的许多用途都是狭义的,但军事力量也是一种范围广泛的工具,其功能具有普遍性和长期性。军事力量的后一层面使其成为和平时期国家间关系的一个组成部分,而这一作用与商业联系在一起。军事力量的这些方面本质上也是重商主义的,无论一个国家是否奉行自由贸易政策。

重商主义

重商主义似乎有两大倾向。一种关注国家权力,另一种关注国内经济中的特殊利益,甚至是保护国内经济不受破坏。大多数学者对重商主义类型的区分,大致有两种。例如,罗伯特·吉尔平就对良性重商主义和恶性重商主义做出了区分。前者的目标是维护国家经济利益,作为维护安全和生存的必要手段。后者是利用国际经济作为帝国主义扩张的舞台,从事侵略性的经济行为,如经济战。[2] 在两次世界大战之间的文献中,纳粹的经济政策在当时被看作一种新的侵略性的重商主义形式,而旧的形式实际上被看作自由社会的一部分。传统的重商主义被认为是由一个类似于自由主义思想的目标驱动的:确保国内福利和经济稳定。[3] 如果这是真的,那么自由主义和旧的重商主义之间唯一真正的区别就是所采用的方法。

重商主义思想中对国家权力的关注十分普遍。尽管学者们对重商主义的具体政策类型有不同的看法，但国家被认为是在利用经济资源来最大化其实力。这就是重商主义与现实主义的联系最为明显的地方，即政治决定经济。[4] 例如，古斯塔夫·施莫勒(Gustav Schmoller)指出，历史上任何时期的主要经济制度都取决于当时控制经济的政治制度的性质。[5] 施莫勒认为重商主义是国家形成的一个阶段，国家之间争夺权力和财富是最重要的。他认为，经济学的竞争重商主义方法是对国家的原始看法。通过缓慢的演变使各国转向自由主义的方式至今仍蕴含着压制弱小国家的企图。[6]

尽管施莫勒的历史年表是正确的，重商主义先于自由主义，但他不愿接受自由主义的说法。他认为，重商主义的内在动机同样也根植于自由主义之中，只不过它们是隐藏的。当然，这些想法在当时也为其他人所认同。因为财富和权力是相互依赖的，重商主义的目标是让国家的人民富裕起来。[7] 让国家富裕和让国民富裕并不是完全不同的，因为后者也为国家服务。

赫克歇尔(Heckscher)的重商主义观点似乎更倾向于国家权力观。他把重商主义描述为一种使用两种基本手段的权力体系。第一个目标是将经济活动导向政治和军事目的，第二个目标是建立一个经济资源库，使强权政策可以从中提取资源。[8] 赫希曼(Hirschman)对贸易的看法与此类似，只是狭隘一些。他指出，从国家权力的角度来看，贸易具有供给效应和影响效应两种效应。贸易的供给效应提供了加强一个国家军事力量的商品。因此，各国寻求通过推行重商主义政策，如控制贸易路线、储备和将贸易导向友好国家，来减少其依赖性或保障供应。贸易的影响效应源于贸易被用作一种胁迫工具，赫希曼认为，这可以作为战争的替代手段。[9] 同样，斯蒂芬·克拉斯纳认为，国家权力最大化的目标导致国家将经济资源转向特定的政治和军事目的，并建立一个国家经济力量的储备库，用于实现政治目标。[10]

那么，从国家权力的角度来看，国家的经济目标应该根据它们为国家生产的权力来评估，而不是根据它们为社会生产的福利水平和生活水平来评估。[11] 像施莫勒一样，一些作者认为，倾向于自由经济思想的国家也关注权力。虽然所使用的手段可能在种类和程度上有所不同，但都关注权力和财富。[12] 事实上，本研究的部分目的是为了表明军事力量和商业之间的联系跨越了意识形态的分歧，许多重商主义政策（储备、改变贸易方向、经济战等）是由现代国家实施的。

在继续讨论之前，应当指出，重商主义也可以从国内利益集团的活动中看出来。在这里，国家的政策是游说活动的副产品，这导致政策制定者生产保护主义和监管手段，以牺牲消费者利益为代价服务于某些国内生产商。在这种情况下，重商主义的焦点既不是国家权力，也不是服务于国内福利的目的，而是服务于经济中特定生产者的利益。从这个角度看，我们可以把重商主义看作一种寻租的形式，它允许生产者通过国家行为，将过剩的商品从消费者手中夺走。[13]

一个源自重商主义推理的传统假设是，贸易关系可能是冲突性的。一个国家财富的增加可能意味着其拥有的权力的增大，以及另一个国家权力的相对减小。[14] 这也是国家追求自给自足和殖民地背后的原因。[15] 有人甚至认为，军事竞争是一个国家实现工业化目标背后的驱动力，而贸易竞争本身可能是这一目标的副产品。一旦一个国家达到了足够的工业发展水平，其他国家就会效仿，以保持力量平衡。[16] 虽然工业化有几个重要目标，但提升军事力量是首要目标。[17]

经济增长过程本身甚至被指是冲突的起因。乔克利（Choucri）和诺斯（North）用“横向压力”一词来描述国家的扩张行为：国内增长导致国家外部利益的扩张，这导致对资源、市场和战略优势的竞争，而由此产生的危机也获得了自身的动力。[18] 自由主义思想倾向于在国家间冲突问题上指向相反的方向。自由贸易与和平是一致的。但重商主义者认为贸易本身就是冲突的根源。亚历山大·汉密尔顿（Alexander Hamilton）认为，因为对财富的热爱与对权力和荣耀的热爱一样，是一个强大的动机，贸易关系很可能成为战争的根源。[19]

有时地理上的邻近性被认为是一个修正因素。人们常听到，区域贸易协定往往因邻近性与种族和文化相似性而得到便利。虽然在这些协定中，接近常常是规则，但用雅各布·维纳（Jacob Viner）的话来说，它是建立在一种虚假的联系之上，一方面是紧密的政治和经济联系，另一方面是种族和政治相似。“在国际关系中，邻里关系从来都不是睦邻友好的保证，而且往往是对此的损害，这不仅是一个事实，而且是一个公认的事实。”[20]

尽管获取殖民地或囤积金银等许多传统重商主义政策可能不会持久，但在许多当代政策中，都可以发现更为普遍的重商主义行为。然而，本研究感兴趣的是重商主义的军事意义方面。早期的重商主义学者们一致认为，19 世纪以前，军事力量对商业很重要。例如，赫克歇尔指出，英格兰在 15 和 16 世纪利用其经济法为国土防御做准备。[21] 就像现代的海军主义作家一样，重商主义作家也看到了海军和贸易之间的联系。施莫勒认为，那些懂得如何利用舰队、海关和航海法来维护国家经济利益的国家，在争夺权力和财富的斗争中取得了领先地位。[22]

旨在影响贸易方向的经济集团和贸易控制政策的主题在历史上涉及国家间的冲突，并具有军事意义。对经济集团的一个传统且非常普遍的定义是，它是某些国家之间的一种安排，但远非所有国家，这种安排往往会影响国际交换的商品或生产要素的数量和价格。[23] 经济集团因各国经济政策和经济一体化程度的不同而不同。因此，可以建立自由贸易区、关税同盟、共同市场，进而实现全面的经济一体化。[24] 可以建立关税集团、货币集团、发展中国家集团，甚至还有涉及卡特尔的大宗商品集团。对抗集团和合作集团有着天壤之别。[25]

自由主义的观点通常把经济一体化的目标描述为参与者福利的普遍改善。[26] 经济一体化是出于对福利的关注，这种观点当然有一定的道理。然而，与此同时，经济集团在许多方面也是重商主义者。第一，经济集团可能更多地侧重于保护效率低下的生产者的利益，而牺牲消费者和非成员生产者的利益。成员生产者与消费者之间的冲突、成员生产者与非成员生产者之间的冲突可以转化为成员政府与非成员政府之间的冲突。由于贸易和相关政策而导致的成本和收益分配不均，可能是一个集团以多种可能的方式产生冲突的根源。欧盟的共同农业政策（CAP）反映了这一确切情况。该政策以牺牲消费者和非成员生产者为代价，将剩余奖励给效率低下的成员生产者。

第二，经济集团涉及权力关系。雅各布·维纳说，一些涉及大国和一些小国的关税同盟出于大国的政治目标，而关税同盟的经济后果则被视为实现政治目标而付出的必要代价。相比之下，小国则是被联盟的经济利益所驱使，并将政治后果视为必要的代价。[27]

大国与小国之间的经济集团在多大程度上成为大国的势力范围，从而反映大国的利益？在极端情况下，我们可以看到，一个强国可以寻求经济集团作为其战时生产的经济腹地。20 世纪 30 年代，德国在东欧的贸易控制政策旨在服务于战时生产。[28] 第二次世界大战后，苏联在东欧的贸易控制政策巩固了苏联对这片大陆的统治，苏联的工业也开始依赖其附庸的供应。日本在第二次世界大战前的"共荣圈"也发挥了类似的作用。类似的功能是否可以归因于大英帝国在两次战争之间的偏好，或者说，它的整个殖民政策？贸易控制政策最好被理解为大国大战略的功能，而大战略反过来又反映了该大国的利益本质。

贸易集团的一个重要因素是它们是否会与非成员、其他集团或国家产生冲突。经济集团是否会在正式成员国之外与其他地区发展特殊关系（例如，欧共体与非洲、加勒比和太平洋国家）？索尔·科恩（Saul Cohen）认为，要想建立一个可行的欧共体，就必须把北非和撒哈拉纳入其中。[29] 政治地理学中的一个传统观点是，一个政治单位要想生存，就必须有经济基础生存能力。经济生存能力意味着权力中心必须能够获得资源，这通常意味着对领土的控制。[30] 这种推理类似于过去对自给自足的呼吁，尤其是在关键材料方面，但很容易导致过度概括，忽视普通市场关系在提供可靠供应方面的作用。

虽然自给自足是大国地位的必要条件这一观点的正确性可以忽略，但集团的竞争因素仍然存在。在某些情况下，我们可以把建立经济集团看作大国的尝试，或者是弥补缺少的经济腹地，或者是扩大现有的经济腹地。当集团在外部地区发展特殊利益时，这些利益可能与另一集团或大国发生冲突，并导致进一步冲突。[31] 然而，在两次大战期间，对原材料的控制可能比今天更容易引发战争。[32] 事实证明，市场机制和政治联系是确保市场准入的有效手段。但政治上有保障的准入和市场机制本身可能需要保护，以免受到破坏，而雄心勃勃的小国可能寻求破坏稳定的市场机制。同样针对石油，石油输出国组织（OPEC）在控制供应价格和伊拉克对科威特发动战争是完全不同的案例。

传统的趋势是从新兴的区域集团来看待世界。一些人认为，区域集团的出现扭转了全球经济相互依赖的趋势，集团内部的相互依赖程度更高，而它们之间的相互依赖程度在下降。区域经济集团被认为包含了经济战的种子，例如欧盟采取的保护主义措施：欧盟的共同农业政策和共同对外关税。[33]

在对国家间冲突模式的分析中，有一部分试图将贸易两极化与军事力量联系起来。"两极分化"一词在这里指的是两个国家或集团之间贸易的绝对或相对下降。第六章和第七章部分试图确定大国之间的贸易是否表明了这种变化。

军事和商业的联系

军事力量和商业的互动有两个方面。一种是军事力量的运用影响了商业。这些联系暗示着贸易在某种程度上依赖于军事力量。如下所述，国家在和平时期动用军事力量履行一系列职能，其中许多涉及一系列与商业有关的军事行动。贸易扩张需要经济、政治和外交利益，也需要战略机遇和脆弱性。由于贸易与国家之间的多种互动交织在一起，我们甚至可以把贸易看作一个主导变量，作为和平时期总体利益的中心指标。因此，贸易利益与一个国家在和平时期的战略方向息息相关。[34] 贸易在提供军事力量方面的作用表明了经济政策在军事上的重要方面，其目的是提供和确保国家权力和安全所需的资源。贸易的这种作用抓住了一系列将经济资源导向军事目的的重商主义行为，这在上面的一些重商主义思想中有所体现。当然，人们可以讨论受军事需求影响的贸易政策是否明智。[35] 然而，需要指出的是，贸易之所以具有军事意义，是因为它在影响军事力量方面的作用。

如果要列出所有对商业有一定影响的军事力量使用情况，不管是积极的还是消极的，都会有一个很长的清单。各国以各种方式利用了军事力量的这些商业方面。表 3.1 列出了影响商业的一些最常见的军事行动。当然，这只是一个非常宽泛的总结。

表 3.1　　军事力量的商业相关方面

	攻　击	防　御
海　上	经济战，包括封锁、禁运、禁止贸易、贸易战、捕获商船、查缉战时禁运品 私掠战术 炮舰外交	维护对贸易路线和重要航道的通道和控制 保护海运 维护对原材料产地、海外资产的通道和控制 盟国领土、港口、海港的安全 保护外交代表和海外公民的生命财产安全 保护领海和专属经济区、渔船和相应权利
陆　上	占领殖民地、盟国或附庸国的领土 控制交通和通信基础设施 担任警察部队	防范陆上贸易战 边境警察（特别是边境贸易存在的时候）
空　中	从空中破坏经济和运输基础设施 攻击商业航运、铁路、海港等	空域管制

上文列出了军事力量和商业力量已经、正在和可能会产生交集的一些主要方面。总的来说，尽管军事力量在范围、强度和目的上差别很大，但其与商业相关的方面是我们应该期待军事力量影响商业的实质性原因。在这里，军事力量的运用可以是进攻性的或防御性的，也可以是长期的或短期的；在它们与贸易的关系方面，它们可以是含蓄的，也可以是明确的。

军事力量更广泛的商业用途为国家提供了保护、管制和惩罚功能。保护功能是指利用军事力量保护贸易、航运、贸易路线和通过水路的通路。[36] 军事力量的保护功能还包括在土地上设防，保护商业和基础设施资产不受攻击和干扰。英国和法国的旧殖民军队、美国在冷战期间的海外部署，以及保护过境权（包括那些涉及管道的权利）的要求，都是保护功能的例子。讽刺的是，自由主义文献在国际关系中盛赞英国为 19 世纪自由主义的典范，而倾向于忽略了下列事实：英国使用其海军和陆军力量（通过其殖民军队）以一种不自由的方式强行获取领土，从而使英国得以建立起“繁荣贸易的警戒线”。[37]

军事力量的保护作用的一些特点在性质上是分散的，而另一些则是非常具体的。保护可以在一段时间内持续存在，或者以特定的间隔或响应特定的事件来分配。可以在不同的地理区域同时发挥保护作用，也可以集中在一个地方发挥保护作用。所有通过保护性渠道开展的商业活动也可能受到类似的保护。在一个保护区内，没有必要对各类商业区别对待。虽然任何保护措施在性质上都是具体的，例如保护通过波斯湾的石油，但在更一般的意义上，商业保护可以作为一种一旦商业活动中断就会报复的威胁而存在。

然而，并不是所有的贸易都需要同等数量的保护，甚至是以同样的方式保护。对商业的威胁可能是特定的地理区域，如重要的水道，或因政治环境而异。当一个国家面对特定的对手或在战争期间，其商业受威胁程度可能会更高，而在其他时候则会更低(可能是潜在的或不存在的)。商业的受威胁程度也可能因商业本身的重要性而不同。对整个经济至关重要的贸易或具有直接军事/战略价值的贸易可能比其他类别的贸易更为敏感，而且由于其中心地位，可能会引来对手的炮火。因此，不那么重要的大宗商品可能会逃过这种关注。例如，石油和其他原材料的进口，甚至是农产品的进口，对一个经济体来说都可能是高度敏感的目标，但玩具进口的中断似乎远没有那么可怕。在有关运输渠道是商业专用的某些情况下，这种商业类别之间的区别可能有意义，而在其他运输渠道中，这种区别可能没有意义。然而，从地理上讲，军事贸易保护是在需要的时候和地点给予的，而这种保护的形式(海上、陆地等)取决于环境。

虽然保护功能将对贸易产生积极影响，但要具体说明如何做到这一点并不容易。保护功能通过提供一个安全的贸易流动环境来支持商业，它能够防止交战方中断贸易。对贸易的支持可以让提供保护的国家和其他国家受益。例如，所有使用波斯湾石油的国家都受益于美国的保护。同样，英国统治苏伊士运河的前提是承诺不干涉其他国家的通行，也不在其他两个国家之间的冲突中偏袒任何一方(尽管这在美西战争中被违反)。

由于保护的必要性是由军事计划来评估的，而军事计划考虑了当前、过去和可能的未来情况，因此我们可以说，当前的贸易受到当前和过去的军事力量的积极影响，或者当前的军事力量受到当前和过去的贸易的积极影响。

然而，保护本身的性质可能使这一问题复杂化。由于保护本身的性质，我们可能不会期望贸易规模随保护的数量而变化。相反，基于安全方面的考虑，我们可能期望提供一定规模的保护，并且一旦达到该规模，将足以支持通过相关通道的所有贸易活动。保护的性质似乎是绝对的。它要么有足够的规模，要么没有。如果它存在,那么贸易可以流动并增长到任何规模。如果它不存在,贸易就可能被中断和破坏。虽然分配到特定地点的保护规模可能有所不同,但这种变化可能取决于威胁的程度,而不是贸易规模。

对这一论点,有三种可能的反驳,每一种都认为贸易和保护的力度应该同时变化。第一种可能性是,威胁的程度随着贸易的组成和规模而变化。威胁的存在首先可能与贸易完全无关,可能完全是军事/战略性质的,但贸易本身成为其实际或潜在的目标。例如,如果贸易对一个国家的经济至关重要,或者代表着一个国家商业的很大一部分,那么实际或潜在威胁的程度就会随着贸易的发展而增加。因此,目标越大,需要的保护就越多。

第二个可能反驳这一论点的理由是,大多数国家从一开始就没有足够的保护措施。一个国家可能拥有地区主导力量,而其他国家可能在该大国面前变得脆弱不堪,只能与之竞争或者只是在其保护范围之外贸易。例如,随着竞争对手的商业扩张,相关国家可能会越来越需要保护,因为它的整体商业利益在增加,而这些利益可能与更普遍的不断扩大的利益相联系。因此,军事力量可以随着商业的发展而增强。

例如,如果北约提供了一个安全的环境,使美国和西欧的贸易能够增长,那么在早期,保护的力度和商业量级之间可能存在直接的关系。然而,一旦北约全面发展(也许是在肯尼迪的灵活应对策略之后),西欧的保护力度就足以满足所有商业活动的要求,而且此后会随着苏联威胁的性质而变化。随着商业在地理上的扩张,其他地方对保护的需求也在增加,尽管如上所述,对商业本身的威胁可能随着苏联的威胁而增加。如果威胁随着贸易的增长而增加,因为更大的贸易量构成了更大的影响力目标,那么我们可以预期,保护的规模仍然与西欧的商业规模直接相关。

第三,保护与商业之间的关系可能实际上是保护与承载商业的运输方式之间的关系。以海上贸易为例,我们有理由认为,保护的力度将随着需要保护的商船的数量而增强,而不是随着它们载货的数量而增强。十艘商船无论是否满载,都需要同样的保护。对石油管道的保护也集中于管道本身,而不是流经管道的石油。如果事实如此，那么保护与商业之间的联系将受到运输方式的影响。也就是说，随着贸易规模的扩大，对运输基础设施（船舶、管道、火车等）的需求也会增加，这意味着对保护的需求也会增加。

军事力量的管制功能是指大国控制陆地、海上商业活动的能力。当然，海军对贸易的控制是一项长期公认的功能[38]，虽然只有少数几个国家在广义上实际拥有这种能力。这方面的典型例子是19世纪的英国海军。英国在欧洲和亚洲狭窄海域和沿海地区的战略地位，不仅保护了自己的贸易，也赋予了英国管制欧洲大陆商业活动的能力。

管制功能在性质上似乎也是分散的，因为它涉及军事力量的持久和长期作用，这种作用可以同时存在于不同的地理区域，尽管军事管制的任何具体应用都将具有特定的地理位置。管制功能将对拥有这一能力的国家的商业活动产生积极影响。一是管制功能对有关国家的贸易产生积极影响，因为它与保护功能是一回事。也就是说，管制功能可能意味着保护功能。二是一个国家可以利用其控制商业活动的能力，以牺牲其他国家的利益为代价，使本国的贸易受益。

与此相关的是，管制功能也会直接影响其他国家的贸易。有能力控制其他国家商业活动的国家在这样做时，可以对另一国的商业产生有利或不利的影响。毫无疑问，美国的海军力量在第二次世界大战后为西欧、日本、可能还有其他一些国家的贸易活动带来了积极影响。

大国军事力量的惩罚性功能涉及一个大国对另一个大国使用武力，迫使其服从以及对侵略进行报复的能力。就商业而言，这可能涉及对商业和航运的威胁以及其他经济战行为、对准入和过境的威胁、对条约权利的侵犯或对侵略野心的控制。把伊拉克赶出科威特是美国为了控制伊拉克膨胀的野心所做的努力。1956年，英国和法国试图惩罚埃及，因为埃及将苏伊士运河国有化并侵犯了特许权，（从英国和法国的观点来看）这是一次控制野心的失败尝试。

惩罚性功能在性质上是特殊的，因为它涉及对某一政治或经济目标使用军事力量，而该目标被认为是一个充分的威胁。军事力量在这里的运用具有地理上的特殊性，并与目标国的具体事件或行为有关。只要两国之间的冲突还在继续,惩罚性功能就会发挥作用。惩罚性的行动在持续时间上多半是短期的,除非有关的冲突持续很长一段时间。有一些影响商业的惩罚性行为的现代例子似乎持续了很长一段时间。有人可能会说,美国对伊拉克的制裁是长期的,但这样的行为似乎是个例外。

本书在第一章海军相关文献中总结了与商业有关的惩罚性行为清单,包括使用有限的武力,例如炮艇外交,其重点可能集中于摧毁港口和运输设施以及较小国家在当地的军事资产或商队。惩罚性行为还可以包括经济战的军事方面,这种战争可能试图通过游击战实施禁运或摧毁一国的商业,或者仅仅是为了切断对手的资源供给。惩罚性行为可以是精心计划的,也可以是报复性的。

显然,针对商业的惩罚性军事行动将对目标的商业产生负面影响。然而,目前尚不清楚这些行为将如何影响国家的商业行为。一个国家对商业构成的威胁可能对另一个国家的商业产生不利影响,导致受影响的国家出台惩罚性措施,以恢复受到威胁的商业活动。如果真是如此,我们也可以预期,惩罚性行动将对参与惩罚的国家的贸易产生积极影响。然而,这种情况很可能难以与其他惩罚性措施区分开,后者本身可能对商业产生不同的影响,或者根本没有影响。

此外,还包括胁迫性和侵入性军事行动,这些行动与其说是惩罚敌方或对侵略做出反应,不如说是侵略,以迫使敌方接受自己的条件。中国是典型的范例之一,在 1949 年中华人民共和国成立之前,中国一直是大多数列强侵扰的目标。例如,第二次世界大战之前,美国的亚洲部队就在中国和亚洲其他地区强制行使美国的商业权利。[39]

与商业有关的侵入性军事行动是扩张性的和贪婪的。其表现形式可以是殖民收购,也可以是对受援国主权施加较小障碍的强制要求。19 世纪和 20 世纪亚洲铁路的扩张是大国侵入性要求的另一个例子,获得陆上运输的权利意味着商业和军事的扩张。获得军事安全和贸易收益(更普遍的是经济增长)是各地铁路扩张的主要目标。[40]

尽管入侵行为至少在短期内会对侵略者的商业活动产生积极影响,但在当今主要经济体中很难找到贪婪地使用军事力量的例子。相反,在如今的小国中找到例子可能更容易。然而,正如本书所指出的,在第一次世界大战之前,大国之间有许多这种例子。

综合起来看,上述军事力量的使用方式为各国提供了一份涉及贸易的相当长的军事行动清单,无论是控制贸易路线,还是威逼他国让步。主要国家的军队在世界政治中的影响力是稳定的,而不仅仅是在某个具体的问题上。第一次世界大战前,英国海军在没有威胁出现时进入印度洋且没有因威胁消失而撤离,而是在那里长期驻扎。一个新出现的威胁可能会导致英国海军的规模扩大,但它也保持了长期的存在。在同一时期,德国试图削弱英国对亚洲海上通道的控制,这也是一项长期努力。冷战期间,美国海军也长期存在于世界各地。

最后,我们必须区分军事力量和军费开支。上述关于军事功能的讨论,是指国家使用和利用其现有的军事资产,如船舶、士兵和枪支,这些都是通过过去的军费开支购买的。例如,如果我们认为对商业的威胁(实际的或潜在的)会导致一个国家将其现有的一些军事资产用于某个地区,那么这究竟会对军费支出产生何种影响呢?军事资产存量和军费支出之间有哪些更广泛的联系?这里的问题是,目前军事资产存量的使用情况的变化在多大程度上影响军费开支的变化,也许是负相关的关系。理解这个问题将有助于更好地理解军费开支的变化在多大程度上反映军事力量的变化。这是一个至关重要的问题,因为在第四章的分析中使用的主要军事指标是陆军和海军的开支。

显然,过去的军费开支是造成目前军事资产存量的原因,因此,过去军费开支的变动将至少部分地解释目前军事资产存量的变动。这里的困难在于,过去军费开支的变化也会反映出其他各种影响(见笔者在引言中对此的猜测)。显然,当前军事资产存量使用量的大幅增加或减少,将影响下一个时期的军费开支。例如,如果一年内发生战争,需要大幅增加军事资产的使用,那么下一年的军费开支可能会增加。相反,当一场战争结束,当前对军事资产的需求减少时,下一个时期的军费开支很可能会减少。这些可以在美国的案例中得到验证,也可以从本书所使用的军费开支数据中明显看出。当然,军事资产使用方面的巨大变化可能发生在战争级别以下,包括决策者认为足够重要的各种威胁或必要的情况。同样可能的是,在使用军事资产方面的微小变化不会影响未来的军费支出,因为它们发生在计划者的预期之内。

如果我们把这两个影响渠道放在一起,就会有一条相互影响的链条。也许是对商业的威胁出现了,或者政策制定者明确提出了一般性的保护需要。以上情况将导致动用存量军事资产,如果决策者认为威胁或需要足够大,或者如果存量军事资产被认为不足以应付当前或未来的需要,那么军费开支将在下一阶段增加,这反过来又会推高未来军事资产存量。如果威胁的存在减弱,或者保护需求减少,又或者军事需求意外地低于计划,那么这将导致存量军事资产的使用减少。对现有军事资产的需求减少将对下一期间的军费开支造成下行压力。反过来,支出的减少将意味着未来资产的存量将减少,因为旧库存的置换和新资产的开发都在减少。

我们甚至可以概括出军事资产存量和军费开支之间的这种关系,以说明一般意义上的军费开支(也就是说,不包括与商业的联系)。我们可以简单地假设,根据军事规划者所提供的信息,国家了解目前其对军事资产的需求。或许决策者希望定期使用一定数量的军事资产,以应对规划者已经察觉到的威胁和需求,同时保持除用于应对紧急情况以外的一定数量的军事资产可供使用。如果当前的需求最终证明需要使用比预期更多的资产,这将使现有库存降至储备水平以下。在接下来的一段时间,军费开支将会增加,以补充国家安全所需的储备。相反,如果目前所需要的军事资产少于预期,就将增加储备的军事资产规模。然后在下一个时期,军费开支将减少,以将军事资产的数量调整到必要的水平。

我们甚至可以合理地预测,由于军事资产需求增加而导致的军费开支增加的速度,将比军事资产需求减少导致的军事开支减少的速度更快。其原因可能是,当使用军事资产的需求增加时,由于冲突、磨损和技术过时(在冲突和战争期间可能加速),这些资产的损失率将更高,这给军费开支带来了额外的压力。这只是说,当军事资产被使用时,其存量减少得更快,需要更快地更新。

这种讨论意味着,具有实际应用价值的军事资产(从目前的库存中提取)与现有军事资产的数量或总库存之间存在区别。军事资产的实际使用甚至可以看作一个动态的概念,而不是资产的总存量。上述军事力量的作用是指这些资产的使用,因此对总体军事资产水平或存量的衡量可能无法很好地反映这些军事行动。然而,如上文所述,军事资产使用情况的变化(反映军事需要的变化或威胁的性质和规模的变化)将影响军事资产存量的变化。因此,衡量资产的波动或军费开支的波动也许就足够了,因为这些变量中任何一个的波动都反映了资产使用和军事需求的变化。

这里唯一真正的困难是,军事资产使用的变化和资产存量的变化之间必然存在着超前—滞后关系,而这种关系很难确定。如果由于当前的需求高于预期而明确表达增加海军舰艇数量的需求,而决策者认为未来的需求也会更高,那么这将导致下一个时期军费开支的增加和海军舰艇存量的增加。海军舰艇何时服役并增加资产存量?在支出增加转化为资产增加之前,可能需要一个或多个周期,这意味着军事需求增加和军事资产实际到位之间未来可能会存在两个或多个周期。这看起来可能会有不同的时滞,涉及不同种类的军事资产,因为它需要不同的时间来生产资产,甚至从其他国家进口。

尽管存在这些困难,这种推理意味着,参照上述职能,军费开支的变化将部分反映军事力量的变化。然而,由于军费开支会反映出许多其他影响,而且不同类型的资产之间会有不同的滞后,因此,军事资产存量与军费开支的行为之间会有一些脱节。如果真如上述所言,那么利用军事资产回应商业相关问题的过程将不完全近似于军费开支和贸易之间的联系。当然还有其他原因可以解释为什么这些联系是不完全近似的(见下文),但是这个问题可以通过适当地制定模型来削减,这样就可以解释因变量中的大部分变化。贸易在军事上的重要性对军事力量和商业之间的关系有什么影响?这些问题解决了问题的另一方面,即贸易如何影响军事力量。表 3.2 总结了军事力量和商业之间的联系,其中军事力量被认为在某种程度上依赖于贸易。这些综合指标是从上文所提到文献中收集的。

表 3.2 的上半部分为贸易在向一个国家提供军事力量方面所起的作用。

这里笔者将区分直接相关的项目和间接相关的项目。直接相关的类别将对国家军费开支产生明显影响。成品军品，无论是武器、制服、通信设备，甚至是士兵的食品，都由国家为自己的军队购买。在这一类别下的产品进口增加时，我们预计军费开支也会增加。

表 3.2　　贸易的军事意义

	直接相关	间接相关
贸易助长军事实力	进口武器装备及其他军用制成品：如制服	进口原材料、生产资料和技术等用于国内军事生产进口物资用于储备或消费，同时储备国内生产的物资 收购国外军事敏感企业以获取技术和资源
贸易削弱军事实力	由于比较优势的变化而丧失生产军需物品的生产能力 国外公司收购国内军事敏感企业，以致将技术能力转让给潜在对手 出口原材料、武器装备、技术等，可能削弱出口国或增强进口国	

该表的间接相关项目指的是贸易对国内经济的相关影响，而不是对国家支出的影响。如果一个国家获得了生产武器的能力，那么国家支出可能会增加以购买武器，或者从外国供应商转向国内供应商，而支出水平没有相应的变化。我们可能会推测，一旦一个国家获得了在国内生产武器的能力，那么它可能会变得更具侵略性，这意味着开支会增加。如果一个国家积极寻求以军力发展经济，那么我们可以推测，这个国家正在为成为大国做长期规划。这里还有一个时间维度，因资本进口而产生的军事生产扩大，其对军费开支的影响将持续出现在进口之后的一段或多段时期。

此外，如果一个国家进口对军事工业有重要意义的原材料，那么，这将成为军事力量的供应来源，但可能会也可能不会对该国开支产生相应的影响。国家从国内供应商购买硬件的决定与供应商进口原材料的能力是分开的，这表明对军费支出没有影响。实际上，军费开支的增加可能会促使国内军需生产所需原材料或其他相关商品的进口增加，以满足国家一开始就增加的需求。此外，政府的开支也可以部分地通过确保获得原材料的安全来引导，这将使我们回到军事力量的保护作用之上。正如上面的一些论点一样，我们可以在这里提出一个论点，即军事力量可以是一个因变量，也可以是一个自变量。这些项目之所以被贴上间接相关的标签，是因为它们对军事力量的影响并不直接，而且可能比国家直接从国外购买成品的时间更长。例如，储存敏感商品可以提高一个国家和/或经济的安全(即使存在模糊的福利影响)，但在这里似乎没有对国家军费开支产生直接影响，除非储存本身被列为军费开支的一个类别。

表3.2的下半部分是指贸易可能导致的脆弱性。所有这些项目在性质上都是间接的，因为它们都与一个国家的宏观经济有关，对国家的军费开支没有直接的影响。事实上，如果国家对这些项目采取任何贸易政策，其宗旨也只是为了降低这种脆弱性。例如，由于比较优势的变化而丧失生产军品能力的威胁，可能导致一国使用保护主义措施来保持生产军品的能力。

因此，在这一类别下，军事力量的变化比军费开支变化所暗示的变化更为广泛。表3.2下半部分的一个可能的例外情况是，一个国家向另一个国家出口军品或技术。如第一章所述，进口国军事力量的增加有可能导致出口国增加其军费开支，以纠正其与进口国之间能力上的任何不平衡。中美贸易关系可能就包含这样一种动态关系。

军事力量和贸易之间的上述联系是多种多样的。这些联系的形式可能因国家和环境而异。一般来说，人们可以把一个主要国家贸易的全球分布看作其整体利益的地理分布图。这一想法符合地缘政治的概念，即一个国家的经济潜力及其经济利益都会产生安全要求和竞争机会[41]，而这些都会影响其军事行为。贸易情况显示了对一个国家最重要的地区和一个国家所面临的经济状况(根据贸易的商品构成，它表明了一个国家的依赖性)。这些联系也为海军主义者的观点提供了实质性的支持，即贸易和战略密切相关，因为一个国家的贸易是其战略利益的晴雨表。[42]

和平时期军事力量的结构性作用

军事力量和商业之间的上述联系的主要困难在于它们的多样性，以及这些联系对某一国家的关联性在很大程度上取决于具体情况。各国所面临的各种不同的政治、经济和军事条件可能在军事力量和商业之间产生混乱的影响,以至于没有明显的影响方向或行为关系。然而,上面的联系是真实的,并且必须以某种可测量的方式联系起来。有些关系是长期的,有些是短期的,有些是防御性的,有些是进攻性的。此外,其中一些暗示了商业和政府支出之间的直接联系,而另一些则没有。

我们可以提出这样一种论点,即军事力量的商业相关方面在世界政治中具有结构性的存在,其中许多是定期运作的。军事力量的保护、管制和惩罚功能反映了其在世界政治中稳定的影响力水平。主要国家在和平时期建设军事基础设施。"基础设施"一词的意义如汤普森(Thompson)所暗示,包括条约、非正式协议、对附庸的控制、联盟体系、基地和其他补给点、经济和军事援助方案、武器销售协议和类似物品。这样的网络可以让一个大国向其他地区投射权力和影响力。[43]

除了少数例外,笔者还认为贸易在为军事力量提供支持方面的作用根植于这种结构性作用中,因为这些对军事力量的支持本身就需要军事力量保护。就直接联系而言,我们认为军事力量依赖于贸易(即使这些联系大多是间接的)。但我们也可以看到,军事力量可以用来保护和支持贸易,比如获得原材料。

苏珊·斯特兰奇(Susan Strange)的结构性权力概念与军事力量的总体图相似。她概述了四种类型的结构性权力,包括对安全、生产、信用和知识的控制。结构性权力被定义为"一种塑造和决定全球政治经济结构的权力,在这种结构中,其他国家、它们的政治机构、它们的经济企业……不得不依此运转"[44]。影响商业的军事力量的运用是一种带有语境的力量,它可以是秩序的竞争破坏者,也可以作为秩序本身的关键和国家和平时期关系的基石的稳定存在。军事力量的概念比把它仅仅看作取得有利结果的工具要广泛得多,尽管它确实包含后者。

作为和平的一个结构特征,军事力量在这里不是被理解为宏观经济的一种功能,而是国家间关系环境的一部分,经济关系在这种环境中运作。在这里,军事力量被理解为构成和平时期关系的基石。如果我们试图将军事力量解释为经济中的一种需求关系，或者仅仅将军事力量作为一种战争工具（尽管这样的观点可能适用于其他问题），那么军事力量的这一方面就会消失。

可以说，和平时期军事力量的结构性作用代表着国家努力为其国民的国际贸易活动提供国内商业活动所享有的安全环境。在某种程度上，国内和国际环境之间也有着相似之处。如果国家不致力于保护它，商业就无法维系。一方面，国内警察对劫匪构成威慑。另一方面，有一套法律制度来判处罪犯入狱，判决商业合同纠纷并执行其结果。因此，国内法律结构的存在是为了提供一个稳定的环境，使商业得以繁荣。军事力量对国际商业的防御和保护作用类似于国家的国内警察职能，只有国家的军事力量才存在于竞争环境中。然而，随着更具侵略性的军事行动的出现，这种相似性就不复存在了。在和平时期，使用侵略性的军事力量来强制获得有利结果，例如炮舰外交行为，在国内缺乏相应的存在。在现代，没有一个国内政党利用警察强迫另一方达成商业协议。然而，上述相似性却适用于军事力量的防御和保护方面。

针对上述问题，由于国际法的限制，主要国家表现出不愿意使用武力解决当代世界争端的态度。[45] 虽然这是有争议的，但我们也可以问，在多大程度上可以说这种国际法本身的力量就是大国的功能。大国的确存在条约谈判中向小国做出让步的情况，海洋法就是如此。在过去一个半世纪里，通过军事力量管制商业活动的能力至少有两次伴随着一个稳定的法律环境，这种环境是由主要国家的活动产生的：在第一次世界大战之前和第二次世界大战之后。由规则、习俗、制度和条约组成的国际法律环境，构成了对新来者的一系列限制。马汉注意到，17 和 18 世纪英国的崛起得益于缺乏相应的国际法律环境。他说“那个时期的无法无天有利于扩大他们（英国）的权力和影响”[46]，因为英国人的野心不受法律和制度的束缚。马汉的观点与施莫勒提出的经典重商主义观点相似，施莫勒认为国际法是强权国家的机会主义创造，这证明了它们的野心是正当的，并维持了现状。[47]

主导国家对伴随其崛起而产生的法律的性质产生了重大影响，这些法律通过确立可接受的竞争条件来维持其地位并抑制其他国家的流动性。马汉说“法律本身……归根结底,是简单的强制监管”[48]。法律不仅具有执行力,而且占主导地位的国家是法律的主要创造者和主要警察。

因此,国际法本身的适用以大国使用武力的能力为先决条件。然而,不论武力是否有法律伴随,上述各种军事行动在世界政治中仍然十分明显。尽管过去半个世纪以来世界政治的性质发生了巨大变化,但军事力量的使用并没有发生太大变化。尽管军事技术已经发生了变化,指导其使用的军事理论也随之发生了变化,但在过去几个世纪里,和平时期的进攻性和防御性军事行动一直保持着惊人的稳定。主要国家在和平时期仍然从事保护性、管制性、惩罚性、胁迫性和侵入性的军事活动。

模型和变量

上述观点表明,军事力量和贸易是直接相关的,但这种关系的性质尚不清楚。因为有些联系是长期的,有些联系是短期的,有些联系是具体的,有些联系是分散的,关系的性质可能会有很大的不同。适用于某一国家的军事力量和商业之间的相关联系将反映该国特定的经济和军事情况。例如,美国不太可能关注农产品进口,而英国则恰恰相反。

然而,对一个国家来说,军事力量和商业之间的相关联系也可能是由短期联系和长期联系组成的,短期联系的重要性在不同时期会有所不同。有时,由于当地威胁的出现,从某一特定区域获取原材料的安全可能变得更加重要。有时,一个国家可能会针对某个目标开展经济战。有时,一个国家在该地区的军事角色可能面临挑战。除了所有这些,还有一些长期且相对稳定的联系,比如保护贸易路线。例如,英国农业进口的重要性一直是其政策的一个永恒主题,由此产生了其他国家所提出的“饥饿论”。

在对具体的商业军事联系有压倒一切的长期关切的情况下,可能存在相应的主导性军事行为政策规则,并在很长一段时间内凌驾于其他政策之上。例如,1913 年之前,英国的海上指挥权是一项占主导地位的政策规则,它显然与进口依赖有关(这将在后面的章节中讨论)。另一方面,随着时间的推移,英国所面临的威胁的性质发生了变化(并不断增长),这可能增加了军事力量和商业之间联系的复杂性。在德国向英国发起挑战之前,法国是英国在海上的主要对手,俄国在印度北部对英国构成威胁。从大约 1890 年开始,除了意大利和奥匈帝国,英国面临着来自所有国家的挑战。英国是一个很好的例子,说明了长期的担忧如何与新的、不断变化的环境相结合,从而产生一个复杂的故事。

另一点需要注意的是,各国的具体战略和经济情况意味着,军事部门和进出口的侧重点会有所不同。我们也有理由认为,陆军对陆地强国最重要,海军对海洋强国最重要。尽管这里有一些模棱两可的地方,因为海洋强国仍然将其军队作为外交政策工具,并且将海军派遣到海外。然而,即使一个海洋国家的军队仍然作为国防的工具留在其领土内,它的战备水平、能力水平和决策者的国防政策姿态本身也具有一定的影响。此外,陆地强国仍然与世界上不毗邻的地区贸易,这可能需要海军发挥作用。最后,进口或出口,或两者兼而有之,可能是各国关注的焦点。一个国家对外部资源供应的依赖可能意味着进口是重点。保护海外市场准入或贸易路线安全可能意味着出口更为重要。

一种合理的方式可能是根据一个国家对军事力量的依赖程度描述这种复杂的关系,其中涉及的变量可能是陆军和海军支出占国民收入的百分比。如果我们以同样的方式定义进口和出口,那么我们可以合理地认为,上述复杂的联系意味着一个国家对军事力量的依赖随着其对贸易的依赖而增加,反之亦然(取决于我们的定义)。

然而,当具体考虑应该期待什么样的关系时,可能性是复杂的。保护主义问题就是一个很好的例子。如果我们依赖平均关税水平(海关收入占进口的百分比),就可以形成一个论点,认为这一变量与军事力量之间存在正向或负向的关系。上文已经指出了在模型中纳入保护主义变量的原因,尽管一国的关税水平可能与军费开支有若干方面的联系。

我们可以从有关相互依赖的文献中推断,如果保护主义和军事力量之间存在任何关系,那也应该是正向的。其原因是军国主义(国家的侵略性军事行为,以军事扩张为证)和重商主义(以大量的保护主义和掠夺性经济行为为证)之间的传统联系,这对大国很可能适用。

也有人认为,一个经济体的保护主义水平越低,这个经济体融入世界经济的程度就越高。贸易政策越自由,与其他国家的经济关系就越密切,因此需要保护的利益也就越多。因此,当保护主义下降时,军队也在扩张。人们可能会说,一个国家越自由,就越需要和平时期的军事存在。

在拟议的双边关系中加入保护主义,可能还有其他几个动机。首先,关税为国家创造收入。关税收入有可能推动军费支出,但可能性不大。如果有直接的预算联系,那么我们预计二者将一同变化。然而,这种联系缺乏行为因素,也不足以成为将保护主义纳入模型的动机。其次,对军品(无论成品与否)征收关税的税率与其他货物不同。如果军品关税很高,那么国家可能会寻求在国内保护其军工。对军品征收的关税上升并不直接意味着贸易保护主义和军费开支之间的关系,但其他地方的关税可能很低。如果对非军品的需求很低,那么我们可能会说,随着关税的下降,军队会以上述方式扩张。但是,如果对军品征收较低的关税,那么国家可能会寻求以较低的价格进口军品,这可能导致军费开支的增加和对外部供应的高度依赖。最后,上述联系可能是有效的,尽管它仍然不令人信服。

一种可能的联系是,关税政策是贸易政策的组成部分,它影响国家之间的贸易关系,进而影响国家之间的冲突状态。贸易竞争和军事竞争虽然可能是两种分离的过程,但仍可能以复杂的方式相互作用。如果我们发现平均关税税率与军费开支直接相关,那么它可能表明一个国家的贸易冲突与它的军事对抗有关。一个国家的贸易对手可能也是它的军事对手(在某些大国冲突中就是这种情况)。相比之下,平均关税和军费开支之间的反向关系可能意味着,该国在当时没有与任何其他国家开展贸易竞争。在这种情况下,军事可能会紧随贸易的扩张而扩张(这也意味着关税正在下降)。

还有一种可能是，虽然存在贸易竞争，但它与现有的军事竞争并不相互影响，尽管这可能与任何一个大国的情况都不相符。最后，也有可能存在贸易竞争，但当时没有军事竞争（尽管大国之间也不存在这种情况）。

军费开支与平均关税之间的联系也可能反映出为军事/战略目的服务的国家贸易政策（不包括军需品）。或许国家对军事意义重大的进口商品（如原材料和制成品）维持低关税，但对军事意义不大的进口商品征收高关税，以维持关税收入。根据这种假设，我们可能会认为这种关系与军事上重要的物品成反比，但与其他是直接相关或零相关。在综合贸易数据中，这些影响被结合在一起，这种关系可能没有任何影响，或者在任何一个方向上的影响都是显著的，这取决于数据中哪些项目具有更大的影响。

无论平均关税与军费开支之间的实际联系是什么，包括拟议关系中的平均关税，都可能是一种在贸易政策和军费开支之间建立联系的方式，而这种联系不是仅仅通过纳入贸易变量来实现的。

主要的问题是平均关税与贸易有关，尤其是进口。随着关税的提高，进口下降。有人可能会说，平均关税与军费开支之间的关系之所以存在，是因为进口与军费开支之间存在联系，这将使这种关系变得虚假。这不太可能，因为影响从关税转移到进口，而不是反过来。如果我们还认为影响从平均关税转移到军费开支，并且这种影响可能在进口和军费开支之间是双向的，那么这种虚假的联系（如果有的话）将是在进口和军费开支之间。然而，我们有充分的理由认为进口和军费开支是相关的，因此不太可能出现虚假的联系。

在具体讨论进出口之前，笔者将介绍模型可能导致的复杂性。表 3.3 列出了军费开支与贸易关系中可能出现的结果，其中 T 为贸易（进口或出口），M 为军费开支（陆军或海军），下标表示周期，箭头表示这两个变量是正相关还是负相关。前四种情况描述了军费开支是因变量时的可能性，后四种情况说明了当贸易作为因变量时的可能性。不存在任何关系的情况被排除在外。

表 3.3　**贸易和军费开支可能的关系**

情况	因变量	自变量
1	$M_t \uparrow$	$T_t \uparrow$
2	$M_t \downarrow$	$T_t \uparrow$
3	$M_t \uparrow$	$T_{t-1} \uparrow$
4	$M_t \downarrow$	$T_{t-1} \uparrow$
5	$T_t \uparrow$	$M_t \uparrow$
6	$T_t \downarrow$	$M_t \uparrow$
7	$T_t \uparrow$	$M_{t-1} \uparrow$
8	$T_t \downarrow$	$M_{t-1} \uparrow$

当我们把两个变量都当作因变量时,有 16 种可能的结果。当然,当单独考虑 8 和情况时,其意义是显而易见的,变量之间要么是正相关,要么是负相关。当把军费开支和贸易这两个变量作为因变量(也就是说,在单独的模型中)考虑时,有 16 种可能的结果,其结果可能会很复杂。16 个结果中有 6 个可能是矛盾的,可能比最初预期的更复杂,但其余的可能性要么支持上述假设,要么支持相互依赖的观点。

一般来说,如果模型显示任一情况:1 和 5、1 和 7、2 和 7、3 和 5、3 和 7、4 和 5 或 4 和 7 存在,上述假设就会得到支持。上述每一对都有可能支持军费开支和贸易并行不悖的观点。让人困惑的是情况 2 和 7、4 和 5、4 和 7。只有情况 4 表明,随着 $t-1$ 时期的贸易上升,t 时期的军费开支下降,这似乎支持了相互依赖的观点。单独来看就会是这样,但如果情况 4 存在,而同一国家的数据显示情况 5 或 7 存在(当贸易是因变量时),那么我们可以用不同的方式解释情况 4。单就情况 4 而言,我们认为增加贸易会导致冲突减少,从而导致军费开支下降。但我们也可以把情况 4 解释为,贸易的下降促使军费开支的增加,因为贸易的下降增加了不安全(进口依赖),或者表明出口市场的丧失(这可能导致为达到某种目的而侵略性地使用军事力量)。例如,如果发生情况 4 和情况 5,则 $t-1$ 时期贸易下降会导致 t 时期军费上升,军费上升又会导致 t 时期贸易上升。

情况 4 和 7 说明了类似的情况,但情况 2 和 7 的说服力较低。我们可以说,这两个情况加在一起会支持军费开支和贸易之间的直接关系,但这个故事似乎没有情况 4 和 5 或情况 4 和 7 那么有说服力。例如,对于情况 2 和 7,唯一合理的解释是,t 时期的贸易下降,导致 t 时期的军事贸易上升,然后导致 $t+1$ 时期的贸易上升。如果这种解释无法令人信服,那么情况 2 和 7 可能反映出相互矛盾的信息。

如果模型显示存在情况 2 和 6、2 和 8、4 和 6 或 4 和 8,相互依赖的观点将得到支持。这些情况中的每一种都表明,军费开支和贸易往来毫无疑问地相互背离。情况 2 和 6 可能最清楚地反映了这一点,但其他情况也清楚地反映了这一点。在没有补充资料的情况下,不存在对这些情况的其他解释。例如,如果情况 2 和 8 发生,那么 $t-1$ 时期的军费上升会导致 t 时期的贸易下降,这也会导致 t 时期的军费上升。

最后,有一些潜在的相互矛盾的配对,可能需要进一步的信息理解它们。这些包括情况 1 和 6、1 和 8、2 和 5、3 和 6,以及 3 和 8。笔者不会在此探究这些情况,但是如果统计结果反映了这些情况,就需要更详细的信息。

进口为一个国家供应商品,从而表明一个国家对世界其他地区的依赖以及对特定种类商品的依赖。进口也意味着一个国家的收入外流,这也可能有影响。但是,笔者将把下面的讨论局限于货物流动上,因为上面回顾的大多数相关论据都与此相关。因此,当进口是自变量时,一个问题是,进口依赖是否需要一种军事作用来减少脆弱性(一种支持功能),或者进口依赖是减少冲突还是因为冲突减少而发生的,每一种依赖都减少了对军事的需要。如果进口是因变量,那么问题似乎是扩大军事力量是支持甚至促进进口,还是扩大军事力量导致进口下降,因为扩大军事力量与不断增加的冲突有联系(军费开支和冲突可能是双向的),从而对进口产生不利影响。

进口与军费开支之间的直接关系可能反映出进口依赖对一个经济体的重

要性。这可能意味着军事/战略意义(原材料、军需品)或整体经济意义(如制成品和食品进口)。如果重要商品的供应集中在世界的特定地区,那么这也表明了与这些地区贸易的重要性。在这里,军事力量将是对进口依赖的支持。这个论点将与有无滞后的关系相一致,不管哪个变量是因变量。通过比较,这一论点也与情况 1 和 5、1 和 7、3 和 5、3 和 7 一致。

如果进口和军费开支之间的关系是相反的呢?如果这是真的,那么我们实际上可能支持相互依赖的观点。如果军费开支是因变量,而进口是不滞后的自变量(情况 2),则相反的关系将意味着进口下降推动军事扩张(可能还有冲突),进口上升导致军事力量下降。如果左边是进口,右边是未滞后的军费开支,并且二者之间的关系是相反的(情况 6),我们可以看到军事扩张(也许还有冲突)会导致进口下降,而减少军费开支(也许还有冲突减少)会导致进口增加。

然而,当我们考虑滞后项时,情况可能比这要复杂得多。如果军费开支是因变量,进口在滞后时与军费开支负相关(情况 4),这可以反映任何一种论点。我们仍然可以从相互依赖的角度解释这一结果,即 $t-1$ 时期进口的增加导致 t 时期军费开支的下降(也许还会减少冲突)。然而,我们可以认为,滞后进口项上的负号反映了这样一种观点,即 t 时期的军事扩张是由过去原因引起的,也就是说,是由 $t-1$ 时期进口下降引起的不安全因素导致的。当出现情况 5 或 7 时,这种可能性就更有说服力。

如果情况 4 与情况 6 或 8 同时发生,那么我们将不得不支持相互依赖的观点。如果我们把变量颠倒过来,把进口放在左边,把滞后或非滞后的军费放在右边,发现军费开支与进口负相关(情况 6 或 8),这个结果就会符合相互依赖的观点。

另外,如果军事项目在右边,而且是正的(情况 5 或 7),而且与情况 4 同时发生,我们就会支持另一种观点。例如,如果情况 4 和情况 7 同时发生,我们可以用以下方式解释结果。$t-1$ 时期的进口下降,导致 t 时期的军费开支上升,从而导致 $t+1$ 时期的贸易额上升。相反,认为 $t-1$ 时期的进口增加,t 时期的军事开支下降，从而导致 $t+1$ 时期的贸易下降是没有道理的。

出口不同于进口，因为出口市场代表收入。出口也代表了对另一个国家的货物供应，它可以有直接的军事意义并可能衍生出口控制政策。不过，在大多数出口情况下，收入流似乎是最相关的问题。因此，一个国家对出口收入的依赖可以产生一种保护作用。同时，出口商品向其市场的流动，就像进口一样，可能需要保护。如果我们发现出口和军费开支之间存在直接关系，那么可以推断，国家利用其军事力量来保护（甚至可能推进）其出口市场。在比较上述两种情况时，这一论点也会得到情况 1 和 5、1 和 7、3 和 5、3 和 7 的支持。

当以出口为自变量时（情况 1 或 3）的正相关表明军事扩张是对出口增长做出的反应。这可能反映了对出口的支持功能。如果军费开支是自变量，并与出口直接相关（情况 5 或 7），那么出口将随着军事扩张而增长。这也可能反映了支持功能，或者反映了为了贪婪的目的而侵略性地使用军事力量。这可能会支持这样一种观点，即各国利用其军事力量促进出口，而不仅仅是支持出口。

如果出口和军费开支成反比呢？如果军费开支是自变量，并且与出口成反比（情况 6 或 8），那么我们也可能支持相互依赖的观点，因为这意味着军力扩张会压低出口，反之亦然。但是，如果出口是自变量，并且存在一种反比关系，那么解释可能会有任何结果。可能是因为出口扩张对冲突和威胁（正如相互依赖所暗示的）的积极影响，出口增长会导致军事力量下降。出口下降可能会导致军事扩张，原因恰恰相反。当情况 2 或 4 与情况 6 或 8 同时出现时，支持这种观点。

然而，如果出口是自变量，并且出口与军费开支之间存在反向关系（情况 2 或 4），那么出口下降也可能导致军事扩张，因为国家试图将其军事作为获取出口市场的一种积极工具（即扭转其在出口市场的损失）。这种行为在大国中并不陌生，特别是在殖民地收购领域，而且很可能在贸易冲突中起到了作用，因为在出口市场上一国对另一国的损失产生了抱怨（例如，英国对德国从 1885 年起的贸易收益提出了抱怨）。情况 4 和情况 5 或 7 将支持这一观点，情况 2 和情况 7 也同样如此。

但是，如果发生了情况 2 和 5，我们会有一个明显的矛盾，因为军费开支在左边时会有一个反向的关系，但贸易在左边时会有正向的关系，都在 t 时期。理解这种情况可能需要更详细的数据。

如果在同一模型中考虑进出口与军费开支之间的个别关系，上述可能性就会更加复杂。表 3.4 反映了这些可能性(不考虑滞后因素)，其中 I 代表进口，E 代表出口，C 代表平均关税(海关)，箭头通过显示可变因素如何随军费开支的增加而变化，说明了每个因素与军费开支的关系。表的上半部分显示了当军费开支为因变量时，每个商业变量与军费开支之间的关系；下半部分显示当军费开支为自变量时，进出口与军费之间的关系。

表 3.4　　**商业和军费开支可能的关系**

	A	B
军费开支 作为因变量	$I\uparrow E\uparrow$　$I\uparrow E\downarrow$ $I\downarrow E\uparrow$　$I\downarrow E\downarrow$	$C\uparrow$　$C\downarrow$ $C\uparrow$　$C\downarrow$
军费开支 作为自变量	$I\uparrow$ $E\uparrow$	$I\downarrow$ $E\downarrow$

在表 3.4 的顶部，标有 A 的部分反映了进出口之间的可能关系，而 B 部分反映了平均关税与进出口之间可能存在的关系。A 部分最上面一排的每一对都可以和 C 一起上升或下降，这就是四种可能。A 的下面一行和 B 的下面一行也是一样的情况。在因变量为军费开支的情况下，军费开支和三个商业变量之间有八种可能的显著关系(忽略时滞问题)。

上面的假设指向了 A 中的第一对(进口和出口都随着军费开支的增加而增加)和 B 中的任何一对。纯粹的相互依赖案例可能是 A 最下面一排的第二对，随着军费开支的增加进口和出口都在下降，也许平均关税在上升，所有这些都可能表明贸易下降、保护主义上升和军事扩张相伴而生。当然，如果我们考虑滞后和贸易处于左边的情况，那么结果的意义将取决于两组模型如何比较(即出现哪种情况)。

困难的情况出现在 A 部分的交叉对角线上，当军费开支上升时，一组贸易变量上升，另一组下降。是否存在这样一种情况：相互依赖理论对一个贸易变量有效，而上述假设对另一个贸易变量有效？如果相互依赖对贸易产生上述影响，那么在相互依赖理论中就没有理由认为只有一个变量会受到如此大的影响，而另一个变量不会。然而，根据上述假设，我们也没有得到多少指引。

我们可能认为，由于依赖进口的脆弱性，进口与军费开支的联系比出口更大，但有理由预计出口也会有类似的关系。在与军费开支的关系以及对国家间冲突的影响方面，进出口是否可能存在实质性的差异？如果出口反映的是收入，那么出口增长可能更容易使政治家感到兴奋，因为国民的收入得到了提高，或者出口的增长提高了冲突的成本。因此，随着出口增加，冲突减少，军事力量下降。然而，也许政治家们会认为出口收入的增加会增加其被破坏的风险，并出于保护目的动用军事力量。也许进口的增长会提高冲突的成本，因为商品供应的脆弱性上升，这意味着进口会导致冲突的减少，也许还会导致军费开支的减少。尽管进口产品的脆弱性增加也可能要求军事力量发挥保护作用，这将与我们的预期相反。

实际上，各国之间可能存在相当大的差异。如果进口依赖确实需要军事保护（意味着军费增加），例如，如果进口增加也确实导致冲突减少（意味着军费开支下降），那么在数据中哪个影响更占主导地位，其原因是什么？答案取决于一个国家所面临的具体情况，这似乎是合理的。

表 3.4 的下半部分较为直观，它反映了以军费为自变量时各贸易变量与军费之间的可能关系。任何一个贸易变量都可能与军费开支正相关或负相关，负相关的结果可能反映了相互依赖的观点，而正相关的结果则是这里的假设。然而，在存在滞后的情况下，与上述情况相比，结果的意义将取决于如何比较。

一旦我们考虑自变量中的滞后，那么表 3.4 就变得更加复杂，因为情况 1 到 8 可以同时适用于进口和出口。当然，笔者不会把这些可能性在这里描绘出来。另一个复杂的问题是，军事的每个分支都将被单独检验，这意味着结果也可能因各个分支而不同。

冲突和战争本身的存在是一个潜在的重大复杂因素。我们可能普遍认为贸易和冲突或战争会逐渐疏离（这种可能性是合理的，但肯定不是无可争辩的），但冲突和战争的存在也可能改变贸易和军费开支之间的关系。在没有冲突、竞争或战争的情况下,军费开支和贸易可能正相关,因为军事行为的重点是保护商业(或出于商业原因被积极利用),但在冲突期间,贸易与竞争或战争之间的关系变得无关紧要或负相关是因为军事行为越来越集中在眼前的冲突上(冲突和军事扩张可能共同导致贸易下滑)。

不幸的是,相反的情况也可能发生。在没有冲突、竞争或战争的情况下,军费开支和贸易(由于相互依赖的原因)可能是负相关的,但在冲突加剧的情况下,它们变得正相关,要么是因为保护商业的需要提高,要么是因为冲突期间的军队被积极用于商业目的。

这里一个潜在的重要理论问题是冲突过程如何与贸易过程相联系。理解这个问题的一个出发点是将冲突(或不存在冲突)定义为贸易过程的内生因素,在这种情况下,扩大贸易要么减少冲突,要么增加冲突(取决于如何论证)。许多冲突和贸易文献(当然不是全部)似乎都是这样看待冲突的,相互依赖的文献也是如此。如果冲突是贸易关系内生的,那么似乎有两种解释。其一是冲突本身直接涉及贸易问题,如关税、贸易平衡问题或传统的保护论点(如就业保护)。在这种情况下,贸易在创造或缓解冲突中所起的作用可能取决于贸易协定的性质。此外,这类贸易冲突的存在或不存在对国家之间的一般关系具有重要意义(作为一种合作或冲突的力量)。

另一种解释是,当冲突是贸易过程的内生因素时,贸易关系本身可能对本质上非贸易的问题具有重要意义,例如国家安全或国家间的总体友好状态。例如,在这种情况下可以说,扩大贸易导致各国寻求合作,避免在其他政策领域发生冲突,因为贸易增加了冲突的成本。也就是说,我们可以在这里使用传统推理。不过,基本点是,冲突状态(增加或减少)在理论上是植根于贸易关系本身,而贸易关系对冲突状态产生影响。

另一个出发点是,冲突可以被认为是贸易关系的外生因素。在这里,无论出于何种原因(也许是军备竞赛或危机事件)都会出现冲突进程,冲突进程的存在会对贸易产生影响。我们也可以用同样的方式看待冲突的缺失,尽管它对贸易产生了相反的影响。这种影响本身的性质可以通过几个渠道发挥作用。冲突的一般状态(或没有冲突),虽然与贸易无关,但由于贸易国之间的敌对(或友好),对贸易造成下行(或上行)压力。还有一种可能是,贸易成为一场本质上与贸易无关的冲突中的一个相关因素,因为它在助长对手实力方面发挥了潜在的战略作用,从而促生贸易管制政策。在这里,由于与冲突相关的原因,贸易成为政策的目标。甚至可能是冲突的存在加剧了对贸易的威胁(例如准入、依赖、出口收入),因为它是对手的潜在影响来源(即造成伤害或控制),这可能会扰乱贸易或要求军事保护(这将支持贸易)。

如果把冲突过程和贸易过程之间的所有理论联系都厘清,很可能会产生过多的联系(非常像上面提到的军费开支和贸易之间的联系)。不同类型的冲突可能同时存在,有些与贸易本身有关,有些与贸易本身无关,会产生不同方向的影响。

在下面的模型中,冲突和战争变量作为自变量进入模型。其目的是确定冲突或战争的存在与否是否会改变贸易和军事力量本身以及军费开支与贸易之间的关系。虽然刚才提到的理论问题没有在这项工作中描绘出来,我们同样可以发现混合的结果。也许冲突、竞争和战争对军费开支和贸易之间关系的影响因冲突类型而异。也许大国之间的冲突不同于大国与其他国家之间的冲突。也许冲突靠近商业中心或贸易路线才是问题所在。

由于本研究的重点是军事力量与商业之间的关系,贸易与冲突维度对这些变量的影响要比其他变量小。尽管如此,以下贸易模型中冲突和战争变量的存在将提供一些见解,以了解这些变量是否影响进出口本身。考虑到上述情况,下面定义了两个核心模型(并在第四章中测试)。对于军费开支为因变量的情况,中心模型以及自变量上的预期符号为:

$$ARMY_t/NAVY_t=f(\overset{+}{IMP_t},\overset{+}{EXP_t},\overset{+/-}{CUST_t},\overset{+}{WAR_t},\overset{+}{CON_t},\overset{+}{RIVAL_t})$$

其中因变量是陆军或海军开支。对于军事力量应该是一个自变量的论点,中心模型是:

$$IMP_t/EXP_t=f(\overset{+}{ARMY_t},\overset{+}{NAVY_t},\overset{-}{CUST_t},\overset{-}{WAR_t},\overset{-}{CON_t})$$

其中因变量为进口或出口。上述两个模型的变量定义如下:

$ARMY_t$ 为军费开支占国民收入百分比的年增长率。

$NAVY_t$ 为海军支出占国民收入百分比的年增长率。

IMP_t 为进口占国民收入百分比的年增长率。

EXP_t 为出口占国民收入百分比的年增长率。

$CUST_t$ 为平均关税水平的年增长率，其中平均关税是海关收入占进口的百分比。

WAR_t 为用于描述战争的虚拟变量(1＝战争，否则为0)。

CON_t 为冲突的虚拟变量，派生自军事化的国际争端(MID)数据集合中的敌意级别变量。[49] 如果存在冲突(不包括战争)，$CONt$ 取值1，否则取值0，反映战争级别以下的冲突的存在。战争是单独测试的。

$RIVAL_t$ 为军费开支占敌对国家国民收入的年增长率。这可能涉及一个或多个竞争对手的陆军、海军或总军费开支。

每个自变量都已在周期 t 中指定，但将同时检查周期 t 和 $t-1$。如果自变量以滞后、非滞后或两种形式出现，则该自变量将被包括在模型中。周期 t、$t-1$ 或两者的进口是否符合一个模型可能会因国家而异，并将作为一个经验问题留待讨论。

如果可能，WAR_t 实际上会被分成两个独立的战争变量。第一个战争变量将反映每个国家经历过的重大战争，第二个战争变量将反映较小的战争，包括殖民战争。例如，英国参加了克里米亚战争(1853－1856年)和两次布尔战争(1880－1881年，1899－1902年)，同时也参与了一系列与世界其他地区的较小规模的接触，如苏丹战争(1881－1885年)，萨摩亚内战(1887－1889年，1893－1894年，1898－1899年)。笔者对确定这两类战争是否对军事和贸易变量产生了不同的影响很有兴趣。就美国而言，战争类型的区别在于美国以外(亚洲和西半球)的战争和与美洲原住民的内部战争。美国在南北战争后，与美洲原住民进行了多年的战争，这很可能被纳入美国军队的模型。

CON_t 也是一个虚拟变量，如果在给定年份内发生低于战争级别的冲突，则为其赋值1，如国际军事争端中的敌意级别变量所示。如果一年内没有冲突或存在战争(即使战争与低于战争级别的冲突共存)，那么 CON_t 的值为0(否则为 1）。

附加变量

除上述核心变量外，还将在模型中测试一系列反映大型事件的虚拟变量。虚拟变量将基于以下重要历史日期：

1871 年：普法战争结束，统一的德国出现。

1878 年：俄土战争结束。

1882 年：三国同盟成立。

1890 年：威廉二世强调海军；英德海军较量正式开始。

1894 年：法俄联盟成立；甲午战争开始。

1896 年：意大利在阿多瓦战败。

1898 年：美西战争。

1904 年：英法和解；俄日战争开始。

1907 年：《英俄协定》签署。

在每种情况下，虚拟变量将在日期的一侧取值 0，在另一侧取值 1。例如，在 1871 之前，$D1871$ 的值为 1，从 1872 年以后值为 0。问题是，从上述事件开始，是否有任何商业变量和军费开支之间的关系发生了变化。一般而言，上述每一个日期都标志着有关国家开始了更激烈的竞争、对抗和侵略。普法战争后，德国无疑成为法国的主要竞争对手；美西战争后，美国在海上成为更为棘手的竞争对手。最后两个日期是例外。法国和英国之间的协定标志着在非洲殖民问题上的合作，但通常与更大的竞争有关。1907 年的《英俄协定》标志着英俄在阿富汗的竞争（可能）结束，但可能是英国试图减少其面临的竞争对手数量，以便更多地集中精力解决德国问题的一部分。

笔者还将对虚拟变量进行轻微操作，以确定重要的断点是发生在上述日期之前、期间还是之后。也许 1872 年对法国比 1871 年更为重要，或者 1877 年对俄国比 1878 年更为重要。上述日期仅标记了要测试的相关事件，但实际的断点（如果存在）可能是事件发生之前或之后的一年。此外，上述事件可能与未直接参与的国家有关。例如，统一德国的出现，可能与法国、英国和俄国密切相关。

相对价格度量也将在其做出贡献时包括在导入和导出模型中。笔者之所以决定构建这一指标，是因为贸易模型确实需要其中的相对价格来捕捉国内外需求的影响。这些指标是通过取研究中所有国家（不包括俄国）的整体销售价格指数的平均值来构建的，但相关国家的批发价格指数除外。然后将平均批发价格指数放在分子上，再将相关国家的批发价格指数放在分母上，形成一个比率，然后取该比率的百分比变化。由此得出的比率将反映国外价格对国内价格的增长率，即 PF/PD 的增长率。这个比率的百分比变化应该与出口直接相关。对于进口产品，测量值是比率倒数的百分比变化，或 PD/PF 的百分比变化（不是其他测量值百分比变化的倒数）。这个指标越大，国内价格相对于国外价格就越高，进口也就越多。

这些相对价格衡量是粗略的，因为它们没有考虑到这项研究中每个国家与之贸易的国家总数，但这些数据并不容易获得。我们可以包括更多国家的批发价格指数，但我们通常不能获得所有相关的批发价格指数。此外，这一衡量指标不会以任何方式加权。尽管存在这些弱点，但这项措施仍然可能捕捉到贸易中的一些变化，因为这些国家从一开始就是彼此的主要贸易伙伴。

国民收入的年增长率将被包括在这些模型中。在这些模型中，国民收入的年增长率做出了贡献，以吸收因变量对经济的任何影响，而这些因变量没有被商业变量考虑在内。这里的例外是俄国和日本，这两个国家的国民收入数据只能追溯到 1885 年。这里国民收入数据的唯一缺点是，国民生产总值（GNP）是英国、意大利和美国的衡量标准，国内生产总值（GDP）是法国的衡量标准，而国民生产净值（NNP）是德国的衡量标准。这些都是衡量国民收入的不同指标。尽管如此，这些指标的增长率可能会在模型中发挥重要作用。为简单起见，它们在模型中都将被指定为 GNP_t。

非军费政府开支（GOV_t＝总开支－军费开支）也将被包括在它做出贡献的军事模型中。非军费开支可能反映了财政和预算对军事变量的影响。笔者预计，一个国家的军事作为外交政策的工具越积极，军费开支与非军费开支的关联度就越低。这背后的原因是，如果军方在外交政策和外部冲突中不是很积极，那么对非军费开支产生影响的因素也可能影响军费开支。我们还可以预计，军队与非军费政府开支的关联性较弱，而在其本国，军队也被用作国内警察，这意味着国内安全考虑（与军费和预算因素相反）会影响军费开支。一般来说，军队在外交政策或国内警察工作中越活跃，其受非军费开支的影响就越小。

每个国家的商船吨位（$MERC_t$）的增长率也将包括在海军模型和贸易模型中。在海军模型中，商船吨位也反映了军费开支和商业之间的联系。笔者希望这个变量能进入海军模型。然而，一个国家的贸易规模越大，商船吨位进入其海军模型的可能性就越小。原因可能是，大宗贸易商品是由悬挂不同旗帜的船只装载的，而不一定是国旗。一个国家的贸易规模越小，其海军与其国家商船吨位密切相关的可能性就越大。商船吨位也可能有助于捕捉进出口模型中的一些差异，因此也将在模型中检验。最后，当 $AR1$ 项条款做出贡献时，它们也将被包括在模型中。

一般来说，所有的军事和经济数据都是以相同的方式编制的。[50] 每个序列都与每个国家的批发价格指数（1913 年＝100）相减，并计算出它们在国民收入中的百分比，然后计算每个序列的百分比变化。例外情况是平均关税变量，即关税占进口的百分比变化，以及日本和俄国的数据。在这些情况下，每个变量的百分比变化都是在没有首先使用国民收入的情况下进行的。最后，俄国的数据都是形式上的，因为俄国的批发价格指数只能追溯到 1885 年。[51]

初步调查表明，军事和贸易变量占国民收入的百分比以及平均关税水平都存在单位根。大多数变量并没有明显的上升或下降趋势，而是在足够长的时间内上下波动，以防止它们在水平上保持稳定。增长率（其分子是变量的第一个差异）从数据中清除单位根。此外，对百分比变化的关注可以在所有国家之间比较，而不会面临汇率问题。最后，如果这种关系是在数据的年度波动中而不是在其水平上发现的，那么这种关系将建立在更坚实的基础上。

上面的第一个模型论证了一个简单的案例，即军事力量与贸易、战争、冲突和竞争正相关，或者与保护主义正相关或负相关。战争和冲突可能衡量的是大致相同的事情，尽管战争将比冲突更集中在几年内发生。

冲突变量最初将以顺序形式使用，但最终决定将其作为虚拟变量是更好的选择。最初，笔者从国际军事争端数据集的敌意级别变量定义了两个冲突变量。第一个是按顺序进行的，衡量的是一国在给定年份发生的最高冲突级别(不管冲突次数多少)，从0到5，其中5是真正的战争。第二个变量衡量的是一个国家在给定年份内发生的冲突数量，无论其水平如何。取而代之的是，笔者决定把战争和冲突分开，把它们都变成简单的虚拟变量。

战争和冲突时期(以及竞争加剧时期)可能会引起变化。当战争爆发时，上述变量可能会发生三个变化。首先，军费开支可能大幅增加。其次，如果战争规模足够大，贸易有时会急剧下降。再次，如果战争规模足够大，保护主义可能会增加。

由于战争，或许还有冲突和一般威胁，商业变量可能会发生变化，这可能会导致军事力量的行为发生变化。例如，如果军费开支和进口是负相关的，但在冲突条件下却成了正相关。这可能意味着，当发生冲突时，进口的军事支持是存在的，而其他情况下并非如此。

各国也有可能奉行基本的自由贸易政策，但在战争期间却予以搁置，要么是利用贸易政策帮助国内的战时生产，要么是利用贸易政策削弱对手。如果战争期间寻求和扩大贸易是为了满足战时生产或以某种方式补充国内消费，那么战争期间军事力量和贸易之间的关系就比较复杂了。如果平均关税水平和军费开支之间的关系在冲突和战争期间发生变化，就可以说明这些方面的变化。

第二种模型认为，贸易与军事力量正相关，与保护主义、战争和冲突负相关。WAR_t 上的标志反映了战争导致贸易下降的可能性，这可能反映了国家安全问题或战争的破坏性影响。CON_t 上的负号表明冲突可能对贸易产生负面影响，但这是不确定的。出于某些原因，这两者有可能是正相关的。冲突可以被视作贸易收益的机会。如果冲突反映了大国竞争,那么它可能与贸易正相关,因为咄咄逼人的贸易扩张和冲突可能会与大国一起行动。$CUST_t$ 上的标志反映了一种传统的(尽管不能保证)预期,即贸易和保护主义是负相关的。当出口是自变量时,$CUSTt$ 变量将被排除在贸易模型之外。没有令人信服的理由将此变量包括在导出模型中。由于其他国家的报复行为,当一国的平均关税水平较高时,一国的出口可能会下降,但如果数据中存在这样的联系,那可能并非很直观。一个国家的关税水平与其出口之间的关系可能因贸易关系的不同而不同,也可能因时期的不同而不同。

在每种情况下,都将使用单方程普通最小二乘法。这样做的原因是,笔者想给每个因变量充分的自由,让它们与任何将被测试的回归变量相关或不相关,笔者想使用虚拟变量测试每个模型的关系是否可能发生变化。虽然上述论证(以及相互依赖理论)为一种关系提供了一些大致轮廓,如上面的核心模型或第二章中的模型所示,但任何此类关系的细节都是未知的。因此,上面的模型,以及其他要测试的回归变量,将以一种探索性的方式构建。读者可能会因此指责笔者在进行数据挖掘,但这些关系大体上是从上述论点中推导出来的,它们的细节和不同国家之间的差异是未知的。虽然笔者已经根据本人的论点定义了一组回归变量,但也想让数据在这些范围内为自己说话,并允许自己的论点有任何错误的机会。

考虑到相关变量,笔者的目标是为每个国家建立尽可能令人信服的模型。这很可能意味着贸易变量根本不会进入军事模型,而笔者是完全错误的。这可能意味着贸易变量确实以复杂的方式进入军事模型。一般来说,对于每个估计的国家,首先会有四个模型,每个军费分支和每个贸易变量都有一个模型。这将总共生产 28 个模型。在估计和评估这些模型之后,笔者将使用更详细的贸易数据估计第二组单方程模型。第二组回归详见第八章。

注释

1. 虽然大部分地缘政治文献都不在讨论范围内，但借鉴自由主义的地缘政治著作范例是 Daniel Deudney, *Whole Earth Security: A Geopolitics of Peace* (Washington, DC: Worldwatch Institute, July 1983)。关于地缘政治思想中不同主题的讨论参见 Geoffrey Parker, *Western Geopolitical Thought in the Twentieth Century* (New York: St. Martin's Press, 1985)。
2. Robert Gilpin, *The Political Economy of International Relations* (Princeton, NJ: Princeton University Press, 1987), pp. 31–3.
3. Michael A.Heilperin, *The Trade of Nations* (New York: Alfred A.Knopf, 1947), pp. 94–6.
4. Robert Gilpin, *US Power and the Multinational Corporation: The Political Economy of Foreign Direct Investment* (New York: Basic Books, 1975), p. 27.对自由主义、马克思主义和重商主义的简要比较参见该书第31页的表格。
5. Gustav Schmoller, *The Mercantile System and its Historical Significance* (1897; reprint. New York: Augustus M.Kelly, 1967), p. 2.
6. Ibid., p. 63.
7. Charles W.Cole, *French Mercantilist Doctrines Before Colbert* (1931; reprint. New York: Octagon Books, 1969), p. 223.
8. Eli F.Heckscher, *Mercantilism,* revised edn, E.F.Soderlund (ed.), Vol. 2 (London: George Allen and Unwin, 1955), p. 31.
9. Albert O.Hirschman, *National Power and the Structure of Foreign Trade* (Berkeley: University of California Press, 1945), pp. 14–15.
10. Stephen D.Krasner, *Defending the National Interest: Raw Materials Investments and US Foreign Policy* (Princeton, NJ: Princeton University Press, 1978), p.38.
11. R.G.Hawtrey, *Economic Aspects of Sovereignty* (London: Longmans, Green and Co., 1930), pp. 26, 105.
12. Hirschman, *National Power,* p. 9. David Baldwin, *Economic Statecraft* (Princeton, NJ: Princeton University Press, 1985), p. 83.
13. 参见Robert B.Ekelund, *Mercantilism as a Rent-Seeking Society: Economic Regulation in Historical Perspective* (College Station: Texas A and M University Press, 1981)。
14. Hirschman, *National Power,* pp. 4–5. Robert L.Schuyler, *The Fall of the Old Colonial System: A Study in British Free Trade, 1770–1870* (London: Oxford University Press, 1945), pp. 9–10.
15. Heckscher, *Mercantilism,* pp. 40–44.
16. Gautam Sen, *The Military Origins of Industrialisation and International Trade Rivalry* (New York: St. Martin's Press, 1984), pp. 6–8.
17. Ibid., p. 71.
18. Nazli Choucri and Robert C.North, *Nations in Conflict: National Growth and International Violence* (San Francisco: W.H. Freeman and Co., 1975), pp. 14, 16–17.
19. Edward M.Earle, 'Adam Smith, Alexander Hamilton, Fredrich List: The Economic Foundations of Military Power', in Edward M.Earle (ed.), *Makers of Modern Strategy: Military Thought from Machiavelli to*

Hitler (Princeton, NJ: Princeton University Press, 1943), p. 136.
20. Jacob Viner, *The Customs Union Issue* (New York: Carnegie Endowment for International Peace, 1950), p. 19.
21. Heckscher, *Mercantilism,* p. 32.
22. Schmoller, *Mercantile System,* p. 72.
23. Ernest H.Preeg, *Economic Blocs and US Foreign Policy* (Washington, DC: National Planning Association, 1974), pp. 8, 23.
24. Ibid., p. 24.
25. Ibid., p. 7.
26. Bela Balassa, *The Theory of Economic Integration* (Homewood, IL: Richard D.Irwin, 1961), pp. 10–11.
27. Viner, *Customs Union,* pp. 91–2.
28. 对德国在东欧政策的杰出研究是 David E.Kaiser, *Economic Diplomacy and the Origins of the Second World War: Germany, Britain, France, and Eastern Europe, 1930–39* (Princeton, NJ: Princeton University Press, 1980)。
29. Cohen, *Geography,* pp. 151–3, 190.
30. Richard Hartshorne, 'Political Geography in the Modern World', *Journal of Conflict Resolution 4/1* (March 1960), pp. 61–5.
31. Preeg, *Economic Blocs,* pp. 143–4.
32. 虽然战后的主要国家都在谋求安全保障，但当运输通道受到威胁时它们也表现出不愿动武的态度。此外，在大多数情况下，政治协议和既有国际法似乎大多都是为了确保通行，尽管有不愿动武的例子（如1973年石油输出国组织的石油禁运和1967年苏伊士运河关闭）和诉诸武力的例子（如美国海军部署在霍尔木兹海峡、海湾战争）。在这个问题上，似乎不太可能存在任何一种倾向。
33. Preeg, *Economic Blocs,* pp. 55–6. Douglas Evans, *The Politics of Trade: The Evolution of the Superbloc* (New York: John Wiley and Sons, 1974), pp. 15–16.
34. 我们甚至可以将和平时期的贸易看作一个国家宏观战略的特征，爱德华·N.勒特韦克(Edward N.Luttwak)在这里对宏观战略的定义很有见地。参见 Edward N.Luttwak, *Strategy: The Logic of War and Peace* (Cambridge, MA: Belknap Press, 1987), pp. 179–80. 勒特韦克指出，国家行为在较低战略层次上的所有军事方面都会在国际政治中产生后果，而国际政治又与国家的所有非军事交易相互作用，他将外交、宣传、情报活动和国家间的经济贸易纳入国家宏观战略的非军事部门。
35. 经济学家经常谴责这种政策是浪费且不必要的，关于这一点的经典论断参见 Mancur Olson Jr., *The Economics of Wartime Shortage: A History of British Food Supplies in the Napoleonic War and in World War I and II* (Durham, NC: Duke University Press, 1963)。
36. 大多数海军主义学者的著作都以某种方式处理这些问题，下面的文献进行了一些有益的讨论：Robert J. Hanks, *The Cape Route: Imperiled Western Lifeline* (Cambridge, MA: Institute for Foreign Policy Analysis, 1981); Robert J. Hanks, *The Unnoticed Challenge: Soviet Maritime Strategy and the Global Choke Points* (Cambridge, MA: Institute for Foreign Policy Analysis, 1980); Charles W. Koburger, *Narrow Seas, Small Navies, and Fat Merchantmen: Naval Strategies for the 1990s* (New York: Praeger, 1990); Nicholas Tracy, *Attack On Maritime Trade* (Toronto: University of Toronto Press, 1991)。

37. Gerald Morgan, *Anglo-Russian Rivalry in Central Asia: 1810–1895* (London: Frank Cass, 1981), pp. 11.
38. 一些人认为海军的主要任务是控制海洋和他国行动，详见第一章和 Koburger, *Narrow Seas,* p. xiv。
39. 关于19世纪末至20世纪20年代美国海军政策和远东外交的简要讨论，特别是对中国的关注，参见 Bernard Cole, *Gunboats and Marines: The United States Navy in China, 1925–1928* (Newark: University of Delaware Press, 1983), pp. 24–44。
40. Maurice Pearton, *Diplomacy, War and Technology* (Lawrence: University Press of Kansas, 1989), p. 65. 关于铁路扩张和地缘政治的一个极好的讨论参见 Milan Hauner, *What is Asia to Us? Russia's Asian Heartland Yesterday and Today* (Boston: Unwin Hyman, 1990)。
41. 大多数经典地缘政治著作，如麦金德(Mackindey)和斯皮克曼的研究，都涉及资源、原材料、所在地、战略机遇和脆弱性等相关问题，最近关于这些问题的地缘政治学著作有；Ewan W.Anderson, *Strategic Minerals: The Geopolitical Problems for the United States* (New York: Praeger, 1988); Colin S.Gray, *The Leverage of Sea Power: The Strategic Advantage of Navies in War* (New York: Free Press, 1992)。
42. Patrick O'Sullivan, *Transport Policy: Geographic and Economic Planning Aspects* (Totowa, NJ: Barnes and Noble, 1980), p. 203.
43. Scott W.Thompson, *Power Projection: A Net Assessment of US and Soviet Capabilities* (New York: National Strategy Information Center, 1978), pp. 7–8.
44. Susan Strange, *States and Markets* (London: Pinter Publishers, 1988), pp. 24–5, 26–9.
45. 然而，除了限制使用武力的制度规范外，陆地上还有大的资源供应，一个国家通常有几种可供选择的资源。例如，参见 Erik Moberg, 'The Protection of Resources', in J.Alford (ed.), *Sea Power and Influence: Old Issues and New Challenges* (London: IISS, 1980), pp. 22. 莫伯格(Moberg)质疑一个国家是否有可能为了控制海洋资源而攻击另一国。他的回答是否定的，也许石油除外，然而，更有可能的是，一个国家会攻击另一国的海洋资源以影响其行为。
46. Alfred T.Mahan, *The Interest of America in Sea Power: Present and Future* (1897, reprint. Port Washington, NY: Kennikat Press, 1970), pp. 70.
47. Schmoller, *Mercantile System,* pp. 70–1.
48. Alfred T.Mahan, *Armaments and Arbitration: Or the Place of Force in the International Relations of States* (New York: Harper and Brothers, 1912), p. 106.
49. "战争相关者"项目的军事化国际争端数据可以访问网站 pss.la.psu.edu/DATARES.HTM。
50. 有关数据来源和数据储备的完整讨论，参见附录。
51. 俄国批发物价指数和国民收入数据可以追溯到1885年，参见 Paul R.Gregory, *Russian National Income: 1885–1913* (Cambridge: Cambridge University Press, 1982)。

第四章

大国军费开支与贸易模型

本章通过为每个国家进行建模分析，探讨了第一次世界大战前军事力量与商业之间的关系。数据表明相关情况非常复杂。在下面的模型中大量证据表明，在第一次世界大战之前，军事力量和贸易是并行不悖的，这种关系跨越了规模和地理位置的差异。然而，在相同的模型中也有相反的证据。在一些国家，一些贸易和军事变量存在显著的负相关，而另一些则存在显著的正相关。

在讨论了模型和相关问题之后，接下来的三章对大国的商业和军事数据进行描述性分析，以期对统计结果有更深入的理解。通过比较每个国家的一些主要军事和经济指标，以查看是否存在有助于解释结果多样性的总体模式。这将包括对大国贸易和军事扩张的讨论。特别注意贸易的地理分布和商品分布，以及大国通过苏伊士运河的流动。这些指标与国家扩张的做法有关。然后，比较已知军事对手的贸易关系和冲突，以了解军事竞争如何影响贸易。这里的重要领域包括竞争对手在彼此贸易中的相对地位，以及它们在第三国或第三国贸易中的地位。最后一组模型将在第八章评估。

以下统计结果分为两组。所有变量的定义正如第三章所述。第一组包括回归分析，用于检验陆军和海军支出是因变量的关系。第一组包括检验以陆军和海军支出为因变量的关系的回归。所有情况下，以表格形式表示的模型可能会造成一些混淆，因为有些带滞后项，而有些则不带滞后项，并且只有在两种形式都进入一个模型的情况下，表格才会如此明显。对于每种模型，我们都讨论了滞后效应的存在，读者可以参考附录 2 获得每种模型的完整说明。

军事力量作为因变量

第一组模型（表 4.1 和 4.2）提供了一些有趣的结果。每个国家的陆军和海军数据都与进出口、关税、冲突和军事数据进行了回归。国民收入增长率也包括在其做出贡献的模型中，而商船吨位的增长率则列入了它们做出贡献的海军模型中。笔者还测试了反映特定时间发生的可能变化的虚拟变量（变量和日期的描述见第三章）。在测试可能发生的变化时，遵循三个基本步骤，利用一系列可能具有重要意义的日期，在模型上分别进行了 Chow 断点和预测测试。然而，这些测试在许多情况下产生了相互矛盾的结果，这并不少见。使用商业和军事变量的截距虚拟变量和斜率虚拟变量也测试了变化的存在。

表 4.1　　**_ARMY_ 作为因变量的回归**

	英国 1854— 1913 年	法国 1858— 1913 年	德国 1875— 1913 年	意大利 1865— 1913 年	日本 1875— 1913 年	俄国 1864— 1913 年	美国 1869— 1913 年
常数	3.441	−10.341	4.122	−0.867	1.11	31.658	−5.24
IMP	2.295	1.215	−0.782	−1.232	−0.468	−1.582	−1.057
	(3.225)	(3.721)	(−2.403)	(−4.329)	(−2.674)	(−8.512)	(−2.295)
IMP(−1)	−0.873					−07375	
	(−1.596)					(−3.312)	
EXP			0.83	0.318			0.33
			(2.91)	(1.548)			(1.336)
EXP(−1)	1.982	−0.711			0.196		−0.93
	(2.839)	(−3.016)			(1.256)		(−2.991)
CUST	1.147	0.92	−0.361		0.327	1.943	1.073
	(2.534)	(5.171)	(−2.278)		(3.069)	(9.265)	(3.145)

续表

	英国 1854—1913年	法国 1858—1913年	德国 1875—1913年	意大利 1865—1913年	日本 1875—1913年	俄国 1864—1913年	美国 1869—1913年
GNP	1.012	−1.426		0.918			1.048
	(1.456)	(−2.781)		(1.64)			(2.197)
GOV		−1.216		0.733	0.235	0.334	−1.326
		(−9.295)		(2.503)	(1.905)	(2.277)	(−3.21)
Navy	0.469			0.541	0.128	−0.839	1.153
	(2.331)			(4.9)	(2.008)	(−2.805)	(6.741)
*WAR*1	22.844	98.034		9.099	−18.485		
	(2.51)	(9.239)		(2.874)	(−2.287)		
*WAR*2		12.563					
		(2.113)					
CON	−11.679	0.969	−0.624	−10.134			
	(−2.2)	(0.191)	(−0.206)	(−2.739)			
DTIME	−0.143		−4.947		−0.192	−29.165	−1.992
	(−0.021)		(−1.802)		(−0.028)	(−4.598)	(0.42)
*RIVAL*1		−0.756	−0.734		−0.251		−0.783
		(−4.011)	(−2.681)		(−2.526)		(−2.573)
*RIVAL*2			0.268				
			(3.897)				
*SLOPE*1	−2.257	−2.389	1.058		1.21	0.65	−1.498
	(−2.742)	(4.565)	(3.205)		(3.351)	(2.016)	(2.348)
*SLOPE*2						1.515	
						(6.37)	
*SLOPE*3						−1.902	
						(−7.128)	
*AR*1	0.32	0.55	−0.434	−0.627	−0.201	−0.457	−0.372
	(2.11)	(4.834)	(−2.508)	(−5.004)	(1.077)	(2.907)	(−2.382)
Adj R^2	0.583	0.748	0.529	0.605	0.601	0.81	0.603
DW	1.929	2.091	2.084	2.093	1.955	2.023	2.048
n	60	56	39	46	39	50	45

注：括号中为 t 值。

表 4.2　　*NAVY* 作为因变量的回归

	英国 1854— 1913 年	法国 1857— 1913 年	德国 1874— 1913 年	意大利 1864— 1913 年	日本 1874— 1913 年	俄国 1864— 1913 年	美国 1869— 1913 年
常数	15.162	−26.824	25.056	−2.731	−16.621	2.081	−0.007
IMP	−1.651	0.75	−0.985	0.761	−0.164		−1.98
	(−2.783)	(2.811)	(−3.829)	(3.347)	(−0.579)		(−7.821)
IMP(−1)				0.404		−0.006	
				(1.871)		(−0.052)	
EXP	−0.623	−0.796	−1.556			0.312	0.39
	(−2.23)	(−2.544)	(−3.666)			(1.589)	(2.659)
CUST	0.456	−0.786	−1.11	0.559			0.286
	(2.348)	(−3.223)	(−6.735)	(3.219)			(1.292)
GNP	−0.444		−1.302				−0.686
	(−1.685)		(−3.169)				(−2.896)
GOV		0.248		−0.559	0.417		
		(1.742)		(−2.049)	(2.234)		
Army	0.547	−0.575		0.348	1.888		
	(5.622)	(−3.628)		(3.986)	(5.197)		
*WAR*1		33.847					
		(3.503)					
*WAR*2	−11.252	12.952	−5.319			−6.717	
	(−3.17)	(2.594)	(−1.486)			(−1.942)	
CON	0.997				30.767	8.771	1.388
	(0.378)				(4.481)	(2.72)	(0.353)
MERC	−1.28	−0.814	1.634	−0.819	1.914		3.609
	(−1.932)	(−1.27)	(2.463)	(−2.267)	(9.743)		(6.07)
*DTIME*1	−0.905	22.475	−10.816	6.479	−13.212	1.792	−5.927
	(−0.321)	(3.781)	(−2.331)	(1.82)	(−1.937)	(0.467)	(−2.021)
*DTIME*2			−6.461				
			(−1.365)				
*RIVAL*1		−0.663	0.302			0.344	−0.371
		(−3.186)	(1.355)			(1.99)	(−4.115)
*SLOPE*1	−0.526	0.519	1.301		−2.041	0.794	1.126
	(−4.611)	(2.931)	(2.61)		(−5.25)	(2.847)	(3.533)
*SLOPE*2	1.645	1.639	1.754		1.034	−0.632	
	(2.557)	(2.786)	(5.982)		(2.468)	(−2.733)	
*SLOPE*3	1.312	0.517					

续表

	英国 1854—1913年	法国 1857—1913年	德国 1874—1913年	意大利 1864—1913年	日本 1874—1913年	俄国 1864—1913年	美国 1869—1913年
	(3.515)	(1.523)					
$AR1$	0.18					−0.318	−0.54
	(1.344)					(−1.982)	(−3.89)
Adj R^2	0.722	0.499	0.695	0.493	0.747	0.338	0.655
DW	2.228	1.946	2	2.013	1.996	1.783	2.054
n	60	57	40	50	40	50	45

注：括号中为 t 值。

在少数情况下，Chow 检验显示了显著的变化，但这种变化不能用截距虚拟变量或者斜率虚拟变量证实。在相当多的情况下，模型中包含了重要的（或接近有效的）截距虚拟变量，其中虚拟变量测量了重要事件后或冲突期间可能发生的变化。实际上，有大量的案例表明存在显著的截距虚拟变量，但许多最终都被拒绝了。在这些情况下，斜率虚拟变量所指示的可能的变化根本不足以令人信服，无法包括在模型中。

在包含显著斜率虚拟变量项的情况下，结果反映了两种类型的变化。一种变化是因变量和利益的自变量之间的关系通常在统计上是显著的，但随后在某一段时间内（如一场大的战争之后）或出现某种情况（如冲突）时完全失去了统计上的显著性。另一种类型的变化是在幅度上甚至在相关项的符号上发生重大变化。在这些情况下，断点前后都有统计意义，所讨论的关系可能在大小或方向上发生变化。

在少数情况下，关系的实际方向似乎发生了重大变化，而在另一些情况下，这种变化实际上是一个重大的变化。

最后，当 $AR1$ 项做出贡献时，它们也被包括在模型中。看起来 $AR1$ 项对每个陆军模型都有贡献，但只有在两个海军模型中做出了贡献。所得到的模型也包含了回归变量之间的一些共线性，尽管它们似乎都没有不适当地使模型退化。

军事和冲突变量

一般来说，计算陆军变量的方差比海军变量更直接。有一种趋势是，一些海军模型不太适合陆军模型，这出乎笔者的意料。法国、意大利和俄国的海军模型是最不适合的，俄国的模型已经糟糕到无法令人信服。俄国海军模型中缺少的关键变量可能是商船吨位，在样本期内只有部分可用。然而，鉴于俄国的地理位置，其海军的模型如此差劲并不令人惊讶。

尽管一些海军模型的整体情况较差，但这并不妨碍商业项进入海军模型，正如进入陆军模型一样。不过，总体契合度的明显差异可能表明，陆军和海军的支出只有适度的相似性。当然，海军模型中使用虚拟变量时，自变量和因变量之间的关系发生了更显著的变化（陆军模型中为 13 个，而陆军模型中为 8 个）。这可能反映了这样一个事实：海军作为一种外交政策工具通常比陆军更为灵活。也就是说，这些关系性质的变化可能反映出这些军队所扮演角色的转变。此外，海军支出也可能比一般商业数据更具体地反映出信息。贸易变量的一个子集可以更令人信服地进入模型，例如对特定地区的贸易或特定商品的贸易组。下文将更加全面地论述这个问题。

同样有趣的是，海军变量进入了 5 个陆军模型（不包括法国和德国的模型），而陆军变量只进入了 4 个海军模型（不包括德国、俄国和美国海军模型）。如果这两个军事项都进入另一个军事项的模型中并呈现出正相关，那么两个军事部门的使用方式可能有很大的相似之处，甚至在相互支持的情况下存在相互依赖的关系。当一个军事项进入另一个军事项的模型中并呈现负相关时（俄国陆军模型中的海军项，法国海军模型中的陆军项），这可能表明随着时间的推移，该国的军事重点发生了转移。

例如，在法国海军模型中，这种重心的转变似乎很明显。在这个模型中，虚拟变量 $D1872$ 呈显著的正相关（尽管它没有进入陆军模型）。$D1872$ 从 1856 年到 1871 年取值 0，之后取值 1。这表明，法国海军开支（占国民收入的百分比）在普法战争和统一的德国到来后平均以更高的速度增长。有人可能会预料到相反的情况，由于法国与德国的竞争（考虑到它们之间的战争主要是陆战），法国的陆军开支会更高，但法国可能更多地依赖其海军力量来应对德国的威胁，因为法国在海军力量方面已经显著领先于德国。

对模型中所使用的法国陆军及海军数据的检验支持了上述结果。在1871年之前,陆军变量平均每年增长9.8%(这受到了1871年本身的极值的强烈影响),而海军变量平均每年增长1.3%。然而,从1872年起,陆军的变量平均每年增长0.55%,海军的变量平均每年增长近1.7%。考虑到海军变量的两个百分比接近,以及陆军变量的两个百分比之间的巨大差异,该数据也可能反映出更多的是对陆军支出的不重视,而不是对海军支出的决定性转变。

在俄国陆军模型中也有一个与直觉相反的结果,即虚拟变量*D*1878进入模型后呈现负向显著相关,而在海军模型中无关紧要(作为截距虚拟变量)。*D*1878从1863年到1877年取0,之后取1。这表明俄土战争后,俄国军队的平均开支增长率低于战争前。考虑到西方的奥地利和德国问题的存在,我们可能也会预期相反的情况会发生在这里,但鉴于俄土冲突涉及黑海和土耳其海峡,战争的结束很可能预示着对海权的更多关注。

对俄国军事变量的研究也支持这些结果。在1877年之前,俄国陆军开支的年均增长率为15.2%,而1878年以后的年均增长率为1.3%。海军的变量反映了相反的模式,在同一时期从平均1.6%上升到略低于7.1%。

令人惊讶的是,鉴于1890年后德国向海军强国的转变,德国的两个军事变量都没有进入另一个模型。这样做的原因可能很好地反映了数据编制的方式。德国陆军和海军的支出水平确实产生了一个明显的负面散点图,这似乎反映了两大军事部门之间的权衡。然而,模型中的数据反映了国家经济对陆军和海军支出依赖程度的周期性波动。这些结果表明,德国军事政策的转变可能是一个更长期的事件,这可以从数据的趋势而不是波动中得到体现。这一观点如果属实,则完全符合对威廉二世时期德国"大陆政策"的传统理解,因为德国地缘战略方向的这种转变是长期的。

模型之间的另一个一般性差异是战争和冲突变量的作用。一般来说,第一个战争项反映的是有关国家的主要战争,第二个战争项反映的是小规模的战争(包括殖民地战争)。如前所述,冲突变量是低于战争水平的冲突的虚拟变量。在海军模型中,第一个战争项只进入了法国模型,而第二个战争项却进入了除

3 个陆军模型之外的所有模型。当然,在德国,这一时期并没有发生重大战争。就美国而言,美西战争(1898－1899)是唯一一场主要战争,它没有足够的时间令人信服地单独作为一个虚拟变量。亚洲和西半球的交战规模较小(如 1903 年的巴拿马革命和 1909－1912 年的尼加拉瓜内战)。当所有这些冲突都包含在一个虚拟变量中时,结果是不显著的。美国的第二个战争项包括与印第安人的内部冲突,令人惊讶的是,这对于美国陆军模型来说也不显著。

俄国陆军模型仍然是唯一一个显著没有战争项的案例。如果第一个俄国战争项排除克里米亚战争和日俄战争,只包括俄土战争,那么将会发现一个显著的结果。然而,在其他这些主要战争中,结果是不显著的。同样,$D1878$ 的斜率虚拟变量也可以用来理解俄国陆军模型中的一些变化。如果是这样,那么这将表明两国关系的性质由于战争而不是平均军费开支水平而发生了变化。

另一个不寻常的情况是,日本陆军模型中的战争项是显著且负相关的,这完全出乎笔者的意料。这可以反映出日本军队数据的实际问题,因为 1895 年的极值被 1894 年和 1896 年的平均值所取代,而 1904 年和 1905 年的较高支出是估算出来的(见附录 1)。还有一种可能是,日军模型中的虚拟变量 $D1904$(表中的 $DTIME$)包含了从 1873 年到 1903 年的值 0 和之后的值 1,反映了变化发生的点(在日俄战争中),从而吸收了一些变化。

对其余的主要战争项是正相关的。然而,小型战争项则略有不同。在陆军模型中,只有法国有殖民战争项。鉴于英国维持着殖民军队,因此在英国军队模型中缺少该项不足为奇,但是对于其他军队而言,缺少殖民战争项却很有趣。所有这些国家都卷入了欧洲以外的一系列小冲突和战争(以及美国内部与美洲原住民的战争),但它们似乎都不足以解释任何有意义的军费开支差异。

这些项确实进入了 4 种海军模型,然而,除了法国以外,所有都是负相关的。例如,在英国海军模型中,殖民战争项呈现显著负相关。海军模型中的这些负相关项可能反映了在此类冲突期间,海军开支减少与殖民开支增加之间的权衡。法国是唯一一个殖民冲突与海军模型正相关的国家,这可能意味着法国在此类冲突中积极使用海军。法国的情况比英国更直观,因为英国海军无疑是维护英国殖民帝国的重要工具，这让笔者认为殖民战争也会与英国海军模型正相关。

低于战争水平的冲突进入了 4 个陆军模型（两个作为显著相关的截距虚拟变量）和 4 个海军模型（两个作为显著的截距虚拟变量）。就陆军模型而言，除了法国以外，其他都是负相关。在两个显著负相关的案例中（英国和意大利），军队在此类冲突中开支的平均增长率较低。为什么会这样呢？在这种情况下，海军的开支通常被用来处理低于战争水平的冲突。对此提供支持的是，海军模型中的所有 4 个冲突项都是正相关的（尽管只有两个作为截获虚拟变量是显著的）。

冲突和战争术语上的符号和显著性表明了某一特定军事部门是否是解决这些问题的有意义的工具（或者如果该项是负相关的，则为另一部门牺牲）。这里讨论的是每个变量中的冲突和战争的实际组合，以及它们如何涉及军事的每个分支。这个问题的答案将取决于每个案例的细节。组织这些冲突的不同方案可能会显示出非常不同的模式。然而，冲突和战争项在产生显著的斜率虚拟变量时也发挥了作用，这更为有趣（见下文）。

模型中一个奇怪的事实是，大部分已知对手的军费开支并没有进入模型。就陆军模型而言，英国、意大利和俄国没有竞争对手的军费开支，而英国、意大利和日本的海军模型则没有竞争对手项。在少数情况下，竞争对手的军费开支进入模型，呈现显著或接近显著的水平，但当其他变量被包括在内时，该项变为 0（并非由于共线性）。

笔者在这里还要指出竞争对手项有两个有趣的特点。首先，在模型中的 9 个竞争对手项中，2 个是因变量的不同分支，4 个是 2 个分支的增长率（总支出）。其次，9 个竞争对手项中有 6 个是负相关的。

例如，英国海军开支进入法国和美国的陆军模型并显著（在两张表中都是 *RIVAL*），但英国、海陆军则没有。此外，俄国和法国军队的开支都进入德国陆军模型（*RIVALs*1 和 2），而英国的总军费开支进入美国海军模型（*RIVAL*1）。通畅情况下，国家之间的竞争是海军之间以及陆军之间的竞争，但在特定的竞争中，相关军事部门可能会有所不同。德国的军费开支在一定程度上与法国和俄国的海军开支相呼应，这或许是合情合理的。英国海军的开支显然与法国陆军和海军都相关。

然而，此处更大的问题是，大多数竞争对手项都有意想不到的情况。为什么英国海军进入法国陆军和海军模型并呈现显著的负相关（在两个表中都是 *RIVAL*）？我们可以同样对美国陆军模型中的英国海军或者美国海军模型中的英国陆军产生同样的疑问（在两表中都是 *RIVAL*）。在德国陆军模型中，其军费开支与俄国的军费支出呈现正相关（*RIVAL*2）。在俄国的陆军模型中，其军费开支与英国海军呈现正相关（*RIVAL*1）。在德国海军模型中，其军费开支与法国陆军呈现非显著正相关。

出现意外情况的一个可能的原因是，项目上的符号对于规则很敏感。所有的项目都是百分比变化，其中一些滞后一个时间段。然而，应该注意的是，有或没有滞后的符号可能是相同的（就像一些变量的情况一样），并且没有一致的模式，即未滞后项有一个符号，滞后项有另一个符号。

我们或许不应该把负系数解释为这种关系是不相关的或偶然的，因为有大量的历史证据支持它们的存在。这可能是因为一个更普遍的竞争模型本身就是本研究中各国军费变量之间所有联系的基础。

一个相关的问题是，模型中的样本量各不相同。双方竞争的相关时期各不相同。然而，有一点可能是正确的，那就是德国统一后，甚至是 1890 年以后的数据与大多数竞争都更相关。然而，有些显然不是，例如英法海军竞争（在德国统一之前更为相关）、意奥竞争（在 1882 年之前更为相关）、英俄竞争（至少在 1907 年之前的整个时期相关）以及可能的奥俄竞争（可能在整个时期相关）。竞争术语之间的关系很可能在一个时期是正的，在另一个时期是负的，甚至在一个时期是显著的，在另一个时期是不显著的。在这种情况下，总样本上的系数将反映这些反向影响的净效应。

笔者还必须承认的是，在英国的案例中，笔者没有检验其与德国的军费开支是否相关，因为这将迫使英国模型中 20 年的数据失效。为了保持尽可能大的样本规模，英国模型只检验了法国或俄国的军事变量。

商业变量

陆军和海军模型中的商业变量是本书真正感兴趣的变量，并提供了一些有趣但复杂的结果。笔者将首先讨论进口，然后是出口、商船吨位和平均关税的增长率。

有四个陆军模型（英国、德国、意大利和日本）和三个海军模型（法国、德国和意大利），进口系数没有明显变化。英国陆军模型、法国和意大利海军模型的进口是正相关的，而上述模型的剩余变量都是负相关的。在英国陆军模型中，有一个滞后进口项是负相关的，但不显著。

这些进口项与军费开支之间的关系用各种重要日期以及冲突和战争变量进行了检验，斜率系数没有发现令人信服的变化。由此看来，进口项进入英国陆军、法国和意大利海军模型并呈现正相关，且进入意大利和日本陆军模型。德国的两种模型都呈现负相关。

其余的 7 个模型都展示了在特定条件（冲突、战争）期间或特定日期之后发生的重大变化。例如，在法国军队模型中，进口项呈显著正相关（情况 1），但在冲突期间（表中 *SLOPE*2）变成显著负相关（情况 2）。冲突时的系数（原系数与斜面系数之和）为－1.174，与正数项的大小接近。在美国陆军模型中，进口是负相关的（情况 2），但实际上从 1898 年起变得更加负相关（*SLOPE*1）。最后，在俄国陆军模型中，进口为负（情况 2），但从 1878 年起与军费开支的关系不大（*SLOPE*2），进口和斜率系数之和为－0.067。进口滞后项同样进入俄国陆军模型且呈现负相关（情况 4）。

进口项的变化在其余四个海军模型中也很明显。而进口在英国海军模型中是负相关的（情况 2），在殖民战争时期，关系变得不重要（*SLOPE*2，系数总和小于 0.000 1）。类似的，进口在美国海军模型中是负相关的（情况 2），但在冲突期间发生变化（*SLOPE*1）。在冲突期间，关系的强度会减弱，但仍然是负相关的。日本海军的模型中，进口是负相关的（虽然不显著），而从 1895 年开始是显著正相关的（*SLOPE*2），这反映了情况 1。滞后进口也不显著地进入俄国海军模型，但在冲突期间变得正相关（$SLOPE1$），这反映了情况 3。

对于上述模型的导入，似乎没有概括的解释。有些反映了军费开支与进口之间的正相关关系，有些则是负相关关系，还有一些则是混合的结果。虽然这些结果的全部意义还有待进一步论证，但前一章中所概述的任何关于这种关系的特定论点都只能得到部分支持。如果我们从进口依赖的角度考虑，比如，为什么进口会对美国和英国海军产生负面影响？难道进口依赖与这些国家的海军政策无关？相反，真正的问题是，随着进口的减少，冲突增加，海军开支也随之增加？然而，如果上述观点为真，它不支持美国海军模型中没有战争项和英国海军模式中负相关的战争项，也不支持两种海军模型中不显著的冲突截距。相反，如果我们从相互依赖的角度考虑，那么为什么有些项是正相关的？

出口似乎也反映了军事模型的不同模式，尽管它们似乎与军费开支关联不大。因为出口根本就没有进入某些模型（俄国陆军、意大利或日本海军），并且在其他几个模型中也不显著（尽管包括在内，因为一些变化是明显的，且可能已经发生了重大变化）。

出口项在英国陆军模型中是滞后的且正相关的（情况 3），但斜率虚拟变量 $D1889 \times EXP_{t-1}$（陆军表中的 $SLOPE1$）是负相关的。$D1889$ 从 1854 年到 1889 年取 1，之后取 0。这一关系在 1889 年之前似乎是弱负相关的（两个系数的总和是 0.259，即情况 4），但在竞争加剧的时期之后是正相关的。滞后出口进入英国海军模型呈现显著负相关（情况 4），但在冲突期间呈显著正相关（$CON_{t-1} \times EXP_{t-1}$，海军表中的 $SLOPE3$），这反映了情况 3。

出口进入法国陆军模型，呈现滞后性和负相关，没有改变（情况 4）。然而，出口进入德国陆军模型，呈现正相关（情况 1），进入意大利（情况 1）和日本（情况 3）陆军模型，但不显著。在意大利陆军模型中有一些微弱的证据表明，无滞后出口可能会在 19 世纪 90 年代改变方向（可能是在 1896 年阿多瓦战败后），滞后出口可能会在冲突时期改变，但这些可能性都不显著。出口的子集（例如，出口到特定区域）很可能就是关系所在。美国陆军模型显示，非滞后出口进入模型，呈正相关（情况 1），虽然低于显著性，滞后出口进入美国陆军模型，呈现显著负相关。

这些国家的海军模型呈现了不同的模式。出口无法令人信服地进入意大利和日本模型。有一些人认为在19世纪90年代,出口可能会改变它们与意大利海军开支的关系,但这并不显著。

出口进入美军模型呈正相关且没有引起变化(情况1)。然而,在法国、德国和俄国的海军模型中则有一些变化。在法国的案例中,出口是负相关的(情况2),但在战争期间则变成正相关($WAR1_t \times EXP_t$, $SLOPE2$),这反映了情况1。滞后出口同样进入德国海军模型并呈现负相关(情况4),但似乎从1882年以后变成了弱正相关,即情况3。系数的负号无须考虑,因为德国海军模型始于1874年。然而,从1882年起,该项更为可靠。最后,出口进入俄国海军模型呈正相关(情况1),虽然不显著,但从1878年开始变为负相关($SLOPE2$),即情况2。

出口的结果使进口的情况更加复杂。与进口相比,似乎有更多的证据表明出口和军费开支之间存在正相关关系。虽然有一些证据表明负相关关系,但大多数情况下,它发生在检测到系数变化的情况下。是否保护出口是影响大国间关系的主要因素(与保护进口的想法相反)?综上所述,通过军事力量支持出口是美国海军思想中的一个重要方面。

有趣的是,在德国海军模型中,$D1882$($DTIME1$)的截距是显著负相关的,这意味着1882年后海军开支的增长率普遍较低。鉴于法国是德国的主要竞争对手,1882年的三国同盟显然对德国军队有影响。但结果并不清晰,因为$D1882$并没有显著地进入陆军模型。此外,同样的情况也适用于德国海军模型中的$D1890$($DTIME\ 2$),两个时间虚拟变量被用于德国,因为出口和平均关税税率在不同的时间都发生了变化。问题是,虽然我们可能认为$D1882$与海军模型呈现负相关,但我们也可以认为$D1890$是正相关的,因为海军的竞争在加剧。

对于德国的陆军模型,$D1894$似乎是可能的变化最显著的日期,它进入陆军模型且呈负相关,尽管不显著,这意味着在法俄同盟之后,平均开支可能会减少。我们有理由这么认为,因为德国当时也专注于海军,但我们对于德国的时间虚拟变量的符号没有明确的判断。也许在上述日期之后，德国对军事的依赖性以较低的速度增长，但其总体支出水平(直线增长率)将显示出不同的结果。这里的数字反映了国民经济对军费开支的依赖。

与进口的情况一样，想要更清楚地了解这些案例意味着什么，必须等待贸易模型的结果。然而，从迄今为止喜忧参半的结果来看，这些贸易模型可能会让事情变得更复杂。然而，单独来看，这些结果似乎阻止了任何单一的故事线出现在数据中。

一个比较难理解的例子是英国海军模型中的出口项。例如，如果我们认为英国海军模型中出口项的负号反映了相互依赖的观点，那么我们必须解释为什么在冲突时期系数会变成正的(如斜率虚拟变量所示)。如果我们试图解释出口和海军开支之间的负相关关系，认为这反映了冲突在推动海军开支增加或减少进口方面的作用，在冲突期间，出口和海军开支之间的实际关系变得正相关，这一事实与我们的观点相矛盾。相反，如果我们认为缺乏冲突反映了合作(这可能是真的，也可能不是真的)，而且合作对出口施加了向上的推力，对海军开支施加了向下的压力，那么我们已经解释了相反的关系，但没有解释其他结果。在冲突时期，正相关项与第三章概述的论点相一致，但负相关项则不然，下面将详细论述。

商船吨位($MERC_t$)的增长速度进入除俄国(俄国商船吨位不详)以外的所有海军模型。在英国、法国和意大利的模型中，商船吨位负相关(在法国和意大利的模型中是滞后的)。在法国的模型中不显著，而在英国的模型中处于临界值。目前尚不清楚其原因，例如在意大利的模型中，滞后的商船吨位进入模型并呈现显著，这意味着随着商船吨位在 $t-1$ 时期增长，海军开支在 t 时期下降。如果我们将这一结果解释为军费开支和贸易相互背离，其中商船吨位代表贸易，那么这个结果与意大利海军模型中滞后和不滞后的进口项所显示的正号相矛盾。英国和法国的商船项也是如此。

在其余的三个海军案例(德国、日本、美国)中，商船吨位均进入海军模型并呈显著正相关，日本和美国的系数较大且 t 值很高。这些是最直观的结果，表明上述国家的海军随着它们贸易的扩张而扩张。这些结果与上述关于商船吨位的负面结果之间的差异,反过来可能反映了政策行为和保护主义的差异,因为这与商船船队有关。美国和日本模型中的这些项的显著优势可能反映了贸易中强烈的海洋导向和激进的贸易行为(以日本为例,1895 年之后可能更是如此)。然而,这三个国家都是英国海洋霸主地位的强力挑战者。传统上将重点放在德国对英国的挑战上,但是美国人和日本人在贸易扩张等方面也非常积极,特别是从 19 世纪 90 年代开始。

在这一时期,上述三国的贸易和海军都处于相对弱势,随着时间的推移,伴随着非常激进的外交政策,它们的国际贸易地位获得了提升。本书第六、七章详细地探讨了这些问题。很有可能的是,这些国家的海军出于竞争考虑(比如保护它们国家的航运不受英国干扰),配合商船队做出了调整。也可能是这些国家相较于他国,更多地利用保护主义立法保护其商船业。上述两种原因是笔者猜测,但与商船队和海军行为有关的政策差异可能有助于解释国家之间的差异。

平均关税的增长速度($CUST_t$)进入除意大利陆军、日本和俄国海军以外的所有模型。在英国模型、法国陆军模型、意大利海军模型和美国陆军模型中,$CUST_t$ 和军费开支之间都存在很强的正相关关系。$CUST_t$ 和美国海军开支之间存在弱正相关关系。

在余下的案例中,这种关系发生了一些变化。在法国海军模型中,滞后的 $CUST_t$ 进入模型并呈现显著负相关,但从 1872 年以后变得不显著($SLOPE3$)。

在德国陆军模型中,$CUST_t$ 是显著负相关的,但在冲突期间($SLOPE1$)变得显著正相关。德国海军情况也类似,直到 1889 年,海军的开支都与 $CUST_t$ 负相关。从 1890 年起,海军的开支就与 $CUST_t$ 正相关($SLOPE2$)。

相反的情况出现在俄国陆军模型中,滞后的 $CUST_t$ 进入模型并呈现显著正相关,但从 1878 年以后变得不显著($SLOPE3$)。最后,滞后的 $CUST_t$ 也进入了日本陆军模型,并呈显著正相关,但是从 1904 年开始正相关性变得更强

(*SLOPE*1)。

有人认为，军费开支与 $CUST_t$ 之间存在正相关或负相关，而且显然与贸易变量一样情况复杂。这些结果肯定看起来令人困惑，当我们将这些结果与进口项的符号比较时，可能会存在一些出入。令人好奇的是，$CUST_t$ 和 *IMP* 在进入包含进口和关税变量的 11 个模型中的 2 个符号是相同的且没有变化（英国海军和意大利海军）。其余的案例显示了一个或两个变量发生变化的混合结果。

在英国海军模型中，IMP_t 和 $CUST_t$ 以相反的符号进入，但在战争期间进口变得不显著（*SLOPE*2）。同样，在法国海军模型中，IMP_t 和 $CUST_t$ 也呈现滞后性并且符号相反，但是，$CUST_t$ 从 1872 年开始就不再显著（*SLOPE*3）。IMP_t 和 $CUST_t$ 以相反的符号进入日本陆军模型，$CUST_t$ 从 1904 年起保持着相同的符号（但相关性更强）（*SLOPE*1）。在俄国的陆军模型中，IMP_t 和 $CUST_t$ 的符号也相反，尽管从 1878 年开始这两项都变得不再显著（分别为 *SLOPE*2 和 *SLOPE*3）。在美国陆军模型中，两者也以相反的符号进入，并保持这一特性，从 1898 年起，IMP_t 的负相关性增强（*SLOPE*1）。美国海军是一个较弱的案例，两项符号相反，但 $CUST_t$ 是不显著的正相关，而进口在冲突期间保留其负号（*SLOPE*1）。

余下的三个案例（法国陆军模型、德国海军及陆军模型）显示两个变量呈正相关，尽管一个变量实际上改变了方向。在法国陆军模型中，两个变量都是正相关的，但在冲突期间，进口变成了负相关（*SLOPE*1）。在德国海军和陆军模型中，上述两项都是负相关的，但在陆军模型中，进口在冲突期间变成正相关（*SLOPE*1），而在海军模型中，$CUST_t$ 从 1890 年开始变成正相关（*SLOPE*2）。

那么，在 5 个案例中，IMP_t 和 $CUST_t$ 通常具有相同的符号（在 3 个案例中发生了变化）。这 5 个案例中有 2 个是海军模型，3 个是陆军模型。5 个案例中的 3 个（英国海军模型、意大利海军模型和法国陆军模型），相同的符号都是正号，只有法国陆军模型中发生了变化（进口）。在两个德国的案例中，相同的符号是负号，变化之处在于 $CUST_t$ 两次都变为正号。在 6 种情况下，两个变量以相反的符号进入模型，3个在海军模型中，3个在陆军模型中。这6种情况中的5个，进口项都是负的，而 $CUST_t$ 是正的，法国海军的模型是唯一的例外。

这两个变量的相反符号是最直观的结果。一般来说，如果我们认为 $CUST_t$ 和 IMP_t 是反向相关的，那么我们也应该发现它们在军事模型中的符号也相反。原因是军事变量会对 $CUST_t$ 和 IMP_t 的相反运动产生类似的反应。例如，随着进口的增加和平均关税的下降，陆军军费开支数量也会随之增加。恰巧 $CUST_t$ 和 IMP_t 在所有七个国家中都是负相关(如表4.3中的进口模型所示)。此外，这两个变量也产生了负的简单相关，英国、日本和俄国的情况下是最高的(分别为－0.521，－0.626和－0.586)。法国和意大利的相关性最低，分别为－0.141和－0.28。$CUST_t$ 和 IMP_t 之间的负向关系似乎与二者以相同符号进入模型的情况不一致。

我们如何解释这些结果呢？$CUST_t$ 的正号表明，军事力量和保护主义是同步的，而负号则表明二者相反。这些结果很可能反映了贸易政策的差异，特别是在于冲突、竞争和战争相关的领域。举例来说，在比较两种法国模型时，海军模型表明海军开支和 $CUST_t$ 之间的关系是不显著负相关的，直到1872爆发激烈的竞争。而陆军模型则表明 $CUST_t$ 和陆军开支之间的直接关系没有变化。尽管在陆军模型中，进口在冲突期间变得负相关。为什么会这样呢？

可能是在缺乏冲突和竞争的时期(例如，德国统一之前)，海军开支和 $CUST_t$ 相背离(进口则和海军开支同向变化)，这可能表明，法国海军是贸易扩张(甚至是自由贸易)的工具。然后，海军开支和关税政策之间的联系发生了变化，或者变得不显著，因为海军越来越多地转向德国统一所产生的竞争问题。在法国陆军模型中，这两个变量是直接相关的。这表明当军费开支随着进口依赖而扩张时，保护主义也会同样如此。只有在冲突期间(低于战争水平)，进口和军费开支才会呈负相关。

那么为什么平均关税与法国陆军正相关，而与法国海军负相关？一种可能性是，与海军相比，法国陆军与贸易保护主义行为的关系更为密切。这背后的可能是，总体来说，陆军相较于海军与其本土联系最多，这些是大多数重要军品的产地。为陆军需求进行规划通常会产生保护主义倾向，这将反映出一种非常传统的观点，即在国防物资上保持自给自足。另一方面，海军在海上航行，随着贸易流的增加，海军的防御计划可能也会随之增加（因此，当保护主义下降时也是如此）。与其他情况不同，这种可能性纯属猜测。例如，为何英国海军开支会随着进口的减少和 $CUST_t$ 的增加而增加？

更可能的是，不同的结果（在检验了下面的贸易模型后可能更有意义）反映了贸易政策使用上的差异。贸易政策可能对陆军和海军有不同的影响，或者贸易政策和军费开支之间的关系可能取决于贸易、军事力量和相关冲突相结合的特定环境。

德国军队的两个模型都显示出与法国海军相同的情况。$CUST_t$ 与 1889 年之前的德国海军开支呈负相关，而从 1890 年起则呈正相关（这标志着海军竞争的加剧），而进口与海军开支呈负相关。德国军队模型还表明，在没有冲突的情况下（即低于战争水平的冲突），$CUST_t$ 与陆军开支呈反比，但在冲突期间呈正相关（$SLOPE1$，$CON_t \times CUST_t$），而进口始终呈负相关。以德国为例，在没有冲突和竞争的情况下，军事扩张随着平均关税降低而增长，但在冲突和竞争期间，军事扩张肯定表现为正相关。

在一些模型中仍然存在 $CUST_t$ 和 IMP_t 符号相同的问题。虽然 $CUST_t$ 和 IMP_t 的常见标志似乎是相反的，但实际上可能并非如此。上述模型包含总贸易和平均关税数据。很有可能保护主义的增加是对一类商品，甚至是世界上的某些地区，而贸易依赖的增加是针对另一类商品或地区，这一区别隐藏在总体数字中。笔者不会深究其可能性，因为它会让我们离题太远，且其并非关键问题。

贸易作为因变量

表 4.3 和表 4.4 给出了回归分析，其中军事变量现在是自变量，而进出口是因变量。那些认为贸易变量应该是因变量的逻辑在相反的情况中也似是而非。相较于出口模型，回归分析更适合于进口模型。虽然大多数出口模型都提

供了令人信服的结果，但俄国的出口模型却远非如此。俄国的国民收入、相对价格和商船吨位等数据的缺乏严重影响了其模型的质量。尽管俄国进口的方差大于出口，但应谨慎看待这两种模型。日本的模型也可能被谨慎看待，因为它同样缺乏国民收入数据。然而，这七个国家的国民收入并没有对每一种模型都产生显著影响。

表 4.3　*IMPORTS* 作为因变量的回归

	英国 1854— 1913 年	法国 1857— 1913 年	德国 1875— 1913 年	意大利 1865— 1913 年	日本 1874— 1913 年	俄国 1864— 1913 年	美国 1869— 1913 年
常数	−0.162	3.943	−0.291	3.116	4.525	9.562	−1.996
EXP	0.215	−0.194	0.199	0.288	0.373	0.115	
	(3.578)	(−1.845)	(1.193)	(3.362)	(3.599)	(1.315)	
CUST	−0.354	−0.275	−0.297	−0.153	−0.233	−0.72	−0.444
	(−7.514)	(−4.794)	(−4.907)	(−1.843)	(−3.836)	(−6.069)	(−3.685)
GNP	−0.468	−0.735	0.434	0.377			0.642
	(−6.285)	(−3.648)	(2.758)	(1.535)			(4.063)
PD/PF	0.176	−0.277	0.252	−0.304	0.396		0.74
	(2.184)	(−1.666)	(1.286)	(−2.501)	(1.592)		(3.992)
MERC		−0.524	0.535		0.185		
		(−2.116)	(2.214)		(2.153)()()()		
Army	0.063	0.109		−0.188			−0.289
	(3.003)	(4.057)		(−3.861)			(−5.559)
Army(−1)	0.076		0.201	−0.101		−0.708	
	(4.218)		(3.029)	(−1.951)		(−3.731)	
Navy	0.082		−0.1447	0.079			−0.079
	(2.881)		(−1.825)	(1.288)			(−1.468)
Navy(−1)	−0.292	−0.102		0.183	0.075		
	(−3.474)	(−2.38)		(2.539)	(1.779)		
*WAR*1	−3.037	5.082					
	(−3.085)	(1.847)					
*WAR*2	0.29						0.77
	(0.326)						(0.514)
CON	1.695	−2.335		−5.545	−10.882		−2.912
	(2.724)	(−1.338)		(−3.751)	(−3.541)		(−1.517)
DTIME			−2.952			−5.431	
			(−2.042)			(2.07)	

续表

	英国 1854— 1913年	法国 1857— 1913年	德国 1875— 1913年	意大利 1865— 1913年	日本 1874— 1913年	俄国 1864— 1913年	美国 1869— 1913年
*SLOPE*1	−0.091		0.198			1.027	0.377
	(−2.715)		(1.407)			(4.97)	(4.976)
*SLOPE*2	20.291						
	(3.359)						
*AR*1	−0.298		−0.514	−0.684	−0.399	−0.257	−0.534
	(−1.911)		(−3.263)	(−5.095)	(−2.479)	(−1.704)	(−3.706)
Adj R^2	0.868	0.527	0.665	0.627	0.672	0.679	0.609
DW	1.966	2.207	2.143	1.931	1.853	2047	2.23
n	60	57	39	49	39	50	45

注：括号中为 t 值。

表 4.4　*EXPORTS* 作为因变量的回归

	英国 1853— 1913年	法国 1856— 1913年	德国 1874— 1913年	意大利 1865— 1913年	日本 1875— 1913年	俄国 1863— 1913年	美国 1869— 1913年
常数	−1.414	6.918	5.02	30044	16.426	5.111	1.524
IMF	0.503		0.113	0.558	−0.512		
	(3.354)		(1.084)	(3.078)	(−3.35)		
GNP	−0.266	−1.017	−1.173	−0.647			−0.421
	(−1.606)	(−5.704)	(−5.87)	(−1.742)			(−1.822)
PF/PD	0.369	0.686	0.841	0.544	0.388		1.337
	(2.458)	(3.789)	(2.752)	(2.21)	(1.084)		(6.396)
MERC		0.278		0.594			
		(1.288)		(2.281)			
Army	0.192	0.269	0.157	0.131			
	(3.205)	(3.502)	(2.953)	(1.976)			
Army(−1)	−0.066			0.236	−0.722	0.883	
	(−2.772)			(3.555)	(−3.009)	(2.848)	
Navy	−0.277	−0.322	0.07			−0.654	0.2
	(−3.798)	(−5.439)	(1.058)			(−1.736)	(2.931)
Navy(−1)				−0.221			−0.274
				(−2.319)			(−4.188)
*WAR*1	6.381	7.471					
	(3.329)	(2.156)					

续表

	英国 1853—1913 年	法国 1856—1913 年	德国 1874—1913 年	意大利 1865—1913 年	日本 1875—1913 年	俄国 1863—1913 年	美国 1869—1913 年
*WAR*2	2.018		−3.559	−3.459			10.143
	(1.197)		(−1.944)	(−1.722)			(2.028)
CON		−2.088					
		(−1.211)					
*DTIME*1	−0.116	−3.455	3.342		−4.912	0.474	
	(−0.094)	(−1.7)	(1.782)		(−1.438)	(0.076)	
*DTIME*2						−0.334	
						(−0.058)	
*SLOPE*1	−0.227	−0.354	−0.275		0.557	−0.806	
	(−3.331)	(−4.273)	(−2.283)		(2.154)	(−2.437)	
*SLOPE*2	0.331	0.266				0.53	
	(2.56)	(2.271)				(1.248)	
*AR*1				−0.407	−0.18		−0.367
				(−2.974)	(−1.083)		(−2.296)
Adj R^2	0.634	0.572	0.455	0.45	0.423	0.104	0.616
DW	1.918	2.18	2.162	2.355	2.162	2.094	1.98
n	61	58	40	49	39	51	45

注：括号中为 t 值。

最后，美国进口模型中海军和陆军变量之间存在一个棘手的多重共线性问题。一种解决办法是，使用总军费开支的增长率，因为陆军和海军项的系数本身符号相同。但是陆军开支包含一个显著的变化，用一个斜率虚拟变量表示，而海军则没有。因此，在美国的进口模型中，笔者决定使用海军变量的转换版本。转换后的海军变量通过以下步骤得到：笔者对模型中所有其他自变量的海军项做了回归，并使用了该模型的误差项，该误差项将反映与其余回归系数无关的海军开支变化。这被定义为 *NAVYPROX*，详见附录 2。

商业变量

在讨论军事和冲突变量之前，我们先谈一谈模型中的商业项。相对价格指标进入所有的贸易模型，除了俄国，因为其数据不可用。尽管测量方法粗糙，但似乎捕捉到了因变量的一些方差。该项在出口模型中效果很好，它在除日本以外的所有模型中都是显著的。同时这个项在所有的出口模型中的符号也符合预期。但其在进口模型中效果不尽如人意，在意大利和法国模型中也出现了让人意外的符号(尽管在意大利模型中仍然是显著的)。目前还不清楚为什么这两种进口模型的价格指标都是负相关的，尽管法国和意大利出口模型的价格指标是显著正相关的，而且它们也理应如此。每个国家的两个价格指标是相对价格倒数的增长率(即进口为 PD/PF，出口为 PF/PD)，法国和意大利的相关系数分别为－0.99 和－0.988。很有可能使用的价格信息与进口模型的正确数据相差太远，而且，这些价格指标上的符号有可能受到模型中某些共线性的影响，尽管这并不能解释为什么 PF/PD 似乎进入了法国和意大利的出口模型并呈正相关，更不用说其他国家的模型了。

出口项进入了除美国以外的所有进口模型，在法国进口模型中呈负相关，少数呈边缘显著，还有一个低于显著性水平。进口项未能进入三种出口模型(法国、俄国、美国)。在其余的四个出口模型中，日本的出口项为负相关，德国的出口项为正相关，但都低于显著性水平。

平均关税税率进入每个进口模型且都呈显著负相关。$CUST_t$ 被排除在出口模型之外，因其只与少数几个出口模型存在很弱的相关性，而且本就没有令人信服的理由将其纳入出口模型。我们可能会认为 $CUST_t$ 应该与出口负相关，尤其在滞后期，因为高水平的 $CUST_t$ 可能会引起一国贸易伙伴的反应，从而导致该国出口的下降。然而，除了日本模型以外，出口模型并没有反映出这一点。在所有其他出口模型中，该项并不显著。

国民收入增长率进入了 5 个进口模型和 5 个出口模型。国民收入在英国和法国的进口模型中都是负相关的，在其他模型中是正相关的，而在所有 5 个出口模型中都是负相关的。这些迹象并没有给我们提供一个统一的模式。虽然笔者对此并不担心，但我们可能预期出口模型中的国民收入项是正相关的，而在进口模型中是负相关的，但事实并非如此。

最后，商船吨位在其进入的 3 个进口模型和 2 个出口模型都做出了贡献。笔者曾希望 $MERC_t$ 能够体现更多的贸易变量的变化，但它似乎只在少数几个模型中具有相关性。

军事和冲突变量

贸易模型中的军事和冲突变量才是笔者真正感兴趣的变量。然而，在讨论军费支出项之前，笔者关于战争和冲突变量的观点还有几点要说。当战争和冲突变量被排除在模型之外时，无论作为截距虚拟变量还是斜率虚拟变量都没有任何贡献。在少数情况下，它们是不显著的截距虚拟变量，但是它们产生了显著的斜率虚拟变量。

第一个战争项用来衡量主要战争，进入了两个进口和两个出口模型（法国和英国的两种模型）。$WAR1_t$ 在英国进口中呈显著负相关，但在法国进口模型中呈正相关，并且近乎显著。同样的战争项对英国和法国的出口来说都是显著正相关的。意大利和美国的战争项被放在了第二类战争（$WAR2_t$），因为大多数规模较小。以美国为例，美西战争是唯一一场主要战争，而与印第安人的内部冲突与贸易无关。

第二个战争项进入英国模型，其与出口呈显著正相关。美国出口模型中的战争项也是如此。在德国和意大利的出口模型中，战争项是负相关的（在德国的案例中是显著负相关）。关于冲突进入模型，除了英国的进口模型外，其余都是负相关的。

为什么冲突和战争对进出口的影响如此之大？在战争和冲突没有影响的情况下，变量中可能没有产生任何与贸易有意义的相互影响，或者数据的某些部分可能会向一个方向波动，而另一些部分可能会向另一个方向波动。这里有两个可能的问题，一是冲突可以被完全分成不同的类别，这可能会产生不同的结果；二是，冲突和战争的程度对贸易的影响可能各不相同。也许只有一些冲突或战争会影响贸易，而其他的不会。这可能与战争或冲突的级别、地点和多边参与有关。也许冲突和战争靠近贸易中心或贸易路线是个问题。鉴于本章所包含的冲突和战争变量的定义，它们对贸易的影响并不一致。

在战争或冲突期间正系数的情况下，可能是国家寻求增加关键商品（例如原材料和农产品）的进口，如英国进口模型中的冲突和法国进口模型中的战争。

然而在这种情况下，我们可能也会认为贸易和军费开支变量会呈正相关（也就是说，假设军费开支会随着冲突和战争而增加），但事实可能并非如此。也可能是英国、法国和美国出口模型中的正相关战争项暗示这些国家在战争中获益，或寻求在战争期间增加出口收入。这种可能性并非不合理，尽管其通常与关于冲突和贸易的传统假设相悖。例如，美国在两次世界大战中都作为同盟国的供应国而获取了贸易利润。

关于战争和冲突项的负号则更加直观地暗示战争和冲突会导致贸易下降。贸易在战争期间可能会因许多因素而下降，出口可能会因为对出口市场的军事保护中断而下降，或者（至少在大规模战争中）为了满足国内战时生产的需要而减少出口。在极端的情况下，出口可能会下降，因为出口市场本身就是战争发生的地方，而相关国家会遭受严重的经济损害。在1914年之前，这种情况并没有明显地广泛发生，尽管这确实是欧洲在世界大战中发生的故事（日本在第二次世界大战中也是如此）。在战争期间，进口也可能受到中断或不安全的影响。

军费变量提供的结果与军事模型一样多样化。在进口模型中，军事项与虚拟变量相互作用产生了五个令人信服的案例。在英国的案例中，陆军和海军项都以滞后和非滞后的形式进入了英国的进口模型。共线性似乎并不妨碍项目的符号和意义。陆军项和非滞后的海军项进入模型都呈正相关（情况5和情况7为滞后的陆军），而滞后的海军项进入模型则呈负相关（情况8）。与英国军事模型中的进口项相比，军事项（尤其是陆军项）通常较小。这是一个合理的结果，因为贸易通常比军费大得多。

英国陆军项也与冲突（$CON_t \times ARMY_t$，$SLOPE1$）相互作用，变成负相关的（情况6）。陆军项与$SLOPE1$的系数之和（-0.039）很小。然而，考虑到陆军系数小的性质，在冲突期间，英国的军费很可能与进口呈负相关。最后，滞后的海军项与战争（第二个战争项，指殖民冲突）相互作用，产生一个负系数，其绝对值几乎与海军项相同（$SLOPE2$）。这些项的综合非常小（0.003），比滞后的海军项要小得多，这表明滞后的海军军费在这些小型和殖民战争期间与进口无关。

英国进口的情况呈现出多样性，但结果往往指向军费和进口之间的正相关关系。滞后的海军项可能暗示相反的情况,但这必须等待两组模型之间的整体比较。

只有两个军事项进入法国进口模型,没有发现任何令人信服的变化。法国陆军军费与进口呈正相关(情况 5),而滞后的海军支出与进口呈负相关(情况 8)。德国的情况要比英国简单。滞后的德国陆军项与进口呈正相关(情况 7),而非滞后的海军项与进口呈负相关(情况 6)。海军项有可能与虚拟变量 $D1890$($SLOPE1$)产生了有意义的交互,该虚拟变量包含从 1890 年到 1913 年的值 1 和之前的值 0,但变化低于显著水平。这一系数的显著性可能受到共线性的影响,在这种情况下,我们可以认为从 1890 年开始其海军军费和进口之间存在正相关关系(情况 5)。否则,这种关系的变化就太弱了,不可能是显著的。

意大利的案例表明,无论陆军项是否滞后,均与进口呈负相关(情况 6 和情况 8),而海军项则相反(情况 5 和情况 7)。滞后的陆军项是临界显著性的,而非滞后的海军项是低于显著性的,这可能由与 $CUST_t$ 的共线性所致。有迹象表明,军费与冲突相互作用,但其效果是弱正相关。海军项似乎也与战争相互作用,但影响很小(尽管仍然是正相关)。这些斜率虚拟变量被完全排除在外。

在日本的进口模型中,只有滞后的海军军费似乎令人信服地进入模型并且是正相关(情况 7),尽管低于显著性。从军事项、虚拟变量和重要日期中检测到的任何变化都无法令人信服。俄国模型表明,滞后的陆军军费与进口呈负相关(情况 8),但从 1878 年开始变得显著正相关(情况 7),相关系数约为 0.32($SLOPE1$)。虽然俄国的模型缺乏价格和国民收入信息,但这些陆军项的重要性似乎存在于可选择的其他参数中。最后,美国的进口模型表明陆军和海军都是负相关的(情况 6),尽管海军项不显著。陆军项在战争期间会发生变化($WAR_t \times ARMY_t$, $SLOPE1$),大小约为 0.09。

与进口模型一样,军事项也以滞后和非滞后的形式出现在一些出口模型中。非滞后的陆军军费与英国出口呈正相关(情况 5),而滞后的陆军军费与英国出口呈负相关(情况 8)。非滞后的海军军费与英国出口呈负相关(情况 6)。这里还检测到两处变化。非滞后的陆军项与虚拟变量 $D1882$ 相互作用

(*SLOPE*1),*D*1882 从 1882 年到 1913 年取值 1,预设值为 0。斜率虚拟项为负,但与同样为负的陆军军费系数的和为－0.032。海军军费也表明 *D*1882(*SLOPE*2)的变化,且变为正(系数和为 0.06)。这些系数的值似乎很小,但应该再次注意到,因为军事和贸易变量之间的相对大小差异,在贸易模型中的军事项的一般规模小于那些在军事模型中的贸易项。

法国陆军军费也与出口呈正相关(情况 5),而海军军费是负相关(情况 6)。这两项都表明了变化,从 1870 年起(*SLOPE*1),陆军军费似乎与出口呈负相关(情况 6)。虚拟变量 *D*1870 从 1870 到 1913 年取 1,预设值为 0。同样,海军军费与冲突相互影响(*SLOPE*2),产生了一个正相关项。系数的和仍然是负的(情况 6),不过比较平滑(0.057)。虽然这些变化的幅度很小,但它们与通常较小的军事项系数相一致。

陆军和海军军费进入德国出口模型,都呈正相关(情况 5),尽管海军军费并不显著。然而从 1890 年起(*SLOPE*1),海军军费与出口的关系是显著负相关的(情况 6)。非滞后和滞后的意大利军费都与出口呈正相关(情况 5 和 7),而滞后的海军军费则与出口呈负相关(情况 8)。海军军费未能进入日本的出口模型,但滞后的陆军军费则是负相关的(情况 8)。从 1895 年开始,军费与出口之间的关系发生了变化(*SLOPE*1),斜率系数变得平滑,但仍然为负。

滞后的陆军军费进入俄国出口模型且呈正相关(情况 7),而海军军费则呈负相关,尽管它并不显著。这两项也表明了一个变化,即从 1878 年起,陆军军费一直为正相关,但逐渐变得平缓。海军军费虽然不显著,但也变得更平缓(*SLOPE*2)。虽然海军军费一般来说不显著,但其似乎解释了一些变化,这可能表明出口的一个子集是相关变量。最后,陆军军费并没有令人信服地进入美国出口模型,但海军军费可以。这里非滞后的海军军费进入模型且呈正相关(情况 5),而滞后的海军军费则呈负相关(情况 8)。这些海军军费似乎也没有变化。

比较军事和商业模型

这里的最后一个问题是根据第三章中概述的情况比较两组模型的结果。这些信息可能会使结果更加清晰,但笔者也必须意识到下面的比较确实是试验性的。虽然在比较时不存在技术上的问题,但大家可能理所当然地认为这种比较应该在联立方程的背景下进行。正如前面所揭示的,笔者决定不使用 2SLS 或 3SLS,因为笔者希望模型具有探索性,并在给定变量时尽可能具有说服力。为此,笔者希望能够包含尽可能多或尽可能少的初始变量集,以便令人信服地进入模型。并且笔者希望能够通过使用虚拟变量测试军事和贸易项可能发生的变化。在这种情况下,一个方程组是非常困难的。或者在最好的情况下,每个方程中的变量集合将不得不固定在一个更简单的变量集合中,因为等级和顺序条件必须控制规范。

在与贸易的关系上,陆军和海军之间似乎存在着适度的差异。在比较这些案例时,大多数陆军案例似乎都支持军费和贸易同向发展的观点,尽管有些人持反对态度。海军案例为军费和贸易相互背离的观点提供了更多的支持,尽管也有一些人认为二者有直接关系。

陆军与进口

在陆军与进口的关系上,英国、法国和德国的案例支持二者存在直接关系。情况 1 和情况 4 出现在英国陆军模型中,尽管情况 4 低于显著性水平。而情况 5 和情况 7 出现在进口模型中。法国陆军模型反映带有进口的情况 1,而进口模型反映了带有陆军的情况 5。德国则没那么直截了当,因为陆军和进口模型分别反映了情况 2 和情况 7。除非我们认为这是矛盾的信息(见第三章),否则我们可能会认为德国的情况表明,随着 t 时期进口下降,陆军开支会上升,这导致 $t+1$ 时期进口上升。如果这是不合理的,那么我们不得不接受进口与军费负相关的观点(情况 2),但军费与进口正相关(情况 7)。

意大利和日本的案例支持一种相反的关系,而俄国和美国的案例则提供了混合的结果。情况 2 出现在带有进口的意大利陆军模型中，而情况 6 和情况 8 出现在带有陆军的进口模型中。日本陆军模型也反映了情况 2 的进口，而陆军没有进入进口模型。因此，两个模型中的所有信息都支持军费与进口负相关。

情况 2 和情况 8 通常分别出现在俄国陆军模型和进口模型中，它们论证的是一种相反的关系。但情况 4 也出现在陆军模型中，情况 7 定义了 1878 年以后的进口模型中的关系（*SLOPE*1）。在 1878 年之前，俄国的进口和军费似乎是负相关的，而在 1878 年之后，它们是正相关的。美国陆军和进口模型通常会显示情况 2 和 6，但在战争期间，陆军在进口模型中与进口呈正相关（情况 5，*SLOPE*1）。陆军模型中进口项的变化仍然反映了情况 2（*SLOPE*1）。虽然美国的情况普遍支持军费开支与进口呈负相关的观点，但在战争时期它们似乎呈正相关。

陆军与出口

在英国陆军模型和出口模型之间存在一组复杂的比较。直到 1889 年（*SLOPE*1），陆军模型中的出口反映了负相关关系（情况 4，尽管系数总和为 0.275），此后一直反映了情况 3。另一方面，出口模型中的陆军反映了 1881 年之前的情况 5，但从 1882 年开始发生了变化。这些系数的和（0.035）较小，反映了情况 6。在情况 8 中，陆军项也以一个较小但显著的系数进入出口模型。在英国的案例中，似乎有数据表明，陆军和出口之间既有正相关，也有负相关。

法国陆军和出口模型分别反映了情况 4 和情况 5，表明二者存在正相关关系。从 1870 年其，出口模型变为情况 6（*SLOPE*1），但这些项的总和与单独的陆军项系数（0.085）相比很小。

德国的案例很简单，陆军和出口模型分别反映了情况 1 和情况 5，这表明二者没有任何复杂性的正相关关系。意大利的案例也证明了二者之间的正相关关系。陆军模型反映了情况一，而出口模型反映了情况 5 和情况 7。然而，陆军模型中的出口项并不显著，只剩下出口模型中的情况 5 和情况 7。

日本的案例反映了陆军模型的情况 3（不显著）和出口模型的情况 8，这两种模型似乎是矛盾的，尽管从 1895 年起，出口模型中的陆军项变成了情况 7。

俄国的情况也很简单,因为在陆军模型中没有出口项。在情况 7 中,陆军进入出口模型,这表明一种正相关关系,但从 1878 年开始 *SLOPE*1 表明二者关系不再显著(系数之和为 0.077,比初始的陆军系数小得多)。

最后,美国的案例有些模棱两可。虽然陆军军费无法进入出口模型,但非滞后的出口则进入了陆军模型且呈正相关(情况 1,虽然不显著),而滞后的出口则是负相关的。更有力的证据表明,美国的陆军军费与出口呈负相关。

海军与进口

英国的海军和进口显示出混合的结果。进口进入海军模型如情况 2 所示,论证了负相关关系。但在小型战争时期(第二个战争项,海军模型中的 *SLOPE*2)发生变化,二者的总和是 0.001,这并不显著。然而,海军项进入情况 5,其滞后值也进入情况 8。在小型战争期间,滞后的海军项的变化(*SLOPE*2)与滞后的海军项的系数(0.001,其绝对值与海军模型的情况完全相同)之和也不显著。因此,这里的证据倾向于表明一种负相关关系。尽管英国在食品和其他商品上依赖进口,但证据并不支持英国海军专注于保护进口的观点。

虽然法国的案例简单明了,也没有明显的变化,但其结果可能自相矛盾。其海军模型反映了情况 1,表明法国海军军费与进口之间存在直接关系,而进口模型反映了情况 8,表明滞后的海军军费与进口呈负相关。

德国的案例似乎表明,海军军费与进口之间存在一种清晰的负相关关系。情况 2 中的进口项进入海军模型,而情况 6 中的海军项进入进口模型。海军项的变化(*SLOPE*1)反映了情况 5,但并不显著。

意大利的案例反映了海军军费与进口之间的正相关关系,这与意大利陆军军费与进口之间的负相关关系相反。在情况 1 和情况 3 中,进口进入意大利海军模型,而海军军费在情况 5(不显著)和情况 7 中进入进口模型。

情况 1 中,从 1895 年起,进口进入日本海军模型(*SLOPE*2),但在此之前并不显著。而情况 7 中的海军项进入进口模型且没有变化。这两种情况都表明了一种正相关关系。俄国的案例只提供了一条信息,尽管它表明二者存在正相关关系。在冲突期间(*SLOPE*1),滞后的进口进入海军模型,但在其他情况下完全不显著，且海军军费也没有进入进口模型。

美国的案例反映了海军军费和进口之间的负相关关系。在情况 2 中，进口进入海军模型（即使有一个斜率虚拟变量，也会保留负值），而在情况 6 中海军项进入进口模型，尽管它并不显著。

海军与出口

鉴于海军军费和出口没有显示出令人信服的关系的迹象，日本的案例不在本节讨论范围。滞后的出口进入英国海军模型并呈负相关（虽然不显著），这反映了情况 4，但在冲突期间变得显著正相关（*SLOPE*3），反映了情况 3。另一方面，在情况 6 中，海军进入英国出口模型，这表明了一种负相关关系，但从 1882 年开始（见情况 5）变得非常平缓（*SLOPE*2）。这里最有力的证据也表明了一种负相关关系。法国的案例也提供了混合的结果。在情况 2 中，进口进入海军模型，但反映了战争期间的情况 1。情况 6 中，海军项进入出口模型，但在冲突期间变得平缓（见情况 5）。

德国的案例似乎支持负相关关系。在情况 4 中，出口进入海军模型，但从 1882 年起（*SLOPE*1）变为情况 3。在情况 3 中，相关系数的和为一个更为平缓的值。在情况 5 中，德国海军项进入出口模型，但并不显著，从 1890 年起变为情况 6。虽然这里的结果是混合性的，但其权重支持负相关关系。

意大利的案例提供了一条信息，即在情况 8 中，海军进入出口模型并呈负相关。就模型的质量而言，俄国的模型是最不可靠的，但在情况 1（不显著）中出口进入海军模型，且从 1878 年开始（*SLOPE*2）变成了情况 2。俄国海军项在出口模型中是不显著的，但在情况 6 中进入出口模型然后从 1890 年起变为情况 5。

最后，美国的案例基本上都支持正相关关系，尽管其中有一些模糊之处。出口进入海军模型如情况 1，且未检测到任何变化。情况 5 中海军项进入出口模型，这表明了一种正相关关系，但滞后的海军项反映了情况 8。

结 论

从上述令人困惑的结果来看，似乎大多数结果倾向于军费和贸易之间的正相关关系，但也有一些支持负相关关系，还有一些混合性的结果。英国、法国和德国关于其陆军和进口的案例似乎是直接的正相关案例。法国、德国、意大利和俄国的陆军和出口间的关系也是如此。意大利、日本和俄国的海军和进口案例，以及美国的海军和出口案例也表明了正相关关系。

在没有任何相反证据的情况下，负相关关系有5个。意大利、日本的陆军的进口案例，德国、美国的海军和出口案例以及意大利的海军和出口案例都表明了确切的负相关关系。其余的结果则是混合型的，有些更倾向于一个方向而非另一个。有趣的是，陆军与进口的正相关关系涉及英国、法国和德国，它们是七个国家中最强大和富有的，而意大利和日本则呈现明显的负相关关系。俄国和美国的案例几乎都是负相关，如果相互依赖在这里发挥作用，那为什么只集中于大国中实力较弱的？与其他案例相比，正相关与负相关案例的排布有所不同。

同样有趣的是，在海军和进口方面，德国和美国是明显的负相关案例。德国通常被认为是好战的、扩张性的且野心勃勃的国家，而统一时期的美国则恪守保守主义。英国的结果是混合型的，但并没有像我们预期的那样表现出明显的正相关关系。就英国海军和进口而言，这一趋势意味着一种负相关关系。为什么英国海军保护本国贸易的作用在这里不明显？

如果我们按国家来看结果，比较不同的军事部门和进出口之间的关系，其结果也是混合的。每个国家都显示了一个区间，从正相关到负相关再到兼而有之，没有明显的模型。

我们不能在这里对这些结果做出过多的评价。这些模型都是初步且具有试验性的，贸易项也只是概括的形式。我们也许能够通过将最相关的商品组或地区代入方程估算更好的模型。数据的可用性可能使某些国家的模型难以让人满意，而另一些国家则完全无法实现。虽然英、美、法三国的区域贸易样本充足，但其他国家存在问题，其贸易的商品类别细分也各不相同。例如，法国大宗商品的进口可以追溯到 1866 年，但出口仅追溯到 1877 年。所有德国大宗商品的贸易可以追溯到 1880 年，而意大利则可以追溯到 1878 年。这些问题将在第八章再次讨论。

为上述结果找到一个合适的背景也很重要，第三章所概述的论点需要就每个国家进行实质性的研究，以便符合上述结果。因此，第六章和第七章将研究各国的贸易、军事和一些相关数据，同时尝试将数据中的模型整合到各国的军事、商业和战略行为中。

第五章

大国之间的相互依赖程度如何

本章考察了各国的物价和贸易数据，以阐明它们之间相互依赖的事实。这里对数据的调查并不详尽，因为在国家冲突和竞争的大背景下，在后面各章中会提供更多的数据。这里的目标是通过物价、通货膨胀、贸易依赖和贸易相互依赖数据确定这些国家之间的经济依存度。

总体来说，如果经济相互依赖是历史上的新现象，那么我们本研究中的各国应该很少看到这种关系。每个国家不应该在商品和服务方面过度依赖外部世界，每个国家也不应该在关键的经济指标上依赖其他任何国家。然而如果国家间存在某种程度的相互依赖，且冲突和相互依赖是负相关的，那么我们理应看到敌对国家之间的依赖度很低，而盟国之间的依赖度更高。或者我们应该看到随着战争的临近，敌人之间的相互依赖程度随着时间的推移而降低，而盟国之间的依赖程度则相反。最后这一点将在后面两章中更为直观地分析。

用以确定国家之间经济相互依赖的存在和程度的方法是描述性的。笔者使用了物价水平和通货膨胀率数据的相关性，以及贸易依赖度的百分比数据。在第七章中，相互依赖的问题在竞争和冲突的背景下得到了明确的分析。

如第二章所指出的，关于相互依赖的思想，全球化相关文献在某种程度上有一种非历史性的倾向。这种说法是基于相互依赖文献中发现的三个一般性主题。第一，经济上的相互依赖被认为是历史上的新现象，被视为战后贸易扩张的产物。第二，相互依赖对世界具有革命性意义，因为它将改变国家和世界的运作方式。世界政治性质的这种变化将促进和平，因为它将抵消“传统”冲突的倾向。第三，相互依赖被认为是世界政治（以及国际经济）的一个永久或不可逆转的特征。相互依赖思想的第三个特点充满了西方普遍的进步观念，即从旧世界走向新的更美好的世界。当然，这种假设包含了经济学在内的诸多社会科学的特征。

尽管战后世界确实涌现出了诸多新事物，但下面的数据表明，相互依赖本身并不新鲜。各国经济相互依赖的程度、跨越货物和服务的多样性的增长、跨国公司所有权和生产分配方案的复杂性，以及各国之间经济贸易和政治交流的速度可能是新的，但相互依赖本身并非如此。所有这些项目，包括跨国公司，都存在于第一次世界大战之前（很可能早于此）。其总体规模和复杂性可能是新的，但其存在并不是。

通货膨胀共享：物价水平与通货膨胀率

人们可以尝试用多种方式衡量相互依赖，一个简单的方法就是关注物价。詹姆士·卡波拉索（James Caporasso）将相互依赖简单定义为至少两个国家相互依赖以满足其部分需求。[1] 尽管这一定义具有普遍性，但他指出，相互依赖的一个指标是经济平衡、失调在各国之间传播，如通货膨胀。他指出战后贸易自由化的成功一直是造成欧洲和北美通货膨胀的主要原因。它们之间的物价变动具有周期性，以至于两国间的消费者物价指数产生了极高的相关系数。[2] 如果简单地将物价指数相关性作为适当的衡量标准，那么历史数据表明，这种共享通货膨胀的状态正如其所说存在于第一次世界大战前的主要国家之间。表5.1和表5.2显示了本研究中的国家在三个历史时期内的批发价格指数（WPI）

和其增长率(即通货膨胀率)之间的简单相关性。第一次世界大战后,不包括俄国和奥匈帝国的数据。

表 5.1　　　　批发价格指数相关性

	英国	法国	德国	意大利	日本	美国	俄国
1871—1913 年(俄国,1885—1913 年;奥匈帝国,1871—1909 年)							
奥匈帝国	0.826	0.908	0.867	0.818	−0.112	0.898	0.888
英国		0.959	0.701	0.816	−0.448	0.881	0.758
法国			0.824	0.867	−0.262	0.926	0.872
德国				0.805	0.155	0.825	0.826
意大利					−0.043	0.763	0.815
日本						−0.221	0.711
美国							0.822
1918—1939 年(日本,1918—1938 年)							
英国		−0.133	0.033	0.497	0.63	0.962	
法国			−0.111	0.519	−0.146	−0.047	
德国				0.184	0.037	0.062	
意大利					0.505	0.519	
日本						0.488	
1949—1988 年							
英国		0.988	0.982	0.986	0.936	0.995	
法国			0.975	0.985	0.923	0.985	
德国				0.946	0.976	0.989	
意大利					0.875	0.973	
日本						0.954	

资料来源:B. R. Mitchell, *European Historical Statistics*:1750—1975 (NewYork: Facts on File, 1980);*International Historical Statistics*: *Africa and Asia* (New York: New York University Press, 1982)。

关于表 5.1 中批发价格指数水平之间的相关性,有几个特征值得注意。首先,除日本以外的所有国家在第一阶段的相关性都很强,尽管英国和日本呈中度负相关。英法之间的相关性极强，尽管还有其他几个国家也具有非常高的相关性。即便是俄国(其批发价格指数只能追溯到 1885 年)也与包括日本在内的其他国家有着密切的联系。尽管自然资源丰富，俄国仍然是当时最不发达的国家之一，且在政治和地理上远离主要经济体。即使在这些条件下，俄国批发价格指数仍然与其他国家紧密联系在一起。至少在它们的水平上(因此在它们的趋势上)，在大多数情况下，主要国家的批发价格指数表现出很强的关联性。在 1918 至 1939 年间，情况发生了剧变。英国、法国和德国之间的关联消失了，尽管英国与意大利、日本和美国之间存在中等到强烈的正相关。其他国家(除法国和意大利)不显著。两次世界大战之间的联系较弱，显然是这一时期的不稳定所致。这种不稳定的主要根源是第一次世界大战的破坏性影响、德国的恶性通货膨胀、1929 年的大萧条以及 20 世纪 30 年代保护主义的爆发。从批发价格指数走势来看，有些联系仍然存在或得到加强，而另一些则被削弱。当然，这种削弱表明相互依赖(至少在物价水平上)是可逆的。

最后一个时期表明，所有国家之间恢复了密切的联系，但无一例外地比第一个时期程度更高。涉及的所有国家的批发价格水平都显示出非常密切的联系。这些密切的联系是这些国家在以美国为中心的战后经济秩序中建立的。直到 20 世纪 60 年代末到 1973 年石油危机期间，这些国家的批发价格与其共同趋势(基本保持平缓)几乎没有偏离。

自 1973 年以来，主要国家的物价都在上涨，但涨幅各不相同。时间愈迫近，则这些批发价格指数的趋势差异就越大，这反映了自 1973 年以来这些国家经验性的差异。在表 5.1 中，德国的通货膨胀率总体上是最低的，而英国和意大利的通货膨胀率最高。自石油危机以来的通货膨胀水平的差异是否表明物价水平的相互依赖关系的反转？尽管这些国家的物价水平自 20 世纪 70 年代初以来肯定存在背离，但是鉴于这些国家之间贸易的密切相互依赖关系，以及欧元和单一货币政策的发展，答案很可能是否定的。

表 5.2 列出了这些国家通货膨胀率的相关性，以其批发价格指数的百分比变化来衡量。这些数据表明了与数据级别略为不同的情况。在第一次世界大

战之前，英国、法国、德国和奥匈帝国的通货膨胀率密切相关。意大利、美国和俄国与上述四个国家的关联度较低（美国和奥匈帝国的关联度较高），而美国和俄国之间的关联度较为适中。此外，日本只与法国和德国有较低或适中的关联。

表 5.2　批发价格指数百分比变化相关性

	英国	法国	德国	意大利	日本	美国	俄国
1872—1913 年（俄国，1886—1913 年；奥匈帝国，1872—1909 年）							
奥匈帝国	0.714	0.734	0.659	0.417	0.102	0.489	0.688
英国		0.766	0.766	0.545	0.165	0.555	0.538
法国			0.762	0.534	0.318	0.532	0.581
德国				0.532	0.41	0.52	0.436
意大利					0.045	0.191	0.277
日本						0.099	0.222
美国							0.416
1918—1939 年（日本，1918—1938 年）							
英国		0.716	0.028	0.651	0.077	0.808	
法国			0.278	0.78	−0.029	0.608	
德国				−0.011	−0.025	0.127	
意大利					0.142	0.556	
日本						0.416	
1949—1988 年							
英国		0.694	0.711	0.802	0.622	0.791	
法国			0.683	0.552	0.535	0.588	
德国				0.713	0.412	0.727	
意大利					0.246	0.812	
日本						0.287	

资料来源：同表 5.1。

在两次世界大战之间，英国和法国保持了通货膨胀率之间的关联性，令人惊讶的是，这两个国家都显示出与意大利和美国之间更密切的联系。然而，德国和日本通货膨胀率的所有相关性都不显著。德国的情况可以被解释为恶性通货膨胀的副产品，但日本的情况尚不明确。日本的汇率缺乏关联性，可能是由于其在经济上远离主要经济体，或者是由于国家间保护主义水平的差异。虽然所有国家的贸易保护主义程度在两次世界大战之间的年代都相对高于战前，但这些变化的时间和程度可能相差很大。

最后，除了日本与意大利和美国之间的相关性外，战后所有国家的通货膨胀率相关性都是显著的。虽然日本和美国之间的高度相关性并不令人惊讶，但两国之间的薄弱联系却是出乎意料的。

这里需要说明的是，上述相关性只是告诉我们，这些国家之间是否存在一定程度的"通货膨胀共享"，没有人试图解释上述国家的通货膨胀，这样做是为了获得相互依赖的衡量标准。没有其他变量被引入这个问题，也没有指定变量之间的滞后。虽然一个国家和另一个国家的通货膨胀水平或比率之间可能存在滞后，但对于这些滞后的描述缺乏明确的指导。此外，上述数据是年度数据，而物价变动是连续的。例如，一旦进口成为国内供需的一部分，通货膨胀通过贸易价格从一个国家传导到另一国，就会对接受国产生影响。因此，滞后长度将介于出口国的公司购买和/或生产有关货物和服务的时间与其进入接受国国内市场的时间之间。这种情况发生所需的时间必然有很大的不同，在双边贸易关系中，传导的方向将是双向的。

此外，物价水平和通货膨胀率可能是相关的，因为这些国家在类似的时期采取了类似的宏观经济政策。如果真是这样，那么我们可能会认为经济上的相会依赖也包括政策因素。认为经济上如此紧密联系的国家会同时（尽管程度不一定相同）倾向于推行扩张性政策，或者会同样受到其总供给曲线的不利冲击（如石油冲击）的影响，这并不牵强。这并不是说这些国家之间有真正的政策协调（可能欧盟成员国除外），而且有良好的历史证据表明各国之间也确实存在政策差异。在过去 30 年里，通货膨胀率较高的国家（例如意大利和英国）可能比较低的国家（如德国）采取了更为扩张性的宏观经济政策。

综上所述，无论是何种原因，各国的物价在很长一段时间内都是共同变化的，各国之间的关联度也有起伏。有趣的是，第一次世界大战之前的相关性与第二次世界大战之后的相关性相当。第一个时期的相关性确实略弱于后一个时期，但 19 世纪的物价变动与之密切相关。两次世界大战中间，物价波动之间关联度的下降表明，相互依赖并非不可逆。

贸易依存度

表 5.3 显示了商品贸易总额（出口＋进口）占国民收入的百分比。由于缺乏国民收入数据，奥匈帝国被排除在表外。虽然不同国家的国民收入值有所不同（见第三章关于变量的讨论），但下面的数据提供了对总体贸易依存度的粗略比较。

表 5.3　　1865—1913 年贸易占国民收入百分比

年份	英国	法国	德国	意大利	日本	俄国	美国
1865	51.65	27.4		16.8			
1870	52.77	23.66		16.45			12.42
1875	43.58	28.24	33.63	19.88			14.11
1880	45.7	33.46	35.36	18.72			15.36
1885	42.82	28.59	30.32	21.63	8.67	13.96	13.2
1890	44.14	28.31	32.45	17.85	13.12	14.29	13.23
1895	39.27	26.11	30.37	18.03	17.1	15.89	12.3
1900	39.64	26.84	33.27	20.28	20.37	12.25	12.99
1905	41.01	30.22	34.15	21.99	26.27	13.7	11.39
1910	46.14	32.77	35.84	24.68	23.51	14.72	10.1
1913	47.62	30.87	39.79	24.39	27.17	14.28	11.46

资料来源：贸易数据参见附录 1 各个国家统计。国民收入参见表 5.1 和 United States, Dept. of Commerce, *Historical Statistics of the United States: Colonial Times to 1970* (Washington, DC: GPO, 1976), Vol. 1。

表 5.3 中所有国家对贸易的依赖程度差别很大,但可以粗略分为四类。英国显然是其中的佼佼者,其贸易额在国民收入中所占的比重平均值为 44%。在前半段的某些年份,英国的贸易额超过了国民收入的一半。法国和德国也非常依赖贸易,且依存度相似,德国的依存度通常比法国高几个百分点。然而,这两个数字都远远低于英国。大约从 1895 年起,意大利和日本也有类似的贸易依存度。当然,在此期间,意大利和日本的百分比总体呈上升趋势,在第二次世界大战前的十年里,一直徘徊在国民收入的 25%左右。

最后,俄国和美国拥有相似的数值。不过,美国的百分比总体上比 1878 年 14.9%的高点下降了几个百分点,而俄国总体上在 13.6%的均值上下波动。俄国和美国的实际规模及其丰富的自然资源,可能有助于解释其贸易依存度低的原因。这些特点可能表明,这两个国家对外部供应的需求较少。

然而,也有可能出于相反的原因,这两个国家有着相似的贸易依存度。由于经济相对落后,俄国的贸易依存度可能较低,与其他国家相比,其贸易增长缓慢。而美国的依存度较低是因为其内部的经济活力。也就是说,这一时期美国国内经济增长可能比贸易增长更快。如表 5.4 所示,情况似乎确实如此,从 1886 年到 1913 年,美国国民收入的平均增长速度超过了美国的贸易增长速度,俄国的情况刚好相反。

表 5.4　(国民收入—贸易)平均相对增长率　单位:%

	英国	法国	德国	意大利	日本	俄国	美国
第一阶段	−0.84	−2.29	−2.59	−2.82			−5.67
1886—1913 年	−0.15	−0.28	−0.07	−0.27	−1.09	−0.99	0.11

注:第一阶段:英国为 1852—1885 年;法国为 1852—1885 年;德国为 1873—1885 年;意大利为 1863—1885 年;美国为 1867—1885 年。

从 19 世纪 70 年代早期开始,英国、法国、德国、意大利的贸易依存度也出现了普遍的变化。从 19 世纪 70 年代初,这四个国家的贸易依存度普遍上升(在与英、法的贸易依赖下降以后),在 19 世纪 70 年代末到 80 年代初之间达到了一个高点。英国在 1881 年的峰值为 46%,而法国和德国都在 1879 年达到峰值(分别为34%和40%)。意大利在稍晚的1887年达到了22.6%的峰值。随后,这些国家的依赖水平有所下降,在19世纪90年代降至低谷。意大利的低点出现在1891年(15.7%),而法国和德国在同年(1894年)再次触底,分别为24.4%和30.1%。英国上一次触底是在1899年,达到38.2%。这四个国家的贸易在触底后一直到战争爆发前都普遍增长。在贸易依赖的运动中,这些普遍的相似性可能反映了国家之间共同的宏观经济影响。它们也可能反映了这样一个事实,即每一个国家都是其他国家的重要贸易伙伴。

尽管我们可以说,这些国家中的大多数国家(美国和俄国除外)之间存在中度到高度的贸易依赖,但总体上对贸易的依赖程度可能掩盖了某些事实。例如,一个国家的商品贸易构成或贸易的地理分布将显示出特定的依赖领域,这可能是一个国家战略的重要组成部分(见第六章)。

最后,各国在贸易增长与国民收入增长之间存在显著差异。根据这些信息,我们可以确定经济整体上的扩张速度快于贸易,还是贸易的扩张速度快于经济。计算是根据国民收入和贸易(出口+进口)数据进行的,这些数据是按WPI(1913年=100)进行了紧缩。为了确定何者增长更快,笔者计算了每个国家两个紧缩序列的增长率,然后从国民收入增长率中减去贸易增长率(国民收入增长率-贸易增长率)。差越大,国民收入相对于贸易的增长就越大,如果两个值中的一个或两个都是负的并因此收缩,我们就可以说值越大,国民收入相对于贸易收缩得越小。

表5.4中的数字也是两个时期的平均值。笔者选择1886年作为第二个时期的起点,因为日本和俄国的收入数据始于1885年(增长率始于1886年)。巧合的是,1885年标志着德国和英国之间紧张的商业关系的开始(见第六章和第七章),从更广泛的意义上,这可能是大国广泛竞赛的早期开端。

我们可以将表5.4中的负值(特别是较大的负值)解释为相对于整体经济增长而言,贸易扩张更多。例如,在第一个时期,我们可以说英国的贸易增速平均每年比国民收入增速快0.84%。表5.4中只有一个值是负数。与英国相比,法国、德国、意大利和美国第一个时期的贸易增长相对于国民收入增长较大。

这可能反映了国际贸易市场上英国竞争对手的崛起。这五个国家在第二个时期的差异要小得多。

在第二阶段,相对于国民收入而言,贸易扩张最快的是日本。这可能反映了一个事实,即日本的国民收入数据碰巧开始于一个更具竞争力的时期,包括甲午战争(1894－1895年)、日俄战争(1904－1905年)和殖民朝鲜(1910年)。日本在1885年之后的扩张也促进了贸易的扩张。当然我们无法将日本和俄国在这两个时期比较。

贸易相互依赖:进口依赖

下文检验了8个国家的进口依赖,以评估它们在贸易方面相互依赖的记录。进口数据的定义是每个国家从其他国家的进口占总进口的百分比。进口数据本可以使用占国民收入的百分比来衡量,但笔者想更直观地看待每个国家在其他国家进口地位中的角色。笔者希望将奥匈帝国的数据以及俄国、日本的完整数据囊括在内。英国从美国的进口占英国总进口的百分比是其贸易伙伴中变化最大的,见表5.5。美国在英国进口中所占的比例从1870年的16.42%上升到1880年的26.04%,到1895年略微下降至20.77%。从1895年到1913年,英国进口中美国所占比例波动较大,1913年为18.43%。19世纪70年代,英国对美国的出口占总出口的比例也有所下降,但在这一时期的其他时间里,数据上下波动。法国在英国进口中所占的份额总体上呈下降趋势,19世纪70年代在11%～12%徘徊,1885年下降至9.63%。英国从法国的进口随后在10%～11%波动,但随后出现更大幅度的下降,从1901年的9.8%下降至1913年的6.03%。然而,英国对法国的出口占总出口的比例也在下降,从这一时期占英国出口的8%～10%,到这一时期末下降至5%～6%。

此外,德国在英国进口中所占的比例在整个时期都在5%～6.9%波动,只有1913年达到了英国进口的约10.46%。而英国对德国的出口占总出口的百分比通常高于德国进口的百分比,在9%～13.7%波动(1912年最低为8.4%)。

在整个周期内,英国与俄国的贸易占英国进出口的比例相对稳定,英国从俄国的进口从未超过7.1%,出口从未超过4.9%,而且总体上远低于这两个值。

表5.5　　1870—1913年英国从各国进口占总进口的百分比

年份	法国	德国	意大利	日本	俄国	美国
1870	12.4	5.08	1.27	0.03	6.78	16.42
1875	12.49	5.84	1.24	0.1	5.54	18.61
1880	10.21	5.92	0.82	0.13	3.9	26.04
1885	9.63	6.22	0.81	0.13	4.77	23.31
1890	10.66	6.2	0.74	0.24	5.65	23.12
1895	11.39	6.48	0.75	0.27	5.94	20.77
1900	10.25	5.96	0.65	0.28	4.2	26.53
1905	9.39	6.34	0.59	0.33	5.91	20.45
1910	7.57	6.07	0.55	0.71	6.39	17.69
1913	6.03	10.46	1.06	0.57	5.24	18.43

资料来源:中央统计局(Central Statistical Office)历年统计简表。

在此期间,英国对法国进口的依赖总体上有所下降,而对德国和美国的依赖则有所增长。英国对德国进口的依赖程度上升,只是在第二次世界大战前的最后几年才显现出来,尽管美国在英国进口中所占的比重最大。从相互依赖的角度看,德国和美国在英国进口中的相对地位不甚直观。人们预期德国的地位会下降,尤其是在战前,而美国的地位上升。事实上,战前美国在英国进口中的地位下降了几个百分点。与德国相比,美国在英国的进口中占主导地位,这也与英国在此期间抱怨德国贸易收益牺牲英国利益形成鲜明对比(见第六、第七章)。

表5.6显示了德国从其他国家的进口占德国总进口的百分比。德国从俄国、美国和日本的进口占德国进口的比例确实是增加了,这反映了这些国家以牺牲英国地位为代价获得的利益。尽管德国从英法两国进口中抽离可能对二者的竞争产生影响,但对美国和俄国却没有意义。

表 5.6　　1880—1913 年德国从各国进口占总进口的百分比

年份	英国	法国	意大利	日本	俄国	美国
1880	12.33	9.13	2.22		11.69	6.41
1885	15.44	7.43	2.58		11.74	4.16
1890	14.99	6.25	3.29	0.11	12.68	9.49
1895	13.62	5.41	3.44	0.18	13.4	12.05
1900	13.91	5.06	3.08	0.27	11.86	16.89
1905	10.55	5.5	2.9	0.27	14.67	13.51
1910	8.58	5.7	3.07	0.41	15.52	13.29
1913	8.13	5.42	2.95	0.43	13.23	15.89

资料来源：Kaiserlichen Statistischen Amt，*Statistisches Jahrbuch fürdas Deutsche Reich* (Berlin：Puttkammer and Muhlbrecht)，various years。

虽然奥匈帝国贸易数据的时间跨度有限，但其对德国的进口依赖程度很强，对英国和美国的依赖程度适中(见表 5.7)。此外，随着 1913 年的临近，对英国的依赖度有所下降，而对德国的依赖则在增长。奥匈帝国对意大利的进口依赖在后来几年也有了轻微的下降。

表 5.7　　1891—1913 年奥匈帝国从各国进口占总进口的百分比

年份	英国	德国	意大利	俄国	美国
1891	10.51	36.51	5.54	4.56	3.83
1895	10.45	35.85	6.57	6.51	5.19
1900	8.79	37.44	6.72	5.25	9.02
1905	7.32	37.47	4.99	6.43	9.51
1910	8.03	40.45	4.59	5.5	8.31
1913	6.37	40.12	4.96	5.93	9.48

资料来源：B. R. Mitchell，*International Historical Statistics*：Europe，1750—1 988(New-York：M Stockton Press，1992)。

这一时期开始，俄国的进口明显依赖于德国和英国(见表 5.8)。虽然随着时间的推移，俄国减少了对上述两国的进口依赖，但对德国的依赖性降低的幅度很小。此外，俄国的进口也只是适度地转向了美国。俄国进口依赖度的大部分变化都在表外国家。有趣甚至令人惊讶的是，鉴于1894年的法俄协定以及法国在签订协定时对德国财政的承诺，法国并没有提高其在俄国进口中的地位。尽管该协定具有反德性质，但德国仍然在俄国进口中扮演着重要角色（如下文所示，在法国进口中也是如此）。

表5.8　1870—1913年俄国从各国进口占总进口的百分比

年份	英国	法国	德国	意大利	美国
1870	33.58	5.96	42.68	2.06	1.55
1875	26.16	6.44	43.15	2.17	1
1880	26.78	3.75	48.93	1.13	1.82
1885	25.01	3.69	37.92	1.63	6.48
1890	25.73	4.7	31.82	2.46	14.77
1895	22.28	4.27	32.68	2.15	5.47
1900	20.28	4.95	34.64	1.43	7.05
1905	15.27	4.09	37.79	1.49	6.43
1910	14.21	5.63	41.51		
1913	9.9	3.28	37.26		

资料来源：Tawsawentral Nyi Statisticheskii Komitet, *Statistika Rossiiskoi Imperii* (Petrograd), various years。

1893年后，法国与俄国的贸易确实有所增加，但两国对对方的进口依赖并未有提升的趋势。法国与俄国的贸易总额从未达到法国贸易总额的5%。英国仍然是法国的主要贸易伙伴，不过英国在法国贸易总额中所占的比例总体上从1870年的24%以上下降到1913年的16.8%。德国和美国也是法国贸易的重要组成部分。在1871年至1913年的整个时期，法德贸易占法国贸易总额的比例徘徊在8%～12%，从19世纪90年代初开始略有上升（1870年由于普法战争，法德贸易占法国贸易总额的比例急剧下降至3.6%）。在此期间，法国与美国的贸易额也在4%～9%波动，总体上没有上升或下降的趋势。

表 5.9　　1870—1913 年法国从各国进口占总进口的百分比

年份	英国	德国	意大利	日本	俄国	美国
1870	18.33	3.59	8.19		6.57	7.59
1875	17.72	9.87	9.12		5.56	5.38
1880	13.2	8.71	7.91		6.24	14.52
1885	13.14	9.15	6.43		3.99	6.65
1890	14.13	7.91	2.75		4.39	7.15
1895	13.34	8.34	3.08		5.24	7.61
1900	14.37	9.09	3.17		4.92	10.85
1905	11.97	9.64	3.11		5.55	10.35
1910	12.98	11.99	2.63		4.7	8.56
1913	13.25	12.69	2.86	1.48	5.44	10.62

资料来源：*Annuaire Statistique de la France*(Paris：Institut National de la Statistique et des Etudes Economiques)，various years。

法国的进口也显示出对英国的依赖普遍下降，但法国对德国的依赖实际上大幅增加。意大利从法国进口的下降或许可以用 1881 年突尼斯被法国占领后，两国间的关税战来解释。在 1894 年法俄结盟之后，我们也没有看到法国对俄国的进口依赖普遍增加。从表 5.10 中可以看出，1880 年后意大利对法国进口依赖的总体下降。到目前为止，意大利也表现出了一个普遍的现象，即总体上疏远英国，而戏剧性地转向德国、美国，并在较小程度上转向俄国。

表 5.10　　1870—1913 年意大利从各国进口占总进口的百分比

年份	英国	法国	德国	日本	俄国	美国
1870	26.84	25.14	1.44		3.9	4.36
1875	24.5	30.43	3.07		3.82	3.54
1880	21.15	21.77	7.17	0.05	6.92	6.18
1885	19.9	18.31	7.56	0.03	5.81	4.6
1890	23.15	11.89	10.19	0.13	8.67	5.93
1895	19.64	13.56	12.06	0.1	8.69	10.4

续表

年份	英国	法国	德国	日本	俄国	美国
1900	21.1	9.84	11.97	0.69	7.97	13.38
1905	17.26	10.19	14.24	0.81	10.15	11.92
1910	14.67	10.29	16.16	0.87	8.16	11.49
1913	16.14	7.73	16.71	1.66	6.47	14.65

资料来源：*Annuario Statistico Italiano*（Rome：ISTAT），various years。

意大利对日本的进口也有小幅的变化，从美国进口的数据也包括了从加拿大的进口数据，但数量很少。

这一时期开始，日本对英国有很大的依赖，这可能与不平等条约以及日本税收及关税的政策限制有关。然而随着时间的推移，日本从英国转向了德国和美国。日本从法国的进口也几乎变得停滞。

表 5.11　　1880—1913 年日本从各国进口占总进口的百分比

年份	英国	法国	德国	意大利	俄国	美国
1880	53.58	10.26	4.76	0.43	0.02	7.29
1885	38.08	4.08	5.11	0.29	0.04	8.41
1890	32.53	4.73	8.38	0.16	0.94	8.4
1895	34.95	4.01	9.46	0.11	1.1	7.18
1900	24.94	2.81	10.17	0.16	2.1	21.85
1905	23.95	1.05	8.75	0.1	0.56	21.58
1910	20.4	1.16	9.47	0.13	0.04	11.78
1913	16.82	0.8	9.37	0.15	0.01	16.78

资料来源：Imperial Cabinet，*Résumé Statistique de l'Empire du Japon*（Tokyo：Bureau of General Statistics），various years。

最后，美国重复了熟悉的模式，减少对英国的依赖（以及在很小的程度上对法国的依赖），同时增加对日本和德国的进口依赖。尽管美国在英国进口中扮演了重要的角色，并在后来成为盟友，且美日之间存在竞争关系，但这就是事实。

表 5.12　　　1870—1913 年美国从各国进口占总进口的百分比

年份	英国	法国	德国	日本
1870	34.86	9.86	6.19	0.69
1875	29.08	11.26	7.5	1.5
1880	31.59	10.33	7.78	2.25
1885	23.7	9.86	10.9	2.08
1890	23.57	9.89	12.55	2.66
1895	21.72	8.47	11.07	1.91
1900	18.82	8.59	11.41	3.88
1905	15.74	8.05	10.55	4.65
1910	17.41	8.48	10.85	4.24
1913	16.33	7.56	10.42	5.07

资料来源：US Department of Commerce，*Historical Statistics of the United States*：*Colonial Times to 1970*（Washington，DC：GPO，1976），Vol. 2。

上述数据中一个普遍的模式是对英国进口的依赖普遍减少，无论是其盟友还是竞争对手。美国、德国以及少数情况下的俄国在其他国家的进口额普遍增加。背离英国的部分原因肯定是主要经济体以外的贸易增长，因为每个国家对非洲、亚洲、中南美洲的贸易比例普遍上升。但美国、德国甚至俄国，可能已经扮演了英国的角色。英国对德国造成的贸易市场损失的抱怨可能在上述背离英国的转变中得到了验证，但这些抱怨肯定没有反映在英德双边贸易本身。相反，美国在英国的贸易地位似乎反映了对德国的不满，当时，除了少数例外，大国之间的贸易并没有出现两极分化。仅有法国和意大利之间的案例是明确的。

第七章在竞争的大背景下重新审视了这些数据，以便检验处于竞争中的国家之间的贸易在多大程度上（如有）是相互对立的。本研究考察了三种一般性贸易场景：一国从另一国的进口；一国在其他国进口市场中的地位；每个国家在作为竞争对手的第三国市场的进口地位。最后一个场景仅限于巴格达铁路问题期间对土耳其和埃及的案例研究。

注释

1. James A.Caporaso, 'Interdependence and the Coordination of Foreign and Domestic Policies in the Atlantic World', in Wolfram Hanrieder (ed.), *Economic Issues and the Atlantic Community* (New York: Praeger, 1982), p. 3.
2. Ibid., pp. 5–6.

第六章

大国之间军事力量和商业的模式

在本书讨论的这些大国的行为中，是否有任何明显的模式可以帮助我们理解第四章中这些模式的差异？军事力量和贸易在政策、行动和冲突方面是如何相互影响的？本章考察了七个国家之间一系列典型的军事和商业史实，以及其贸易行为，以便加深对第四章结果的理解。

虽然笔者认为军事力量和商业之间的相互作用与大国的扩张政策有关，但商业和军事行为的细节往往令人望而却步。第一次世界大战前大国的扩张政策反映了第三章中所述的军事力量大大小小一系列与商业相关的方面。虽然我们有充分的理由认为军事力量和商业之间存在关联，但实际上，人们可能在军事和商业行为的细节中找到造成这种差异的原因。正如上面的结果所表明的，这个故事并不那么周全。

本章首先考察了七个国家的一些经济和军事指标，以确定它们之间是否存在有助于阐明军事和商业互动性质的模式。本章还比较了每个国家的贸易地理分布和商品分布情况，以便将贸易与各国的战略及竞争相联系。

军事力量和贸易的模式

从相互依赖理论和更普遍的自由主义观点来看，贸易大国应该拥有较弱的军事力量，而拥有庞大军事力量的国家的贸易地位则较弱。我们还可能会发现，奉行重商主义政策的国家同时也是军国主义国家，因为我们预期，更激进的军事行为会与更低的贸易地位相关。自由国家则会表现出相反的模式。它们的贸易地位相对军队更高，且不会进行侵略性的军事行为。下面的经济和军事数据，以及更普遍的大国行为，都表明了相反的情况，但也有一些例外。俄国可能会出现这样一种情况：一个贸易地位相对较弱的国家拥有庞大的军事力量，但其他国家的情况往往相反。

军费开支占国民收入的百分比对这些国家来说都很低（俄国和日本的收入数据从 1885 年开始，而奥匈帝国缺乏相关数据）。如表 6.1 所示，在战争期间，这些百分比一般都超过了 5%，只有极少数例外，而且没有一个百分比超过国民收入的 6%。布尔战争、普法战争、1866 年意大利与奥地利的战争、1911 年意大利与土耳其的战争，以及美西战争，都推高了这一比例，但它们都没有超过国民收入的 6%。

表 6.1　1865—1913 年军费开支占国民收入百分比

年份	英国	法国	德国	意大利	日本	俄国	美国
1865	3.06	2.91		2.75			
1870	2.26	2.51		1.86			1.08
1875	1.79	2.44	2.88	1.91			0.76
1880	1.82	2.96	2.44	2.01			0.49
1885	2.2	3.62	2.26	2.63	1.92	3.91	0.55
1890	2.11	2.7	3.34	3	2.43	4.14	0.51
1895	2.16	3.33	2.5	3.62	1.52	4.43	0.58
1900	3.39	3.19	2.55	2.41	5.51	3.83	1.02

续表

年份	英国	法国	德国	意大利	日本	俄国	美国
1905	3.02	3.1	2.43	2.17	4.42	3.96	0.97
1910	2.62	3.12	2.76	2.68	4.72	3.76	0.89
1913	2.67	3.66	3.17	3.17	3.91	4.74	0.85

资料来源：参见附录1。

英国、法国、德国和意大利的军费占国民收入通常高于2%，但低于4%。相比之下，日本和俄国的军费往往超过国民收入的4%。在1885年之前，日本的军费很可能要低得多，但缺乏数据支撑，军费占国民收入4%以上的总体趋势始于19世纪90年代。美国的数据似乎与其他国家有很大不同。在内战期间的高军费水平过后，美国的军费占国民收入的百分比下降，直到1913年大部分时间里都低于1%（当时仅为0.85%）。由于美西战争的原因，1899年军费仅占国民收入的1.69%。

这一信息可与表5.3相比较，表5.3显示了贸易额占七个国家国民收入的百分比。贸易依赖程度和军事依赖程度之间没有一般的对应关系。如果把这些贸易和军费开支指标分解为它们的组成部分（进口、出口、陆军和海军开支占国民收入的百分比），模式不会有太大变化。每个国家的这些军事和贸易变量之间的简单相关性普遍较弱，不存在相关，甚至是中度负相关，而日本的数据是正相关的。

如果我们根据七个国家的四个变量的大小对每个变量排序，每个变量在所有七个国家之间比较，并从1到7排序，其中数字越高，其所代表的数值就越大，这样就会出现一个稍有不同的模式，但这个模式仍然不是很能说明问题。法国、意大利、日本和美国的军事和商业指标的排名是正相关的，但其他国家则不是。以美国为例，与其他变量相比，进口和出口在国民收入中所占比例普遍较低，陆军和海军军费也是如此。那么至少就水平和趋势而言，贸易和军事依赖之间没有普遍的对应关系。

英国的贸易模式使其成为拥有最高贸易依赖度的国家。此外，英国的贸易排名往往最高，陆军开支排名一般较低，而海军开支排名较高。法国和德国的贸易依赖度也相当高，但肯定低于英国。多年来，这两个国家的每一个变量都发生了较大的变化。从1895年起，意大利和日本的贸易依存度也差不多，低于法国和德国。俄国和美国数值相近，通常是最低的，但它们在军事依赖性方面不尽相同。

在此期间，除德国外，所有国家的军费开支占政府开支的百分比也相对降低(见表6.2)。除德国外，这些百分比仅在战时超过政府总支出的50%。六个国家的平均百分比也低于40%。德国和俄国是仅有的在这一时期总体百分比下降的国家。到了1913年，所有其他国家都经历了不同程度的增长。鉴于英德之间的竞争真正开始于1890年，这一点尤其令人惊讶。

表6.2　　1865—1913年军费开支占政府支出百分比

年份	英国	法国	德国	意大利	日本	俄国	美国
1865	38.6			27.2		37.64	
1870	32.04	18.99		17.28	10.44	29.27	25.65
1875	33.56	21.83	82.71	19.94	18.92	33.27	22.8
1880	30.92	22.36	75.06	21.2	19.02	30.12	19.3
1885	33.9	26.23	66.45	22.96	25.38	27.11	22.56
1890	36.09	23.77	58.45	24.37	31.28	25.43	20.94
1895	35.08	26.36	48.36	26.62	27.59	22.36	22.63
1900	48.43	27.92	40.25	21.84	45.47	22.31	36.62
1905	44.15	27.82	42.7	19.74	32.41	15.44	42.95
1910	40.15	29.58	41.85	25.05	32.52	23.02	45.13
1913	39.4	35.82	47.25	30.23	36.42	24.42	46.93

资料来源：参见附录1。

人们还不禁质疑保罗·肯尼迪“帝国过度扩张”的观点。当六个国家的总军费开支的平均值徘徊在政府总支出的四分之一到三分之一之间时，军事投入怎么能超过一个国家的支付能力呢？此外，德国的高指标似乎也反对过度扩张的观点，因为德国在战前的整个时期都在经济和军事上崛起，而不是衰落。不过，与其他六国一样，非军费开支是大多数年份的主要开支。在这六个国家的国民经济中，非军事用途的投入要比军事用途多得多。如果政府支出对经济增长有负面影响（正如大多数新古典主义增长模型所暗示的那样），那么非军费开支对国民经济的影响难道不应该比军费开支更大吗？难道我们不应只关注总支出而不是特定类别的支出吗？

将军费开支水平作为经济增长率下降的原因是值得商榷的。如果下降的理由是军费开支对储蓄和投资施加了下行压力，从而对增长产生压力，那么为什么数值更大的总支出所造成的下行压力不是问题呢？在这个框架下，宣称军费与其他类别的政府支出有所不同是武断的。假设军费在某种程度上有所不同的理由必须是预算的实际开支方面。而"衰退论"（也许是含蓄的）则将注意力集中于预算的收入方面，因为其关注的是军费开支如何超过经济体的支付能力。

实际上，多数增长模型也是如此，多数增长模型都采用总支出等于总收入的假设，以避免债务的复杂性，从而得出其结论。但这里的重点在于税收的减少是如何降低储蓄和投资，进而降低增长的。支出方面实际购买的商品基本上与此论点无关。因此，如果我们关注的是开支如何减少储蓄和投资，就没有理由区别对待军费开支和其他类别的开支。一个试图证明军费开支对经济产生负面影响的论点，必须证明政府购买军品对经济的影响不同于购买其他产品。

关于这七个国家的商品贸易平衡也有两种一般模式，英国、法国、德国、意大利和日本似乎多年来一直存在商品贸易逆差。当然，从 1851 年到 1913 年，英国每年都存在商品贸易逆差。这五个国家的一般模式是，虽然有些国家有商品贸易顺差，但是随着时间的推移，逆差的趋势会增强。而临近 1913 年时，逆差会变大。相比之下，俄国和美国的模式似乎相反。虽然每个国家都有几年有逆差，但随着时间的推移，它们的趋势是变为顺差，而且随着 1913 年的临近，顺差会变大。

应当指出的是，贸易平衡值不包括再出口和服务。然而，这些差异还是值得注意的。英国和美国的情况基本相反，但这两个国家通常被归为一类。美国在这段时期的大部分时间都存在贸易顺差。在这些关于贸易平衡的数据中，似乎没有明显的迹象表明各国在第四章所提供的模型上存在差异。

另一个值得注意的模式是贸易和军费之间的相对增长率。表 6.3 显示了两个时期的平均相对增长率(与表 5.4 非常相似)。该表计算了贸易增长率(出口＋进口)减去军费增长率(陆军＋海军)的值。这种差异在 1885 年之前和 1886—1913 年间取了平均值。1885 年是表 5.4 中相同的转折点,从 1885 年开始的一段时间通常是各国竞争最激烈的时期之一。

表 6.3　(贸易—军费开支)相对平均增长率　单位:%

	英国	法国	德国	意大利	日本	俄国	美国
截至 1885 年	−0.004	−0.33	3.25	1.99	−0.02	−0.98	14.52
1886—1913 年	−1.94	0.07	−1.63	−1.29	−5.13	−0.33	−3.73

注:英国,1852—1913 年;法国,1856—1913 年;德国,1873—1913 年;意大利,1863—1913 年;日本,1873—1913 年;俄国,1862—1913 年;美国,1867—1913 年。

这些数据表明,截至 1885 年,七国中的三个的平均贸易和军费增长率之间的差异非常小,这表明贸易增长和军费增长是同步的。在第一个时期,俄国的军费增速也比贸易增速快将近 1%。德国、意大利,尤其是美国,都表明截至 1885 年,贸易增长远远快于军费增长。

除法国和俄国外,所有国家都显示,从 1885 年到 1913 年,军费的平均增长速度都快于贸易,其中日本和美国的情况尤为突出。英国、德国和意大利也表现出军事扩张多于贸易扩张。那么,1885 年之后这段时期的负值,很可能反映了这段时期军事竞赛和扩张的加剧状态。

一国通过海上或陆地贸易的权重,本身并不是表明该国走向海权国家或陆权国家的最好指标。如表 6.4 所示,在第一次世界大战之前,即使是俄国也有大部分的贸易往来是通过海上进行的,而在这一时期,奥匈帝国可能是贸易方面最为陆地化的国家。海洋对于奥匈帝国的商业来说绝对是次要的。俄国被普遍认为是陆上大国,但俄国不仅一直拥有庞大的海军,其贸易也严重依赖海上运输。然而,陆军才是当时俄国对外政策中最为活跃的工具。有趣的是,马汉认为由于俄国压倒性的陆地导向,海上运输的改善无助于俄国的商业地位。[1] 他还认为,陆地或海洋的战略导向与商业导向是具有一致性的。

表 6.4　　部分年份海上贸易百分比

年份	奥匈帝国		法国		德国	
	进口	出口	进口	出口	进口	出口
1868	12	17.2	66.3	71.9		
1876	18.4	14.7	66.5	65.8		
1883	18.7	18.1	65.9	68.1	34.7	37
1886	23.7	20.8	67.6	69.1	35.2	38.5
1887	23	20.3	67.9	67.1	35.1	40
1889	22	18.5	69	67.6	34.9	38
1890	21.5	18.5	70.1	68.2	37.7	39.2
1895	20.7	12.8	70.3	69.4		
1900	19.8	15.6	68.1	65.8		
1905	19.6	16.9	68.4	62.3		

年份	意大利		俄国		美国	
	进口	出口	进口	出口	进口	出口
1868	68.22	55.36	67.9	79.6	100	100
1876	60.2	41.9	54.5	70.7	97.5	100
1883	57.5	48.8	57.6	71.4	93.1	93.3
1886	59.8	44.3	60	72.7	90.7	87.8
1887	58.9	44.5	62.4	74.5	88.4	92.4
1889	65	46.7	61.3	72.9	91.3	85.1
1890	66.9	45.9	61.6	72.1	91	90.7
1895	66.5	46.1	53.4	71.5	88.6	82.3
1900	66.5	50.3	66.5	70.5	86.7	85.7
1905			57	77.4	86.7	81.6

资料来源：参见附录 1。

俄国的案例说明了海洋和陆地环境是如何相互作用的。虽然俄国大部分贸易是通过海上进行的，但陆军才是其支柱。当我们考虑到俄国的大部分贸易流向西欧（详见下文的区域贸易数据）以及西欧也是俄国的主要陆上威胁，那么我们便可以得出相一致的结论。

虽然德国海上贸易额很少(1890 年以后,德国没有按运输方式区分贸易),其大部分贸易是通过陆地进行的(至少在 1890 年之前)。也许这就是为什么德国海军弱势地进入德国进口模型(尽管贸易进入德国的两种军事模型)的原因之一。奇怪的是,虽然可能是巧合,奥匈帝国和德国在贸易方面是最依赖陆地的,而且自 1879 年缔结同盟条约以来一直是盟友。除了作为邻国和贸易伙伴的相互重要性外,双方还都与周边国家大量贸易,而这些国家都可以通过陆路到达。

第一次世界大战之前,意大利的出口周期性地以陆路运输为主,但其大部分贸易是通过海上运输进行的。然而,法国的贸易呈现出一种稳定的、以海运为主的模式。最后,在这个时期,美国的贸易几乎全部都是通过海上进行的。美国的陆上贸易(指与加拿大和墨西哥的陆上贸易)一直在稳步增长。这里没有提到的两个国家(即英国和日本)都是岛国,其贸易百分之百是通过海上进行的。

我们还应该注意的是,英国和日本虽然是岛国,但其陆军是对外政策的有效工具。英国在印度有一支用于本土防御的军队和一支殖民军队。日本也有一支陆军作为在亚洲大陆扩张的主要工具。然而,英国和日本的贸易完全是通过海上进行的。

陆军的角色及向海上军力的转移

似乎陆军的作用比海军变化更大。虽然海军的作用差别很大,其所有的作用都是面向本土之外的世界。即使海军在其领海内行动,它也只关注水域中发生的事情,而非国内社会。陆军可以同时在国内和国际发挥作用。还有一种可能是,陆军在国际事务中扮演的角色,至少就其与商业的关系而言,比最初看起来要微妙得多。同样可能的是,陆军和贸易之间的联系并不像海军和贸易之间那样直接。本章所研究的国家的陆军角色的转变是否会有助于解释第四章中模型的差异？

克里米亚战争前，欧洲大陆的陆军都是长期服役的职业军队，反映了其社会的结构。这些军队的目标是成为国内警察，充当社会秩序的堡垒。但19世纪后半叶的战争表明，需要一支随时待命的军队。意大利、德国的统一战争以及俄土战争表明，不能迅速动员大量兵力作战的军队将处于不利地位。[2] 然而，长期服役的陆军保留了海外作战的用途，而短期服役的陆军无法长期派驻海外。英国维持印度军队的目的，正是为了在远距离作战中有一支可以长期服役的海外部队。俄国和法国没有殖民军队，但是法国在非洲和亚洲保留着志愿军，并拥有外籍军团。[3] 然而，从19世纪80年代到战争爆发，军队改革一直是时代主流。

虽然英国通常被认为是海上强国，但其陆军也是对外政策中的活跃工具，只不过英国对陆军的政策经历了一些变化。在19世纪后半叶，关于陆军在英国国防中的相对作用争论不断。克里米亚战争、1857年印度兵变以及第二次鸦片战争都为陆军院校提供了关于陆军作为本土防御工具的价值的论据。当时认为海军无法阻止外国军队的入侵，这一观点催生了一个学派，助长在1860年后在英国占主导地位的防御工事的基础上构筑强大的本土防御。[4] 对此争论的奇怪之处在于，英军在远离本土的地方发动的外部战争成为建立一支强大陆军的理由，而这支军队可以成为抵御敌人入侵英国的堡垒。

然而，在19世纪80年代，海军学派占了上风，特别是因为海军上将费舍尔的观点。海军学派认为，海军对海洋的控制阻止了对英国的入侵。海军思想认为，敌人在取得制海权前不会入侵英国，因此只要英国保持对海洋的控制就不会发生入侵。当时，陆军被认为是本土防御的次要工具。海军作为帝国的主要防御工具，陆军只能巩固其胜利成果。[5]

直到布尔战争前，陆军负责本土防御一直是英国的政策。英军在布尔战争中所暴露的弱点，加上战争本身是德国在欧洲野心（更不用说俄国在中亚的野心）的试探，导致1905年至1912年英国在陆军大臣霍尔丹（Haldane）领导下进行了一系列改革。改革目的就是让军队为打一场大战做好准备。[6] 英国在南非的战争让德国在欧洲获得了自由施展的空间。作为回应,德国制定了 1900 年《海军法案》,扩充了德国舰队,并为德国的世界政策增加了分量。[7] 其结果是,英国将其陆军重组为远征军,并进行了一系列改革,如设立了总参谋部。[8] 当时,英国陆军从以本土防御为主转变为专注于海外快速部署。但是,在这两种情况下,英国陆军都可以说是对外政策的工具。考虑到英国陆军军费和贸易之间紧密而明显的联系,人们还会质疑,本土防御的方向是否真的是陆军的使用方式?

以上关于英国陆军的发展表明,它是针对外部威胁的,无论具体问题是抵御入侵还是将军队派驻到遥远的海外。此外,军队的改革和由此产生的战备状态显然受到敌对国家新的威胁的影响。有趣的是,英国陆军和德国海军之前存在一种互动,而不是司空见惯的两国海军的故事,因为德国海军的扩张导致了英国陆军的改革。英国陆军对不断变化的威胁环境的反应可能是陆军和贸易之间的一个影响渠道,因为其贸易显然也容易受到这些威胁的影响(如私掠)。这可能意味着,本土防御通常与商业有关,因为陆军军费的变化和应对外部威胁的战备状态都与贸易逆差有微弱的相关性。

内战后的美国陆军也被视为一种防御工具,其国内警察的职能是次要的。[9] 这可能在模型中得到了证实,因为美国与印第安人的内部冲突没有进入美国的陆军模型。然而,在美西战争爆发之前,美国陆军缺乏在海外综合协调行动的能力。这场战争是一个转折点,即一支由于后勤和组织限制而只能在本土作战的陆军,转变为一支越来越有能力在古巴、波多黎各、菲律宾、中国和墨西哥等海外调动和部署的军队。[10]

需要注意的是,进口和滞后的出口进入美国陆军模型并呈显著负相关,陆军进入进口模型且呈负相关(战争期间是正相关),而没有进入出口模型。尽管结果是混合的,但美国陆军的案例反映出的大多是与贸易的负相关关系。虽然这种情况可能支持相互依赖的观点,但与美国海军和出口的情况形成了鲜明对比。然而,很有可能的是,当贸易扩张时,掌权者所能意识到的威胁(与使用军队相关)较少。

意大利陆军反映了一系列不同的问题。从表面上看,意大利军队自 1866

年以来有四项基本任务:抵御外敌;海外作战;建设国家,“创造意大利人”;为国家提供国内支持。[11] 这四项任务反映了一支军队的全部义务范围,但意大利陆军并没有足够的装备发挥这些职能,除了在南部执行相当残酷的国内任务。意大利在北部的陆地边界和沿海地区都很薄弱。碍于其地理位置,意大利的防务是两栖的,尽管在对外政策的优先次序上经常存在分歧。然而,陆军优先于海军,且总比海军开支大得多。虽然海军比陆军更有竞争力的观点可能是正确的,但也有人认为海军也有一些陆军的缺点。[12]

意大利铁路也处于相对落后的状态,严重阻碍了军队的部署。[13] 然而,为了弥补这一缺陷,陆军采取了在全国范围内部署防御工事的策略。意大利军队也缺乏训练,对殖民战争准备不足,且可能缺乏对海外敌人的深刻认知。[14] 这些对陆军的阻碍可能意味着它对不断变化的威胁和认知自身缺陷的反应要比其他国家慢。然而,意大利陆军确实进行了一系列改革,但最重要的改革对于第一次世界大战而言为时已晚。在 1911 年利比亚战争之前,陆军的所有部门(除了宪兵)都执行了为期两年的征兵制,征兵力度也有所增加。军营和军饷都有所改善,东北边境也加强了防御,步兵和骑兵配备了机关枪,陆军开始摩托化并使用飞机。[15] 虽然这些改革姗姗来迟,但它们可能表明,随着 1913 年的临近,相对于国内警察职能,陆军将目光更多投向对外政策。

尽管俄国一直有一支庞大的海军,但其陆上战略定位意味着其大部分军事资源都专门用于陆地防御,海军只是次要角色。俄国领导人偶尔会看到海军的潜力,但也只是偶尔而已。再加上经济、技术和地理上的限制,使得海军屈居陆军之后。[16] 陆军的重要性也反映了一个事实,即俄国在现代历史上面临的主要军事威胁来自陆上。尽管陆军在俄国的国防领域占主导地位,然而,俄国这个时期的贸易主要是通过海上进行的。俄国的大部分海上贸易都流向了西欧,而西欧也一直是俄国陆地(和海洋)威胁的主要来源。此外,俄国的陆上运输(主要是铁路)的发展也部分受到了俄国与西欧贸易的影响。早期的俄国铁路将沿河城市连接起来,并将首都与西部边境相连。此外,俄国铁路的发展也从波罗的海、黑海沿岸向内陆延伸,这有助于其向欧洲出口石油和粮食。[17]

当时,陆路运输在俄国贸易中的作用是帮助海运出口欧洲。然而,俄国海军并不是对外政策的主要工具。除了俄国大部分海上贸易的目的地也是对俄国陆上威胁的主要来源这一事实外,俄国贸易的绝对规模也相对较小。俄国国内的铁路、公路和河运根本不足以发展与其地理人口规模相对等的外贸规模。[18] 虽然人口数量本身不构成出口的生产基础,也不构成进口需求的现成来源。当时,俄国陆军是其对外政策的主要工具。正如下文所述,它也是俄国扩张和战争的主要工具。

甚至19世纪70年代的日本陆军也扮演着国内警察的角色。日本在1873年通过了《征兵令》,从那时起便实行了普遍兵役制(而不是基于阶级)。[19] 日本陆军后来也成为对外政策的主要工具。日本海军思想的一个经典观点表明,尽管日本是岛国,但海军只是在日本的扩张和征服中发挥着支持陆军的角色。也就是说日本海军在历史上一直是在岛屿间狭窄海域进行防卫和军事运输的手段。其职能大多是为了满足陆军的需要。[20] 因此,日本海军的思想似乎与英国的传统思想相反,英国认为海军是主要的防御工具,并且由规模相对较小的陆军提供支持。相比之下,日本海军被用来支持陆军的战略布局,在第一次世界大战之前,这些战略部署都靠近日本本土。[21] 日本海军在塑造日本帝国的扩张方面也没有陆军来得重要。[22]

在本研究中,各国的海军都是以对外关系为导向的,然而各国的陆军却各不相同。意大利和日本陆军发挥着国内警察的职能,这可能影响了他们作为对外工具的效果,至少直到战争前最后几年。其他国家的陆军似乎主要发挥对外职能,而美国陆军是最不活跃的。

我们也不能简单地将陆地或海洋之间的战略取向与跨两种环境的贸易流动相比较。在环境导向方面,贸易和军事力量方面存在更为复杂的互动。如前所述,俄国的海上贸易主要流向了其陆上威胁的主要源头。此外,俄国陆军在远东的行动还受到英军掣肘。虽然日本所有的贸易都是通过海路进行的,但也只是因为日本是一个岛国,日本陆军才被视为对外政策的主要工具。简而言之,海陆之间的军事和商业力量的相互作用要比传统的海权、陆权之分要复杂得多。

此外，陆军的防御作用可能要比我们通常认为的对外政策更为敏感和灵活。传统观点认为，海军是一种更为灵活的工具，因为其可以相对轻松地部署和撤离，而使用陆军则意味着政治承诺和一定程度的不灵活(见第一章)。陆军和贸易之间的强烈的联系使笔者相信，陆军作为本土防御工具对外部环境具有高度敏感性，且外部环境可以通过一国的贸易或与贸易相互作用并强调贸易脆弱性的外部威胁影响陆军的行为选择。

还有一种可能是，陆军通常比海军更倾向于保护主义，甚至是重商主义，尽管这种可能性还有待商榷。在第四章中，大部分陆军和贸易之间的联系都支持军费和贸易之间正相关，而海军模型的结果则较为复杂。如果假设本土防御计划受到贸易依赖的脆弱性影响，那么我们可以预期陆军会倾向于采取保护主义措施降低这种脆弱性。陆军可能更喜欢国内生产的军品，而非从国外采购，并且可能会因外部依赖的增加而主张增加国防需求。

主要注意到，*CUST* 进入每一种陆军模型并呈正相关，除了德国(*CUST* 未能进入意大利陆军模型)。如果 *CUST* 因冲突或重要历史日期而发生变化，它会变得正相关(对德国而言)或保持正相关(对日本而言)，且只有在俄国模型中呈负相关。*CUST* 进入三个海军模型并都呈正相关，但同时未能进入两个海军模型。在海军模型中 *CUST* 还有两个显著的变化。*CUST* 进入法国海军模型并呈负相关，并且在 1872 年后仍然负相关(尽管更为平缓)。然而 *CUST* 进入德国海军模型呈负相关，但从 1890 年开始转为正相关。

随着贸易扩张和相互竞争，除法国之外，所有国家都将注意力转移到了海军力量。表 6.5 显示，在这一时期，特别是战前的十年，海军军费比例总体上都在上升。诚然，海军竞争并非真正的多米诺骨牌效应，正如一位作者所言，法国造船仅仅是因为意大利造了船，而意大利的动机是奥匈帝国造了船或是俄国造了船，如此之类。[23]

表 6.5　　1865—1913 年海军军费占军费开支比例　　单位：%

年份	英国	法国	德国	意大利	日本	俄国	美国
1865	42.08	32.75		24		15.07	
1870	43.72	32.52		13.43		13.86	27.42
1875	42.86	24.27	11.88	17.1	26.89	14.74	34.33
1880	40.48	25.75	9.7	17.07	28.39	14.01	26.2
1885	38	34.02	12.29	24.29	34.36	18.4	27.29
1890	46.79	25.77	9.07	26.8	39.54	17.84	33.04
1895	49.44	29.62	12.92	22.09	57.44	19.25	35.72
1900	37.36	35.65	19.6	31.43	43.78	26.71	29.34
1905	55.76	30.65	26.09	29.61	67.82	30.87	48.25
1910	56.83	28.45	34.32	36	45.28	23.3	39.35
1913	61.24	30.47	28.86	31.82	49.71	42.17	39.73

资料来源：参见附录 1。

当然，海军扩张涉及各种各样的国内和国际因素，但人们无法真正将各国的贸易扩张与海军竞争（以及陆军竞争）分开，因为它们是真正联系在一起的。然而，由于规模、能力、经济环境甚至海军观念的不同，七个国家的海军在商业和竞争方面所扮演的具体角色也不同。[24]

当以国民收入的百分比衡量时，海军力量的动向并不一定显示在军事数据中。德国、日本和美国海军的模型在截距时间虚拟变量上包含负号，每个都表示一个时间点后可能发生变化。然而，这些数据是以百分比计算的。如果我们考察陆军和海军开支在国民收入中所占的比例，那么除了德国以外，其他各国的陆军和海军的依赖程度都呈正相关。陆军和海军的军费水平占国民收入的比例都产生了正相关，并显示出向上的散点图（在战争时期有一些异常值）。相关系数从法国的 0.305 到英国的 0.601 不等，其余介于两者之间。然而，德国是一个特殊的案例，其相关系数为－0.558。德国的数据产生了向下的散点图，且似乎没有异常值。

虽然六国的数据水平表明，陆军和海军的依赖同时增加，但德国的情况却显示出明显的相反趋势。从数据来看,似乎对军费开支的依赖性在 1890 年左右开始出现明显的下降趋势之前,没有总体趋势的波动。1913 年是个例外,在这里军队的依赖性大大增加。海军相关数据显示,在 1890 年前后是较为平滑的线条,此后则有明显的上升趋势。

上述军事和贸易的数据表明了几点。首先,军事力量和商业之间的关系跨越了大国和小国的分组(按贸易和军费开支排序)。在第四章的模型中,各国之间似乎没有明显的差异。同样明显的是,那些拥有最强军事力量的国家贸易额也最大,除了俄国。俄国的军队非常庞大,但贸易额并不大。商业和军事方向并不是相互排斥的,就百分比数字而言,似乎两者之间的关系更加密切。然而这并不能帮助我们解释模型中的负号,即百分比变化。也许像罗斯克兰斯提出的那样,军事导向相对于商业导向的一般性论点,在这里并不明显。

我们也可以认为陆军的角色要比最初设想的更为复杂。海军的角色很大程度上取决于外部关系,尽管这些外部角色的性质肯定有很大的不同。正如俄国和日本的案例所表明的那样,无论是军事力量还是贸易,海洋导向和陆地导向没有明显的区别。因此,按运输方式划分的贸易与各军事部门之间的军费平衡没有对应关系。这进一步表明,陆权和海权的分类过于简单,各国在关系中确实表现出不同程度的两种取向。

贸易、战略和贸易的地理分布

从表 6.6 到表 6.12 可以明显看出,这七个国家的贸易地理分布有几种模式。西欧是世界贸易最发达的地区。虽然英国本土地处西欧,但在这个时期,它没有为英国提供大部分贸易额(尽管它可能曾经提供过)。此外,英国殖民地提供了大量的贸易。相比之下,法国的殖民贸易在整个法国贸易中只占很小一部分。德国和意大利的殖民贸易并没有与其他地区区别开来,因为这只是其总贸易额的一小部分。虽然英国在 19 世纪 80 年代开始在贸易中推行殖民地优惠制度,但人们仍然可以认为英国只是适度依赖殖民地贸易,而其他国家则并非如此。然而,英国和法国与殖民地的贸易比例都在逐渐增加。

表 6.6　　1860—1913 年英国区域贸易占比　　单位:%

年份	西欧	东欧	非洲	亚洲	北美洲	中南美洲	殖民地
1860	34.6	8.5	4.39	5.03	18.04	6.55	23.19
1865	37.54	7.5	6.33	5.29	9.54	8.85	25.24
1870	36.93	8.48	4.89	3.97	14.82	8.53	21.96
1875	38.81	7.13	2.83	4.29	14.44	7.45	24.57
1880	35.61	5.84	2.55	4.31	20.79	5.61	24.95
1885	36.1	6.08	2.83	3.82	18.3	5.34	26.44
1890	36.19	6.78	2.45	3.21	19.18	6.47	25.46
1895	37.5	7.13	2.52	3.06	18.59	6.63	24.43
1900	37.3	5.9	2.95	3.25	20.07	6.21	24.11
1905	34.82	6.63	3.28	3.88	16.74	8.45	25.76
1910	33.38	6.95	3.67	2.91	15.01	10.06	27.04
1913	33.67	6.12	3.14	4.32	14.33	9.58	28.53

资料来源:Central Statistical Office, Annual Abstract of Statistics (London: HMSO), various years。

表 6.7　　1861—1905 年俄国区域贸易占比　　单位:%

年份	西欧	东欧	亚洲	非洲	北美洲	中南美洲
1861	81.08	5.88	9.78	0	2.03	1.07
1865	83.01	6.68	8.83	0	0.67	0.12
1870	94.8	3.57	0	0	0.75	0.05
1875	90.9	3.37	0	0	0.93	2.28
1880	91.17	4.28	0	0	0.98	1.54
1885	89.34	3.47	0	1.84	2.81	0.04
1890	85.47	2.69	1.41	1.36	5.49	0.15
1895	83.69	2.62	6.65	1.39	2.59	0.06
1900	83.96	2.02	7.65	1.58	3.54	0.02
1905	83.18	2.01	8.82	0.68	2.59	0.05

资料来源:*Statistical Tables for Principal and Other Foreign Countries*, House of Commons Sessional Papers (London: HMSO), various years。

表 6.8　　**1880—1913 年德国区域贸易占比**　　单位：%

年份	西欧	东欧	非洲	亚洲	北美洲	中南美洲	大洋洲
1880	79.86	9.94	0.37	1.57	6.65	1.28	0.16
1885	82.16	9.07	0.34	1.18	5.05	1.9	0.3
1890	65.18	11.52	0.6	3.37	10.9	6.47	0.94
1895	56.18	12.11	1.15	5.04	11.69	8.42	1.78
1900	58.4	11.04	2.04	5.57	13.78	7.5	1.62
1905	54.61	13.26	2.64	6.21	11.89	9.6	1.64
1910	51.91	14.04	3.65	7.07	11.38	9.62	2.22
1913	51.76	13.25	3.39	7.65	12.22	9.55	2.07

资料来源：Germany，Kaiserlichen Statistischen Amt，*Statistisches Jahrbuch fürdas Deutsche Reich* (Berlin：Puttkammer and Muhlbrecht)，various years。

表 6.9　　**1866—1913 年美国区域贸易占比**　　单位：%

年份	欧洲	美洲	亚洲	非洲	大洋洲
1866	74.01	24.06	3.18	0.57	1.25
1870	68.13	25.41	4.49	0.55	0.77
1875	63.79	25.09	5.09	0.52	0.86
1880	67.53	18.9	5.33	0.56	0.87
1885	65.34	20.43	5.84	0.5	1.85
1890	65.44	21.41	5.83	0.46	1.9
1895	59.18	22.75	5.96	0.7	1.52
1900	60.97	18.57	8.81	1.24	2.88
1905	54.63	24.34	10.84	1.05	1.4
1910	54.47	27.55	8.08	1.01	1.51
1913	52.27	29.59	9.65	1.21	1.56

资料来源：US Department of Commerce，*Historical Statistics of the United States：Colonial Times to 1970* (Washington，DC：GPO，1976)，Vol. 2。

表 6.10 **1870—1913 年法国区域贸易占比** 单位:%

年份	西欧	东欧	非洲	亚洲	北美洲	中南美洲	大洋洲	殖民地
1870	59.71	7.29	2.08	3.48	9.26	10.51		
1875	66.74	5.96	2.38	3.78	6.13	9.34	0.06	5.59
1880	60.46	6.46	2.17	3.93	12.51	8.27	0.34	5.46
1885	63.82	5.65	1.76	5.01	7.39	9.11	0.31	7.39
1890	60.25	5.71	2.14	5.22	7.89	10.67	0.49	8.050
1895	57.12	5.43	1.3	5.98	8.06	9.87	1.07	10.38
1900	59.04	5.25	1.45	5.44	8.82	8.32	1.16	10.25
1905	57.87	6.17	1.84	5.83	8.31	8.47	1.18	10.43
1910	54.27	5.26	1.97	6.6	8.26	8.63	1.8	12.41
1913	54.68	5.41	2.33	6.19	8.91	8.74	1.96	11.06

资料来源:*Annuaire Statistique de la France* (Paris:Institut National de la Statistique et des Etudes Economiques), various years。

表 6.11 **1865—1913 年意大利区域贸易占比** 单位:%

年份	西欧	东欧	亚洲	非洲	北美洲	中南美洲	大洋洲
1865	81.75	9.69	0.03	2	0.77	4.18	0
1870	81.88	7.71	0.06	1.17	4.47	3.55	0
1875	85.78	5.1	0	1.57	3.2	4.34	0
1880	79.79	6.36	3.32	2.11	5.53	2.89	0
1885	80.55	6.35	4.25	2.48	4.36	1.99	0.01
1890	73.74	7.77	5.95	1.9	6.84	3.71	0.07
1895	70.76	7.48	4.85	1.93	10.03	4.75	0.2
1900	67.91	7.38	5.87	2.34	11.54	5.53	0.22
1905	68.28	9.23	6.87	2.74	12.55	6.52	0.21
1910	58.56	10.03	7.59	3.1	11.98	7.87	0.52
1913	55.54	7.9	7.5	4.21	13.01	9.18	0.74

资料来源:*Annuario Statistico Italiano*(Rome:ISTAT), various years。

表 6.12 **1881—1913 年日本区域贸易占比** 单位:%

年份	西欧	东欧	亚洲	非洲	北美洲	中南美洲	大洋洲
1881	51.84	0.11	21.31	0	20.95	0	0.23
1885	41.51	0.47	27.81	0	27.03	0	0.53
1890	39.63	0.86	32.33	0	20.03	0	0.82
1895	39.32	0.07	33.64	0	24.76	0	0.87
1900	34.22	2.13	37.6	0.36	24.38	0.01	1.01
1905	28.96	0.68	42.76	0	25.54	0	1.25
1910	29.29	0.23	44.69	0.54	22.49	0.27	1.53
1913	26.61	0.38	45.82	0.66	23.42	0.37	1.73

资料来源:*Statistical Tables for Principal and Other Foreign Countries*, House of Commons Sessional Papers (London: HMSO), various years; and Japan, Imperial Cabinet, *Résumé Statistique de l'Empire du Japon* (Tokyo: Bureau of General Statistics), various years。

另一个明显的模式是,大多数国家在这一时期之初都以西欧为区域贸易导向,随着时间的推移,逐渐演变成日益全球化的贸易模式。当然,英国的贸易模式在这个时期之初就已经是全球性的了,相当大一部分贸易流向了其他地区。早在 18 世纪,英国的贸易全球化趋势就出现了,其表现为从西欧向其他大陆转移。[25] 然而,大约从 19 世纪 50 年代中期开始,英国贸易的地理格局保持了相对稳定。

俄国在这个方面可能是个例外,因为尽管它在这一时期之初也以区域贸易为导向,但俄国的贸易模式在整个时期仍然以西欧为主。然而,必须指出的是,俄国的区域贸易(见表 6.7)略有错误。与其他国家的表格一样,俄国贸易表中的“其他”类别,即贸易额较小也没有按国家区分,被排除在百分比之外。然而,这一遗漏至多意味着非洲、亚洲和中南美洲的百分比不可能为 0,尽管它们肯定远低于 1%。然而,俄国对西欧、东欧和北美的贸易比例肯定是准确的。令人惊讶的是,俄国与东欧的贸易实际上在整个时期下降了几个百分点,这可能与俄国同德国、奥匈帝国的竞争有关。

日本也反映出一些例外,这一时期之初,日本的贸易高度集中在西欧,然而随着时间的推移,日本的贸易更多地转移到北美和亚洲。把日本贸易分布的变化看作全球化贸易模式并不准确,因为日本仍然保留了与西欧相当大的贸易额,其与北美的贸易实际上有所增加。但是,把这里的变化看作日本贸易从一个地区模式向另一个地区模式的调整,从遥远的西欧地区向亚洲本地的转变,可能更为准确。到 1913 年,日本与亚洲的贸易占了多数。还必须指出的是,日本地区贸易表(见表 6.12)也有一些不准确之处。在不同时期,日本贸易表中的"其他"类别数值会相当大。显然,在日本的贸易分布中,非洲、中南美洲的比例略高。但这里的主要区域是准确的。

在此期间,美国与欧洲的贸易占比也大幅下降,但从未低于贸易总额的 50%。美国贸易的总体趋势是向西半球、亚洲和非洲转移。虽然美国的贸易也反映出全球化的趋势,但美国也显示出对西半球的大量区域的关注。

其余国家都看到了贸易的全球化。尽管它们仍然严重依赖西欧,对其他地区贸易的增长并不意味着任何其他地区能够成为引人注目的焦点。这和上面的其他问题是一致的,这些国家继续把关注的重点放在西欧,这意味着对这些地区的持续依赖,而日本和美国在贸易中则越来越重视当地。

德国和意大利的区域贸易分布也发生了从西欧向其他地区的戏剧性转移,德国的贸易要比意大利更加全球化。然而,无论是德国还是意大利,在战前都不会减少与西欧的贸易。法国的贸易模式也发生了变化,但它从西欧的转移不如德国和意大利那样迅猛,因为其早已在欧洲以外有大量的贸易对象。法国的主要利润来自其殖民地,但即使是殖民地贸易也只占法国贸易总额中相对较小的一部分。

显然,东欧在所有国家的贸易总额中所占的比例相对较小(美国未显示)。包括俄国在内的大多数国家与东欧的贸易实际上成比例下降。意大利与东欧的贸易在整个时期内显著增加。

贸易的地理分布表明了几点。首先,这些国家绝大部分贸易的地点也是威胁和军事对抗的源头。贸易伙伴之间发生了冲突和竞争。那些将大国竞相寻求殖民地以获得原材料和市场的观点夸大了欧洲和北美以外地区贸易的重要性。的确,在偏远地区发生了竞争,这很可能对这些地区的贸易产生影响。但在许多情况下,这些贸易本身的价值相当小。正如第七章所讨论的,相对于贸易价值而言,存在竞争关系的大国将对偏远地区的贸易作为一种国家战略似乎更为重要。区域贸易的分布情况很好地说明了对大国具有战略意义的地区,也展示了其扩张性的行为和冲突的形式。

如前所述,英国的贸易扩张早于其他国家。英国的经济和军事扩张被形容为在真空中发展,因为在主要国家中几乎没有受到阻力。[26] 随着殖民统治的开展和贸易的增长,英国的"领土"从 1800 年的 150 万平方英里增长到 1900 年的 3.9 亿平方英里。[27] 贸易是扩张的一个明显诱因,但军事扩张也随之而来。对英国的贸易来说,领土扩张可能有几个目的。除了英国适度依赖的殖民地贸易之外,扩张还为英国提供了许多联络,海军可以利用这些联络点为其航运和贸易建立一个更广泛的防御网。具有讽刺意味的是,在自由贸易时期,英国贸易与海军力量之间的联系最为密切。重商主义者可能把英国殖民地看作英国自给自足的一种手段[28],但英国大体上允许与殖民地自由贸易。当然讽刺的是,殖民地是通过武力获取的,然后被纳入自由贸易安排——一种自由主义和重商主义的奇怪组合。

此外,英国需要一支充满活力的商业海军,但是在 1850 年又废除了《航海条例》,这意味着船只不再必须由英国制造(尽管仍然是英国所有并驾驶)。殖民地认为旧的《航海条例》阻碍了它们的贸易。然而,英国航运业并没有在新法出台后失去霸主地位,部分原因是铁船运输方面,英国已经走在了前面。[29] 然而,如果英国商船受到严密的保护,那么为什么商船吨位进入英国海军模型且呈负相关,并且具有边界显著性呢?如果英国海军保护了英国贸易,英国商船也进行了这种贸易,那么商船吨位应该进入海军模型并呈显著正相关。如第四章所述,这一结果背后可能有一个政策原因。更有可能的情况是,其他国家的商船也承担着英国贸易的运输任务,如表 6.6 所示,英国的贸易在地理上与其他国家相比更为分散(法国其次)。如果这是真的,那么英国贸易的变化与英国商船吨位的变化没有很好的联系,英国贸易模型中缺乏商船吨位印证了这一点。

为英国贸易提供支持的战略是在英国贸易的物流过程中获取基地、供煤站和其他接入点之一。总的来说,海军的目标是为商业提供广泛的防御功能。[30] 贸易路线、海峡、运河和殖民地都需要保护。到19世纪末,仅英国就有至少40个供煤站,其中大约8个分布在西半球,其余分布在地中海、印度洋和太平洋地区。[31]

随着庞大的海军防御网的建立,商业条约方面的政策也日趋宽松。英国政府在自由主义时期签订了三种类型的商业条约:与欧洲国家的互惠条约;与土耳其、日本和中国等国签订的开放条约;与南美洲和中美洲等国签订的纯自由贸易条约。[32] 直到19世纪80年代,政府支持自由和公平贸易,不愿意代表英国公司进行政治干预。政府仅在捍卫自由贸易和签订商业条约上发挥作用。人们普遍不赞成使用武力,因为"使用刺刀打开市场"是不道德的。[33]

这是关于英国海军传统观点的简要总结,但没有得到第四章结论的证实。总结表明,进口与出口都与海军军费呈正相关。事实上,结果是混合性的,二者与英国陆军的正相关性似乎更加牢靠。然而,在尝试解决这个问题之前,笔者将在下面详细论述这个问题。在笔者讨论了其他国家数据中的细节之前,也会尽量避免讨论类似的不一致之处。

然而,尽管有上述引用,在面对规模小于列强海军的势力时,英国的军事行动也被强制用于建立安全的贸易环境和惩罚针对它们的反抗行动。而贸易是英国早期向印度扩张的主要动机,[34] 例如,东印度公司与当地的王公们签订了一系列的条约,并吞并了一些诸侯国,军事力量也紧随其后。在1857年印度大起义之前,该公司已经组建了三支军队。[35] 随着时间的推移,英国在印度的军事政策逐渐转变为其帝国政策的工具。起初,保护印度本身就是问题所在,这导致联盟、缓冲区、保护国以及遍及全国的铁路网的发展。后来,印度自身成为一个更大的海军基础设施的中心,这使得英国得以统治印度洋。[36]

然而,为了在印度洋取得霸主地位,首先必须确保印度本土的安全。如果有人在第一次世界大战前看一看印度的铁路地图,就会注意到铁路线在印度大部分地区的分布是相对均匀的,而且一条密集的铁路线几乎横跨整个北部边境，从西北部的俾路支省一直穿过印度北部延伸到中国西藏的南部。此外，英国铁路从北部边境进入俾路支省、阿富汗和其他邻国，英国从此与印度北部国家进行稳定的边境贸易。当然，边境活动也伴随着军事活动。从 1840 年到 1900 年，英国在印度境内或境外进行了至少 110 次远征和军事行动。借口一个村庄拒绝交税（英国在那里筹集资金来支付各种政府开支）、土著攻击英国领土内的公民，土著团体的偷窃、抢劫及许多其他行为等，英国人向北不断进行小规模的冲突。[37]

虽然英国在印度的占领和殖民行为允许商业不受限制地流动，但英国在印度的军事活动与贸易之间所隐含的正向联系可能并没有上述描述所暗示的那样直接。也可能是导致该地区军事扩张的冲突破坏或中断了贸易，只有在找到解决办法之后，贸易才得以恢复和增长。

随着本研究中其他国家开始工业化并追求其贸易利益，英国军事的相关商业方面也获得了更大的发展。贸易上的竞争变成了其他新兴大国之间的军事竞争，并且相互促进。有时，军事竞争也会导致贸易竞争。19 世纪与英国在印度的活动有关的长期冲突之一是英俄之间的对抗。这场冲突由来已久，可能一直持续到 1907 年的《英俄协定》。俄国在中亚的扩张可以追溯到 1860 年，在许多方面都反映了英国在边境另一端的扩张。19 世纪 60 年代中期，俄国吞并了中亚的几个汗国，并于 1873 年在希瓦和布哈拉建立了保护国。俄国寻求的是易守难攻的边界。[38] 但与英国的竞争也是俄国扩张的一个因素。

俄国和英国在印度、阿富汗、波斯周边地区边境的竞争性铁路扩张是冲突的中心主题。俄国铁路在该地区的发展始于 1876 年，是年该地区最后一个独立国家科坎德汗国垮台。这条横贯里海的铁路线始建于 1881 年，目的是为了配合对当地部落的军事行动，但后来延伸到了塔什干。然而，这条铁路线对商业的支持非常有限，也没有提供一条直达俄国欧洲版图的通道。[39] 到 19 世纪 80 年代中期，俄国在亚洲的铁路发展被英国视为一种威胁。寇松（Curzon）勋爵沿着里海旅行时说，俄国在该地区的活动不再像是对当地威胁的回应，而是具有了威胁英国和亚洲的帝国主义特征。[40]

英国确实有高估俄国在东部和南部行动的倾向。从拿破仑战争结束以来，英国便不时抱怨俄国对印度的威胁。事实上，俄国通过绵长的边境线和山口入侵的后勤需求非常巨大。[41] 当然，高估俄国的战略潜力也是大多数地缘政治作家的工作。其从来没有达到哈尔福德·麦金德预言的程度。有人认为，直到19世纪末，俄国在铁路建设方面才真正取得重大进展。[42]

俄国新建铁路的数量并未印证这一观点。如果从1859年到1913年的每一年都观察俄国的相关数据，其波动清楚地表明，不同数量的新铁路建设贯穿始终，有两个时期显著增长。第一个时期是1868年到1878年间，在这一时期，新建铁路的增长比前后几年要高得多。这一时期的最高点是1871年，共新建了2 910公里。第二个时期是1893年到1902年，反映了更多数量的新建铁路，峰值为1899年，新建5 428公里。1903—1913年间，新建铁路的里程总体上大幅减少。[43]

然而，尽管早期铁路发展迅猛，俄国威胁印度的能力仍然被高估了。此外，俄国与亚洲边境的贸易从未在俄国贸易中占主导地位。的确，在关税优惠和政府补贴的帮扶下，俄国与波斯的贸易在19世纪80年代开始增长，这或许表明波斯正倒向俄国势力。[44] 俄国铁路也影响了该地区的贸易，因为其扩张为贸易开辟了新的地理单元。有时俄国发展铁路的目标是贸易，如向西方出口粮食；有时是军事和战略目的，如加强帝国与英国的竞争。[45]

不幸的是，俄国的统计只提供了1858年至1867年间与中亚的具体贸易信息。该统计显示了与科吉夫大草原(Kergive Steppes)、希瓦、布哈拉、塔什干、阿富汗的贸易，但在1867年后就停止了。然而，俄国与中亚的贸易规模普遍较小。1867年是1858年至1867年间与中亚贸易额最高的一年，俄国与该地区的贸易总额(进口+出口)仅为2 948万卢布，而与英国的贸易总额为18 297万卢布，这使得当年与中亚的贸易仅占俄国与英国贸易的16%。尽管与俄国同西方的贸易相比，这种贸易规模相当小，但它很可能与俄国的铁路和军队发展同步，因为它与英俄竞争交织在一起，但我们无从查证。

尽管英国夸大其词，但俄国与英国之间的冲突却是真实的。俄国的铁路发展被视为对英国利益的损害。特别是，俄国计划修建一条横贯波斯的铁路线，这会使其过于接近印度，但英国人无法阻止这一计划。从奥伦堡（Orengurg）到塔什干的铁路于1905年完工，英国认为这对阿富汗构成了威胁。俄国还建造了接近印度—波斯走廊的铁路。阿塞拜疆的朱尔法（Julfa）铁路于1907年铺设，后来于1916年连接大不里士（Tabriz）。其中一条于1900年在主要支线终点库什卡（Kushka）要塞铺设，在梅尔夫（Merv）与跨里海线连接。俄国在阿富汗边境修建了一个铁路枢纽（1916年完工），1905年与横贯里海的安道伦堡—塔什干铁路相连。[46]

英国以铁路扩张对此进行了回击，但英国在亚洲的铁路里程一开始就远远超过俄国。19世纪80年代末，英国和俄国之间的竞争导致了一系列的边界协议。1885年帕米尔边界委员会（Pamirs Boundary Commission）成立后，英国承认俄国在中亚的吞并，随后在1887年至1889年间达成了几项协议。但直到1907年英俄达成协定，两国之间的竞争才得以完全解决。[47] 阿富汗缓冲地带的出现是英俄两国在阿富汗问题上一系列博弈的结果。早在1873年，英俄就达成协议，承认阿富汗为中立地区。然而，随着1878年俄国军队在阿富汗边境驻扎，以及开伯尔山口的英军遭到当地人袭击，第二次英阿战争开始了。由此产生的《甘达马克条约》（1879年），为英国统治阿富汗的对外政策开辟了道路。从1880年起，阿富汗就开始扮演缓冲国的角色。1884年的另一场危机导致上述边界委员会的成立，并承认阿富汗属于英国的势力范围。[48]

当然，1907年的《英俄协定》解决了两国之间在亚洲的竞争。该协定也为俄国和日本（1902年以来就一直是英国的盟友）提供了一个解决分歧的机会，从而避免两国之间的另一场战争。[49] 该协定将波斯划分为英国和俄国的势力范围，双方都承认中国对西藏的控制权，俄国承认阿富汗为英国的势力范围，英国同意不干涉阿富汗内政。[50] 从更长远的角度看，该协定为英国提供了削弱敌对国家的机会，从而使得英国可以更加专注于德国问题。[51]

当然，在战前的几年里，俄国与整个亚洲的贸易增长到了中等规模。如前所述，俄国表格中的缺陷意味着亚洲在俄国贸易中的作用将略高于此处所示。

西欧是俄国主要的贸易区，但至少在一些年份里，亚洲是第二大贸易区。

德国的军事和贸易扩张远比俄国要活跃，并给英国带来了更大的地缘政治问题。德国的贸易扩张实际上并不是从1871年德国战胜法国开始的，而是一直相对和缓，直到19世纪80年代中期(见下文)。然而，如前所述，德国的贸易扩张是针对西欧以外的世界其他地区的。

基于保护德国贸易的缘由，德国的海军政策最初是合理的。德国海军政策的开端可能是1865年的《普鲁士海军法案》，该法案主张有必要保护德国海岸和贸易不受他国侵犯。[52] 然而，普法战争打击了德国海军的野心，因为事实证明，陆军是战争的主要工具，而海军则无关紧要。[53] 然而，德国在没有强大海军的情况下继续进行贸易和殖民扩张，这导致政策的转变。1884年，德国在海外获得了许多新领土，包括西南非洲、多哥、喀麦隆、马绍尔群岛等。德国在1885年也向东非部分地区挺进。领土扩张和贸易增长让德国有理由宣称，它需要一支强大的海军，以便与德国在世界上的地位相匹配。[54] 德国的殖民地(以英国的标准来看很小)不仅是一个潜在的弱点，而且德国的贸易和航运也需要提防敌人的袭击。德国与英国的竞争真正开始于1890年，从1898年到第二次世界大战这段时期是最具侵略性的时期，德国海军得到了跳跃式的发展。

德国人对私掠战术并不感冒，正如第一章所述，私掠是二流海军的战术，其战略重点是摧毁敌人的商业活动。商业摧毁的定位非常适合二流海军。德国的海外基地很少，英国的贸易路线也远离德国海岸，这意味着德国对私掠战术并不买账。[55] 提尔皮茨后来认为，如果没有巨舰，商业保护本身就不会很有效，因为即使是参与商业保护和海防的船只也需要保护。[56] 笔者不想讲述这一时期伴随德国海军政策而来的一系列事件和海军法案。相反，笔者将把这里的讨论局限于德国与英国竞争的地缘政治因素，并展示这种竞争是如何与贸易扩张联系在一起的。

直到19世纪末，英德之间的军事竞争才真正全面展开。在19世纪80年代，德国将英国视为潜在的盟友，甚至鼓励英国和意大利之间的合作，因为当时法国是德国的主要对手。[57] 但随着英国成为德国扩张目标的主要绊脚石，德国海军战略转向英国。德国起初奉行由提尔皮茨提出的风险战略。风险战略的目的是使德国海军强大到足以抗衡该地区最强大的海军(英国),以维护本国利益。德国海军对英国的霸权地位构成了真正的威胁。德国海军的力量不足以击败英国海军,但却足以让英国"伤敌一千,自损八百"。[58] 英国海军控制了北海和英吉利海峡,这实际上意味着德国通往世界的通道已经被英国控制。英国人从未真正试图阻止德国进入世界其他地区,但德国人认为他们被封锁了,被剥夺了与其经济和对外相称的世界地位。[59]

只要英国在世界上的其他竞争对手仍然对其持敌对态度,风险战略就会奏效,从而防止英国舰队在本国水域集中过多兵力。但是法俄同盟(1894 年)、英日同盟(1902 年)、《英法协约》(1904 年)、《英俄协定》(1907 年)、1905 年日本摧毁俄国太平洋舰队,以及美国对英国的友好态度破坏了这一风险战略。[60] 随着时间的推移,英国将大部分主要国家从潜在敌对名单中剔除,使德国被鼓励。意大利在地中海也毫无作为。风险战略的基础是分散英国舰队,使其没有足够兵力在本土水域对抗德国海军。[61] 不幸的是,法国和意大利的关系也在改善,这意味着意大利舰队甚至不会在地中海地区对抗法国舰队。[62]

此外,德国陆军需要扩大。自普法战争以来,德国陆军开支一直与法国陆军开支呈正相关,但德国陆军也把注意力转向了俄国。在 1885 年之前,德法两国的陆军军费联系更为密切。德国在 1890 年之前的陆军开支也普遍高于之后。德国陆军也开始扩充以应对俄国,特别是在战前的几年。[63] 虽然德国和俄国的军费开支在 1890 年之后存在联系,但在战前的十年,这种联系总体来说是最强的(尤其在俄国军费开支滞后的时候)。德国被认为是一个传统的陆地强国[64],但德国的安全要求似乎在两个方向上都有所延伸,1890 年后,海洋利益的拉动可能成为主要焦点。

英国人当然承认其经济受到来自美国的积极竞争,但两国在军事方面也存在竞争。甚至可以说,英国必须决定哪个国家(德国或美国)对英国的利益构成更大的潜在威胁。英国不可能对所有国家都保持两强标准,尤其当美国也是潜在对手的情况下。[65] 如果考察一下军费水平,就海军军费而言,美国通常是英国最有竞争力的对手。然而，随着战争前最后十年的临近，其他国家的海军军费也开始增长，这意味着英国无法维持两强标准对抗所有国家。当然，不仅仅是美国，所有的大国都在改变英国的相对地位。自19世纪晚期以来，正如一位学者所言，英国的海权已经从无限优势降至三强、两强甚至如今(1928年)的一强标准。[66] 为什么英国不决定与德国建立同盟，同时保持对美国的竞争态势呢？为什么要接受美国海军做大并对抗德国而不是相反呢？这是一个相当合理的问题，因为美国在侵略性竞争和扩张野心方面与德国完全不同。

在没有依靠任何所谓的文化同情来回答上述问题的情况下，从地缘政治的角度来看，英国选择美国而不是德国是相当合理的。由于地理位置的原因，德国海军对英国威胁更大。在北海的德国人需要通过海峡才能到达大西洋。当时美国海军主要集中于西半球，除了在亚洲有一个小型中队。英国人意识到为了更有效地集中精力对付德国人，他们必须把西半球让给美国，并将其从潜在敌对国家中删除。[67] 因此，英国在19世纪末通过在诸如巴拿马运河问题和阿拉斯加边界问题等的让步安抚美国。[68]

美西战争标志着美国进入列强行列。虽然美国对亚洲的贸易一直相当庞大，但战后美国对亚洲贸易的比例开始增长。然而，值得注意的是，美西战争似乎并没有增加美国对亚洲的进口或出口依赖，正如两个贸易模型中缺乏虚拟变量 $D1898$ 所表明的那样。

美国确实非常有意识地增加了海军伴随着贸易进入世界各地的机会，这也许是美国出口最真实的情况。早在马汉之前，美国海军军官就主张将美国的出口扩大到世界上尽可能多的地方，以此作为国家战略的功能。这些地区的相对战略意义与市场准入是否受美国控制有关。[69] 出口和海军军费之间的联系支持了这种影响的存在。马汉还认为，那些有利于贸易的地理特征同时也有利于战略。关于中美洲地峡，马汉说，对这片土地的控制就像军事阵地的钥匙一样，对贸易进程以及为财富、繁荣的增长而进行的斗争都至关重要，这些影响着国家的幸福和尊严。[70] 马汉认为，这种控制对贸易产生的有利影响也导致对外和军事上的竞争。[71]

可以毫不夸张地说，美国海军军官是这一时期美国真正的贸易代表。当美国船只造访非洲海岸，沿着印度洋、南美洲和太平洋航行时，他们为美国的制造业寻找销路，并肩负保护海外美国人生命及财产安全的使命。[72] 有人认为，美国的扩张并不是由不断向海外扩张的市场所驱动的，而且通常认为对出口的需求都是间歇性的。相反，即便在1898年之后，美国的扩张也是步履蹒跚，充满了不确定性。[73] 也有人认为，经济动机在美国对外政策中很重要，但并没有推动政策[74]，尽管美国海军基地的获取主要是通过商业扩张来推动的。[75] 然而，第四章中的出口与海军军费之间的联系，确实证明了出口在这一时期美国对外政策中的重要性。进口似乎没有被对外政策过多考虑，这可能反映出对关键商品供应缺乏依赖。

很多时候，军事考虑占据上风，而经济考虑则会成为军事目标的工具。例如，泰迪·罗斯福(Teddy Roosevelt)对巴拿马运河的兴趣很大程度上是因为他对军事基地的关注。罗斯福认为，德国可能向西半球进军，而日本向夏威夷扩张都对美国构成重大威胁。获取军事基地将使美国能够阻止欧洲入侵西半球的脚步，并将海军的保护覆盖到太平洋上的美国商船。[76] 然而，正如第三章所述，这些军事考虑在许多方面都与商业相关。那些断言贸易收益并不是美国对外政策的驱动力的观点是片面的。即使不是这样，军事力量和商业之间仍存在大量的联系，可以证明二者之间的关系。

另外，美国对穿越地峡的运河的兴趣与其出口扩张有关。在19世纪80年代亚瑟政府时期，美国的谷物出口在欧洲面临更高的关税壁垒，而英国则从印度进口了更多的谷物。显然，苏伊士运河的开通使美国对英国的粮食出口降低了。因此，美国寻求与世界各国，尤其是加勒比和中美洲国家达成一系列互惠协议。这些协议与保护中美洲地峡陆权的努力联系在一起。[77] 美国开始意识到扼守欧洲从大西洋进入太平洋再到达亚洲的通道的可能性。

无论美国出口和海军扩张的原因是什么，二者都是并行不悖的。与其他海上强国一样，美国的商业扩张之后是获取基地、煤站和签订商业条约。商业条约不能与安全问题相分离。例如，1882年美国与朝鲜签订的《朝美修好条约》

受到了中国和朝鲜的欢迎，因为美国可以充当对抗日本的堡垒。[78]《朝美修好条约》包含了商业和安全因素。条约第一条规定，如果任何一方受到其他国家的不公正或压迫性对待，另一方将予以援助。[79]《朝美修好条约》是朝鲜很快与其他国家（如英国、德国）达成的一系列条约中的第一个，也是大国寻找进入朝鲜的途径所做的长期努力的结果。

美国商业扩张的要求与任何政治纠葛上的孤立主义态度相矛盾。[80] 美国对海洋自由的支持需要武力保障（包括国际军事存在）作为基础。然而尽管美国在亚洲取得了基地，但其基地主要还是集中在西半球。[81]

此外，其他大国海军力量的商业相关方面往往是美国海军扩张的原因。例如，英国、意大利、德国在 1902 年对委内瑞拉进行了海上封锁，原因是该国债务违约，这被视为对美国安全的威胁。该事件的结果是形成了由北大西洋、南大西洋和地中海中队组成的舰队，英国因此接受了门罗主义。[82] 义和团运动（1900 年）是军事和商业利益交叉的另一个例子，这导致美国海军的扩张。义和团运动使美国获得了在北京及周边地区驻军的权利。

美国的亚洲政策得到了“亚洲舰队”（1902 年以前的亚洲中队）的支持。虽然舰队的主要任务是保护美国在太平洋的利益，并在发生战争时执行对日本的战争计划，但其炮艇在中国的河流巡逻并打击土匪，保护美国人的生命及财产安全。[83] 美国的普遍态度是，为达到保护美国公民之目的，美国海军有权到任何地方。当然，还有很多其他的例子，但很明显，商业和军事利益是不可分割的。美国海军的存在、基地、供煤站和其他资产的增加同时用于军事和商业目的。

与其他国家相比，法国从西欧的贸易转移并没有那么剧烈。如表 6.10 所示，法国与西欧的贸易一直占其贸易的大部分，其比例变化并没有其他国家那么剧烈。按百分比计算，法国贸易增长的地区是亚洲和法国殖民地，这些地区的增长幅度较为适中。简言之，法国贸易的地理分布发生了一些变化，但总体格局是相对稳定的。

在克里米亚战争前，法国海军战略的目标不是统治，而是防止别国统治海洋。伯纳德 · 布罗迪认为，这与德国在提尔皮茨时期的战略类似。[84] 在 19 世纪

40年代中期，法国认为它需要一支强大的海军，并向太平洋扩张。[85] 这是典型的法国重商主义思想，殖民地应该作为原材料来源和制成品的潜在市场。因此，海军将成为保护法国贸易、航运和殖民地的一种手段。[86] 路易·拿破仑在位的法兰西第二帝国时期，利用海军作为帝国建设工具的想法得到了进一步加强，这意味着法国海军开始变得强大和现代化，正好赶上了克里米亚战争。[87]

法国从19世纪60年代开始的扩张是由年轻的海军军官推动的，尤其是在亚洲，就像19世纪70年代的美国海军一样。[88] 除了殖民扩张，克里米亚战争后，法国海军还与英国海军展开竞争。虽然英国在舰队规模上可能比法国更有优势，但这一时期海军建设中许多技术创新都来自法国。法国想要与英国人平起平坐，不是靠船的数量与英国人比肩，而是靠其卓越的设计和速度。因此，法国专注于建造快速、轻装甲的护卫舰。[89]

然而，普法战争导致法国海军的规模和价值急剧下降。战争结束后，陆军被更加看重，就像当时的德国一样，法国海军船只减少到200艘左右。[90] 在研究法国的军费开支时，战后几年的数据可以明显看出海军军费水平的下降，但海军军费的增长速度似乎与战后的陆军军费没有太大的区别。法兰西第三共和国不稳定的政局也对海军不利，在1871年到1901年间，大约有30位不同的海军部部长。[91] 尽管有技术创新，但海军规模的缩小意味着法国海军仍将是二流海军，而不是一支真正有能力挑战英国所维持的海洋霸主地位的海军。陆军被认为是防御的主要工具，人们认为对德国的复仇战争将在陆地上进行。[92]

19世纪出现的法国海军战略明显地以敌人的商业活动为目标。随着1866年海军上将奥比（Aube）担任海军部部长，“少壮派”在法国声名鹊起，并传播了私掠战术。[93]“少壮派”反对大型战舰，青睐小型快速船只，可以保卫海岸并打击敌方贸易，这与传统的海军指挥思想相矛盾。[94] 对私掠战术的信仰就是基于这样一种理念：“只有当商业受到冲击时，人们才会感受到战争的影响。”[95]

法国的商业破坏战略将英国作为潜在的敌人，但当德国乃至三国同盟成为真正的敌人时，法国改变了政策。到了1900年，私掠战术被放弃，并再次转向建造大型战舰。其目标是在1907年之前拥有28艘战列舰、20艘装甲巡洋舰、

52艘驱逐舰和大量小型船只。[96] 然而,在这一时期,法国的海军政策仍然很混乱,许多海军部部长和少壮派都反对新政策。[97] 法国海军的建设在1906年再次升级,1910年海军部部长决定在1919年之前建造16艘无畏舰,这对于法国财政来说实在有些捉襟见肘。因此,法国海军在世界主要海军中的排名从第二位下降到第五位。[98] 此外,直到1911年,法国和英国才开始了海军合作,这使得英国可以将更多的注意力放在德国上。[99] 尽管德国在陆地上明显构成了威胁,但有趣的是,由于大国竞争的复杂性以及陆地海洋相互作用的复杂方式,法国海军战略的转变某种程度上与德国的威胁有关。

从地缘政治的角度看,普法战争后一段时间,法国的权势被德国所取代。法国海军的战略逐渐从英国转向德国。在德国强大的陆上和海上力量的压迫下,法国逐渐向英国靠拢,并寻求庇护。这种战略重心的变化为法国陆军和海军进入德国军队模型提供了一些直观的支持。

意大利的贸易扩张显示了从西欧向其他地区的巨大转变。尽管大洋洲对意大利的贸易额微乎其微,但意大利在其他所有地区的贸易额都有增长。意大利的扩张也明确了海军的定位,即以本土和沿海防御为主。意大利海军在地中海之外的作用微乎其微。意大利舰队的重点不是从法国手中夺取西地中海的控制权,而是弱化法国对该区域的掌控[100],这反映了法国和意大利在地中海的敌对状态。然而,法国在地中海的海军力量有好几种用途。法国海军在地中海服役,以保护法国殖民帝国的通信,并作为法国与英国殖民竞争的工具。[101]

然而,意大利的殖民野心是为了在非洲创造有利可图的经济活动,并有可能找到解决意大利南部人口问题的办法。[102] 然而,意大利殖民地永远不会成为贸易或战略政策的中心。

厄立特里亚是1890年在埃塞俄比亚周围的兼并中建立起来的,被总理克里斯皮(Crispi)视为意大利帝国计划的基石。[103] 然而,意大利殖民地并没有得到回报。如上所述,意大利军队在殖民统治时期装备不足,无法扩张。意大利确实与殖民地进行了稳定的贸易,但这种贸易只占整个意大利贸易的一小部分,意大利从未主宰过其殖民地的贸易市场(直到战争时期)。在1900年,意大利仅占厄立特里亚进口的 2.9%，出口的 13.1%。到 1910 年，这一数字确实攀升至厄立特里亚进口总额的 30.1%，出口总额的 27.7%。[104] 直到法西斯时期，意大利才对厄立特里亚的贸易实行更彻底的控制。

为了支持意大利的扩张行动，1906 年意大利殖民研究所成立，目的是将殖民扩张的利益最大化：意大利在地中海地区的商业渗透必须取得更大的成功。[105] 殖民扩张也被视为与法国的战争和意大利北部民主统一主义扩张的替代品。[106]

因此，意大利的海军和陆军并没有试图越过意大利贸易的全部地理范围。在意大利小规模的殖民活动之外，意大利军队专注于当地的威胁（主要是法国），这似乎符合意大利大部分贸易是与西欧进行的事实。

日本贸易的扩张真正始于甲午战争（1894—1895 年），在战争之前，日本贸易处于较低水平（见表 6.12）。日本从 1872 年到 1894 年一直试图摆脱与列强签订的不平等条约，这限制了日本的对外贸易。这些不平等条约的主要问题是规定了治外法权和关税自治权。日本向独立自主迈出的重要一步是 1894 年的《日英通商航海条约》，该条约承诺在 5 年内结束英国的治外法权，并修改了日本的进口关税。[107] 虽然日本在 1899 年重新获得主权，但直到 1911 年才获得完全的关税自治权。[108] 然而，日本对华战争标志着日本崛起为大国的开始，也标志着日本入侵亚洲大陆的开始。[109] 从甲午战争开始，日本的贸易将在总体上扩张，并开始大规模向亚洲大陆转移。

此外，日本的贸易扩张也反映了日本的安全担忧。虽然日本是一个岛国，但其安全始终要考虑海陆两方面，因此不得不防范俄国和中国的陆上力量，以及英国、美国、俄国和其他国家的海上力量。[110] 当时，日本认为其敌人有能力切断日本的贸易路线，并将其围困岛内。[111] 因此，日本很早就将朝鲜视为陆地上的主要安全利益，并认为有必要扩大海军规模，以保护海上贸易通道。朝鲜既是日本的第一道防线，也是日本的贸易来源，这就是为什么日本陆军在甲午战争后赞成在朝鲜建设铁路的原因。[112] 早在 19 世纪 70 年代，朝鲜对日本的战略、商业双重重要性就推动了日本努力打开朝鲜国门，并进行了一系列尝试，从外交压力到炮舰外交。[113]

虽然朝鲜半岛对日本至关重要，但它也是俄国、英国和美国的战略关注中心。日本在朝鲜半岛刚刚战胜中国，就发现自己已经与俄国濒临敌对状态。彼时俄国正在谋求旅顺港及其周边领土。1898 年日本和俄国最终达成协议，也表示，如果俄国承认朝鲜为日本势力范围，日本将承认俄国在中国辽东半岛的利益(1895 年由日本占领，1897 年由清政府租给俄国，容留其远东舰队)。[114]

有人说，世纪之交的海军竞争不是由经济竞争或对殖民地的追求驱动的，而更多的是为了大国利益。[115] 尽管与非洲、亚洲、中美洲和南美洲的贸易可能并不是大国的雄心所在，特别是鉴于与这些地区的贸易在大多数国家的贸易中所占比例相对较小，因此与这些其他地区的贸易与战略问题密切相关。与其他大国的竞争和冲突以及本土问题都使贸易更具有战略重要性。

大国之间的贸易是另一回事。如前所述，贸易的绝大部分都在西欧。贸易扩张、积极获取市场立足点和保护主义政策助长了军事竞争，反之亦然。也许有些言过其实，J. F. C. 富勒(J. F. C. Fuller)对德国贸易政策的阐述是：

> 为了将其经济政策强加于邻国，德国拥有无比强大的陆军；但若妄图将其意志强加于海外竞争对手，那么德国的陆军则是无用的，所以德国建造了强大的军队。每当有国家对其征收敌对关税时，德国都说自己被针对了，并要求被公平对待。[116]

富勒的描述虽然有些夸张，但实际上描绘了大多数列强是如何应对贸易扩张的。军事是贸易扩张的工具，也是贸易冲突的工具。在所有大国的竞争中，贸易冲突都与军事冲突有关。随着竞争对手越来越多，英国政府对贸易的支持也在这一时期演变成更具侵略性的姿态。这一时期开始时，英国政府奉行不干涉特定商业利益的政策，但满足于维护英国公司的公平贸易原则。英国面临的竞争越来越激烈，特别是在 19 世纪 80 年代之后，英国的政策开始转向更积极的角色。[117] 约瑟夫·张伯伦(Joseph Chamberlain)在 1896 年说道：

> 外交部和殖民地事务部主要从事寻找新市场和维护旧市场的工作。陆军和海军主要忙于保卫这些市场和本国商业活动。[118]

大多数列强的政府都试图支持其海外产业和投资。外国经济活动增加、民族主义政策限制外国企业、企业面临的外国政府履行其协议的意愿问题等一系列因素都造成了政府间的摩擦。[119] 这些问题不仅使企业更加依赖本国政府的支持和保护，而且这些大国的政府也想利用本国产业的外国商业惯例实现自己的外交政策目标。[120]

此外，在19世纪晚期，经济和金融交易日益政治化。随着三国同盟与协约国之间紧张关系的加剧，对外贷款的政治性质也随之增加。然而一些国家也出于政治动机放贷，法国在这方面走在前列，它们向俄国提供了贷款(见第七章)。法国向俄国提供大量的贷款用于备战，购买从法国进口的军火或建设战略性铁路工程。[121] 当法国和英国能够通过政府预算为其军事竞争提供资金时，其他国家不得不借钱来竞争。德国、奥匈帝国和意大利部分依赖内部借款，而俄国、土耳其和巴尔干半岛国家则依赖外部借款。然而，俄国从未偿还任何为备战而借得的款项。在战争期间和战后，俄国要么拖欠债务，要么拒绝偿还贷款。[122]

然而，外国贷款和武器销售与外交是交织在一起的。金融交易常常与外交目标纠缠在一起，商业交易借助武力和贿赂，金融交易也经常受到政治阻挠。[123] 例如，法国与德国的武器销售竞争，导致法国不仅在1881年对德国钢铁制造商征收关税，还在1885年解除了对外国武器销售的禁令，该禁令一直阻碍法国与克虏伯的竞争。后来，法国武器制造商在1894年法俄同盟的帮助下，将德国赶出了俄国市场。[124] 法国向俄国提供的贷款使俄国得以购买法国的武器。法国的贷款也让法国在中国、意大利、巴尔干半岛和中南美洲的对外武器销售上超过了德国。[125]

贸易构成：商品分类

下面关于商品贸易的讨论并不全面。目的是总结各国商品贸易的主要特点，以确定贸易依赖的基本领域。这里所涉及的战略问题只是强调，但应该指出的是，本研究中的所有国家都面临脆弱性和准入问题。上述讨论也适用于商品贸易数据。

例如，如果看一下表6.13，很明显，英国非常依赖农业和工业原料的进口。英国的贸易顺差是在制造业领域。农业出口在出口中所占的比例非常小，而原材料出口在出口中只占很小的一部分。

表6.13　　1860—1913年英国商品贸易分项占比　　单位：%

年份	农产品		原材料		制成品	
	进口	出口	进口	出口	进口	出口
1860	38.41	5.15	54.32	6.33	7.26	88.52
1865	31.39	4.34	58.98	6.63	9.63	89.03
1870	35.82	4.76	51.58	7.36	12.6	87.88
1875	43.11	4.43	43.67	9.36	13.21	86.21
1880	45.32	5.07	40.38	10.9	14.3	84.04
1885	43.23	5.4	40.75	10.65	16.01	83.95
1890	41.88	4.78	41.36	14.19	16.76	81.02
1895	42.81	5.35	37.39	13.09	19.8	81.56
1900	42.28	4.87	33.05	15.66	24.67	79.46
1905	41.1	5.89	33.39	11.31	25.52	82.8
1910	38.14	6.18	38.66	12.62	23.21	81.2
1913	37.9	6.34	36.81	13.6	25.29	80.05

资料来源：B. R. Mitchell, *British Historical Statistics* (Cambridge: Cambridge University Press, 1988)。

对原材料和农业进口的依赖影响了英国的战略，特别是与其他国家的冲突和竞争方面以及隐含的脆弱性。英国认为其对粮食的进口依赖是一种特殊的脆弱性，这使得人们担心在战时可能被入侵的敌人饿死而屈服的可能性。[126]"饥饿理论"指出，拒绝粮食进口也会对国内粮食价格产生灾难性影响。因此，商业保护对英国海军政策至关重要。[127] 正如第一章所指出的，私掠战术不禁威胁到关键物资的获取，而且由此造成的短缺会引起财政和社会混乱。相比之下，英国的出口一直都偏重于制造业。

法国商品贸易（见表6.14）表明，其对原材料进口的依赖程度惊人。在此期间，法国的农产品进口出现波动，制成品进口在几年中出现温和增长。虽然农业进口在法国进口中所占的百分比有所下降，但原材料在整个期间仍占进口的绝大部分。法国出口的大部分产品也属于制成品类，但与英国出口的产品还不属于这一类。

表 6.14　　1860—1913 年法国商品贸易分项占比　　单位：%

年份	农产品		原材料		制成品	
	进口	出口	进口	出口	进口	出口
1860	20.82		76.07		3.11	62.71
1865	18.89		74.6		6.51	54.24
1870	27.97		61.98	10.05	50.86	
1875	22.65		66.44		10.91	50.37
1880	39.98	23.39	49.12	23.56	11.9	53.06
1885	35.59	24.29	49.49	22.9	14.92	52.82
1890	32.57	22.78	53.48	23.9	13.95	53.32
1895	27.85	17.52	56.48	25.9	15.67	56.58
1900	17.43	18.72	64.62	26.41	17.94	54.88
1905	17.22	16.05	64.6	27.49	18.18	56.46
1910	19.7	13.76	60.58	30.98	19.72	55.26
1913	21.59	12.19	58.73	27.01	19.69	60.8

资料来源：*Annuaire Statistique de la France*(Paris: Institut National de la Statistique et des Etudes Economiques), various years。

德国的商品贸易（见表 6.15）显示了对所有三类进口的依赖，但原材料进口随着时间的推移成比例增加，这可能反映了德国工业化程度的提高。农业进口也增加了几个百分比，但原材料进口增幅最大。然而，进口并没有主导德国的战略。从上述关于贸易扩张的讨论可以明显看出，德国保持了积极的出口政策。不同于英国和法国的是，德国在商品贸易方面的脆弱性没有明显的短板（除了末期的原材料）。

表 6.15　　1880—1913 年德国商品贸易分项占比　　单位:%

年份	农产品		原材料		制成品	
	进口	出口	进口	出口	进口	出口
1880	25.19	20.13	35.84	14.51	38.96	65.36
1885	23.27	16.31	36.94	14.91	39.79	68.78
1890	25.38	13.73	37.55	15.97	37.07	70.3
1895	25.55	12.46	38.42	15.31	36.02	72.23
1900	26.16	10.58	39.73	16.1	34.11	73.33
1905	29.55	8.47	40.89	15.53	29.57	75.99
1910	26.56	9.81	45.07	15.76	28.36	74.43
1913	27.43	9.92	43.34	15.05	29.23	75.03

资料来源::Hoffmann, *Das Wachstum der Deutschen Wirtschaft seit der Mitte des 19 Jahrhunderts* (Berlin:Springer-Verlag, 1965)。

意大利的进口也分布在这三个贸易类别中(见表 6.16),但意大利最依赖制成品和原材料的进口。制成品也是意大利出口的最大来源。意大利资源贫乏,工业薄弱,这使得意大利比其他国家更加脆弱。意大利的殖民政策也部分出于对原材料的依赖。然而,事实上,意大利海军从未在地中海之外获得太多用武之地。意大利的战略地位不仅受到英国的支配和法国的骚扰,而且意大利永远也不会寻求摆脱这种处境。相反,意大利的政策是对英、法、德关系的反应。

表 6.16　　1880—1913 年意大利商品贸易分项占比　　单位:%

年份	农产品		原材料		制成品	
	进口	出口	进口	出口	进口	出口
1880	26.37	35.87	29.15	15.85	44.48	48.28
1885	28.42	33.54	26.78	15.67	44.79	50.79
1890	25.3	28.46	33.33	17.41	41.36	54.13
1895	20.47	29.87	38.42	17.05	41.11	53.08
1900	17.06	26.08	40.71	17.64	42.24	56.28

续表

年份	农产品		原材料		制成品	
	进口	出口	进口	出口	进口	出口
1905	19.84	25.04	36.56	15.31	43.6	59.65
1910	20.33	29.47	36.35	13.27	43.31	57.26
1913	19.28	30.33	38.04	14.37	42.68	55.29

资料来源：*Annuario Statistico Italiano*(Rome:ISTAT),various years。

日本进口的大部分产品在大部分时间都是制成品，但在19世纪初之后，原材料迅速增长，占日本进口产品的三分之一到一半(见表6.17)。这种进口依存度的变化反映了日本工业化的快速性。这一时期，日本的制成品也是出口的主要商品，其中大部分是劳动密集型商品，如地毯、扇子、丝绸、瓷器和类似物品。日本存在依赖性的进口大部分是矿物和原材料，尽管煤炭和铜是其主要的出口产品。

表6.17　　1885—1913年日本商品贸易分项占比　　单位：%

年份	农产品		原材料		制成品	
	进口	出口	进口	出口	进口	出口
1885	27.65	34.95	11.41	10.74	61.52	54.31
1890	35.64	26.17	12.9	20.22	51.46	53.61
1895	20.47	17.48	12.51	10.41	67.02	72.11
1900	22.73	11.79	17.82	17.51	59.45	70.7
1908	15.6	10.8	35.2	10.9	48.4	77.1
1910	9.7	11.3	49.8	8.8	39.9	79
1913	16.5	9.8	48.5	8.1	34.4	81.1

资料来源：Department of Agriculture and Commerce, *Japan in the Beginning of the 20th Century* (Tokyo:Tokyo-Shoin, 1904)。

原材料和制成品进口是日本的重要依赖领域，工业所需的大部分原材料都必须进口，随着工业化的发展，日本需要更多的原材料。制成品进口包括各种商品，如机械、电机和铁路设备。

俄国的商品贸易数据并非每年都有，但表 6.18 中的数据足以表明俄国贸易依赖的主要商品类型。令人惊讶的是，原材料是俄国战前几年的主要进口商品，而农产品和制成品占进口的比例不断下降。此外，俄国的出口也有些出人意料。农产品和原材料呈相反的趋势，农产品出口比重上升，而原材料比重下降。

表 6.18　　1872—1894 年俄国商品贸易分项占比　　单位：%

年份	农产品		原材料		制成品	
	进口	出口	进口	出口	进口	出口
1872	24.63	48.93	44.71	49.01	30.66	2.06
1875	22.21	56.23	47.45	42.66	30.46	1.11
1880	32.86	54.06	48.96	44.91	26.82	1.04
1885	22.54	66.94	58.44	31.58	19.02	1.48
1890	15.92	59.15	64.93	38.09	19.15	2.63
1894	13.35	69.44	61.6	29.48	25.05	1.08

资料来源：Tawsawentral Nyi Statisticheskii Komitet，*Statistika Rossiiskoi Imperii*（Petrograd），various years。

这里必须提到的是，俄国的制成品类别应该显示出略高的百分比，而原材料应该略低，因为半制成品不能从俄国的原材料贸易中分离出来。但农业和原材料主导了俄国的出口。

美国当然依赖于制成品进口，而仅在战前适度依赖农产品和原材料进口。但是美国的出口从美国积极努力进入世界贸易市场中受益良多。此外，制成品出口占总出口的比例稳步增长，而原材料出口占总出口的比例下降（见表 6.19）。农产品出口占总出口的百分比急剧上升，但随后又按比例下降。

在此期间，尽管美国经济拥有大量可用的工业原材料，但美国原材料进口的百分比也在增加。美国迅速获得了开发其原材料的工业能力，而俄国则相反，在整个过程中相对落后。

表 6.19 **1870—1913 年美国商品贸易分项占比** 单位:%

年份	农产品		原材料		制成品	
	进口	出口	进口	出口	进口	出口
1870	34.4	24.67	13.07	56.76	52.75	18.57
1875	38.09	37.88	16.7	41.68	45.22	20.44
1880	32.63	55.7	21.26	29.49	46.11	14.81
1885	33.91	44.7	20.76	34.53	45.16	20.63
1890	33.08	42.25	22.81	36.57	44.11	21.18
1895	33.88	40.1	25.68	33.92	40.44	25.98
1900	27.18	39.82	33.18	24.8	39.65	35.38
1905	26.03	26.88	35.42	32.1	38.46	41.02
1910	21	21.58	37.12	33.57	41.94	44.85
1913	22.39	20.71	35.8	30.47	41.75	48.79

资料来源:US Department of Commerce, *Historical Statistics of the United States: Colonial Times to 1970* (Washington, DC:GPO, 1976), Vol. 2。

上述商品贸易表反映了大多数国家依赖进口的领域,同时也反映出对出口的依赖。之前的讨论中也可以明显看出,这些国家推行的军事政策在一定程度上聚焦于解决它们的弱点。虽然先前的贸易数据强调了区域性的脆弱性,但大宗商品组的数据指出了关键供应的脆弱性。当资源依赖对一国经济至关重要时,或考当特定的资源依赖领域为军事力量的生产提供支持时,资源依赖就具有战略成分。因此,某种资源是否具有战略意义取决于特定国家。哪些资源是战略资源,并没有固定答案。除了技术变革改变了矿产的重要性这一事实外[128],战略矿产是决策者认为对国家经济和军事安全至关重要的任何矿产。[129] 从商品贸易表中,我们可以大致了解一个国家最依赖哪些类别的商品,这可能表明国家的重要领域。

如前所述,关于资源的传统地缘政治思维认为,安全而充足的资源供应是大国地位的必要条件。一个拥有高度发达的国防和工业基础,并有能力充分调动其经济潜力的国家,将在战时占上风。[130] 因此,对关键商品的进口依赖给一个国家带来了问题,而当这种关键供应仅来自少数几个地方时,问题就变得更加严重。正如一位作者所说,从本质上讲,当消费国不是生产国时,资源的地缘政治就会产生。[131]

可以说，关键物品对外部供应的依赖已成为国家大战略的一个组成部分，贸易和运输的发展已成为国家权力和野心的一个功能。[132] 如上所述，获取领土、对关键水道的军事统治、使用有限的军事力量胁迫另一个国家，以及类似的事项都反映了涉及军事力量和商业的利益冲突。无论是否是帝国，一国在海外的经济和军事存在，都可以被视为获取腹地进而获得安全的尝试。所谓腹地指的是大国核心区之外的广阔领土，可以从中获取资源。[133] 欧洲国家普遍缺乏腹地。英国的重心在印度，法国、后来的德国、意大利和日本的兼并，可能是为了制造腹地，这些腹地将被国际军事基础设施连接在一起。除了这种外部存在为一个国家的大战略创造了至关重要的位置之外[134]，陆海相连的基础设施，允许与外部利益地区通信，在军事层面也变得重要起来。利益攸关的地区和路线反过来成为竞争的焦点。例如，英国必须时刻关注法国在北非、埃及和黎凡特的行动，德国的海外活动和到土耳其发展铁路，以及俄国在中亚的活动。[135]

不必详细叙述上述国家的战略和对抗，在此只需指出，贸易依赖的构成是影响一个国家总体脆弱性的良好指标。这些缺陷，连同贸易的地理分布，就其性质和位置而言，是国家利益的核心指标，为国家的战略政策提供了框架。美国在这方面也不例外，尽管它并不严重依赖来自国外的原材料。美国官员转而推行积极的出口市场政策，这与美国必须为其丰富的产品找到销路的信念是一致的。此外，美国海军还坚持认为，为了保护美国公民，美国海军有权到任何地方。除了上述因素之外，关键商品普遍不依赖外部供应，这意味着出口而非进口，将成为美国野心的主要焦点。这一政策似乎得到了第四章中美国海军支出和出口之间的正相关关系的支持。

苏伊士运河

苏伊士运河是第一次世界大战前商业和军事竞争的一个缩影，它的使用概括了大国的经济和军事扩张。在地缘政治工作中，海峡和运河通常被认为是商业和军事力量的重要动脉，对军事上控制海峡和运河的国家来说，海峡和运河是保护自己商业的手段和扼杀敌人商业的潜在工具。[136] 传统观点认为，脆弱的贸易路线需要军事控制，公开对其威胁将意味着战争。[137]

苏伊士运河的重要性是独一无二的。巴拿马运河在这一时期从未达到苏伊士运河作为世界贸易和军事通道的重要地位。巴拿马的开放无疑改变了美国的地缘政治前景，扩大了国防需求，并允许海军从一个大洋移到另一个大洋，但巴拿马运河对美国商业来说是最重要的。[138] 巴拿马和苏伊士的本质区别在于，苏伊士位于人口稠密地区，而巴拿马远离主要人口中心。贸易路线的出现是为了连接现有的贸易中心，而这些贸易中心又出现在人口密集的地区。[139] 此外，苏伊士航线有繁密的加煤站，这为货物腾出了空间，还有许多港口，为短途贸易提供了机会。[140]

表 6.20　　1870—1913 年通过苏伊士运河的船舶

年份	总吨位(千吨)	净吨位(千吨)	船舶总数	法郎
1870	654.9	436.6	486	10
1875	2 940.7	2 010	1 494	13
1880	4 344.5	3 057.4	2 026	12
1885	8 985.4	6 335.8	3 624	9.5
1890	9 749.1	6 899.1	3 389	9.5
1895	11 833.6	8 448.4	3 434	9
1900	13 699.2	9 738.2	3 441	9
1905	18 810.4	13 134.1	4 116	8.5
1910	23 054.9	16 581.9	4 533	7.75
1913	27 737.2	20 033.9	5 085	6.25

资料来源：*Suez Canal*：*Returns of Shipping and Tonnage*，House of Commons Sessional Papers (London：HMSO)，various years。

苏伊士运河是欧洲通往亚洲的门户。它不仅把欧洲的商业从绕开好望角航线的漫长而危险的旅程中解放出来，也让欧洲大陆不必再受制于英国对进入亚洲通道的把控。诚然，英国控制了苏伊士运河，就像控制了好望角航线一样，但英国担心运河的开放会使其失去商业中心地位，因为运河会帮助英国的主要竞争对手崛起(见第七章)。运河确实有助于欧洲大陆的经济和军事扩张，但在

1869 年至 1913 年，英国在苏伊士运河交通中所占的份额仍然占绝对优势。运河的开通也改变了红海沿岸非洲国家的重要性，并使非洲和远东地区暴露在欧洲的进一步扩张之下。[141]

通过苏伊士运河的货运量稳步增加，使得好望角航线变得不那么经济划算。通过运河的船舶吨位的增加速度也快于货运量的增加速度，这意味着船只越来越大。此外，通过运河的船舶每吨费率在最初上升后稳步下降。即使在战争期间，费率也有所下降。这条运河于 1869 年通航，运价为每吨 10 法郎，1874 年到 1876 年达到每吨 13 法郎的高点。此后数年，该费率稳步下降，至 1913 年下降为每吨 6.25 法郎，并将这一费率保持到 1915 年。在接下来的两年里从每吨 6.25 法郎上升到 8.5 法郎。[142] 令人惊讶的是，费率并未在战时上升，直到 1916 年才有所增加。

尽管苏伊士运河无疑成为世界上主要的航运大动脉，但任何有关英国的世界地位正因运河的开通而受到侵蚀的担忧都被夸大了。如前所述，英国主导了好望角航线和苏伊士运河。如表 6.21 所示，从苏伊士运河开通到战争期间，在通行运河的船舶吨位上，英国遥遥领先。确实有迹象表明，其他国家，特别是德国，对运河的使用正在增加，但英国从运河开通到战争期间，通过运河的净吨位从未低于 1900 年的水平，即通行总吨位的 57.6%。到了 19 世纪 90 年代，从通过运河的总净吨位来看，德国显然排在第二位，但德国的数据仍与英国相去甚远。此外，德国与奥匈帝国缺乏 1915 年的数据。还必须指出，随着 1888 年 10 月《君士坦丁堡公约》的签署，苏伊士运河的自由通航得到了正式确立。公约第一条规定，运河“在战时同平时一样，应对所有不论悬挂何国国旗的商船或军舰自由开放”。[143] 签订公约是因为英国希望运河对所有船只开放。1882 年 9 月，运河不再受英法双重控制，英国成为运河事实上的管理人。但从 1882 年起，英国寻求与其他列强达成协议，保持运河开放并允许所有船只自由通行(但英国希望有权保护运河免受攻击)。[144] 早些时候，法国人，特别是费迪南德·德·雷赛普(Ferdinand de Lesseps)，为确保运河的中立地位所做的努力都无果而终。[145]

表 6.21　　1870—1913 年通过苏伊士运河的净吨位(占总数百分比)

	奥匈帝国	英国	法国	德国	意大利
1870	4.4	66.4	19.5	0	1.54
1875	3.2	73.5	8	1.6	2.9
1876	2.6	75.2	8.1	1.3	2.9
1880	2.4	79.6	6.1	1.2	2.4
1885	1.9	76.8	9.1	3.1	2.5
1890	1.7	77.3	5.3	7.1	2.1
1895	2	71.8	8	8.2	1.7
1900	3.5	57.6	7.7	15	1.6
1905	3.5	63.6	6.4	16.1	1.4
1910	3.9	62.9	5	15.5	1.3
1913	4.2	60.2	4.6	16.7	1.5

资料来源：*Suez Canal*：*Returns of Shipping and Tonnage*，House of Commons Sessional Papers (London：HMSO)，various years。

俄国、美国和日本在这一时期也使用了这条运河，但它们的数字并不是一成不变的，而且在 19 世纪经常从非常小的数字戏剧性地波动到相当大的数字。但是，总的说来，它们通过运河的净吨位量通常都低于总吨位的 1%。在战前的十年里，美国、俄国和日本通过这条运河的吨位都有所增加，尽管美国的吨位往往远低于其他两个国家。

然而，除了商业交通，苏伊士运河也是欧洲军事力量进入亚洲的主要通道。往来于运河的船只有商船、军舰、政府包租船和邮船。运河提供的通往亚洲的军事通道至少和运河提供的商业通道一样重要。英国对运河的统治使英国能够控制这条通道，它可以用来管制竞争对手的行动，扮演一个与欧洲较小海军的守门人一致的角色，英国可以决定欧洲海军进入地球的通道。事实上，运河的战略重要性在其开通以来爆发的几乎所有国际危机中都得到了强调，无论是俄土战争(1877 年)，还是意大利从 1885 年到 1896 年在马萨瓦和阿比西尼亚的殖民活动(意大利的第一次殖民兼并是在 1869 年红海的阿萨布，这可能是巧合,也可能不是巧合)、1898 年的美西战争、1900 年的义和团运动、1905 年至 1906 年的日俄战争以及其他各种各样的战争。每一次危机都引发了英国是否会关闭运河的问题。例如,在美西战争期间,英国拒绝让西班牙军舰使用运河,拒绝向西班牙提供煤炭,并总体上同情美国,这违反了 1888 年公约的规定。[146]

苏伊士运河与意大利、法国和德国的地中海利益尤其相关。例如,1906 年,法国试图通过鼓动土耳其苏丹对埃及行使主权来恢复其在埃及失去的影响力。苏丹试图命令埃及军队撤出西奈半岛,并暗示要修建一条横跨西奈半岛至运河边缘的铁路。英国认为这些举动是对运河的直接威胁,于是在埃及水域部署了一支舰队,并挫败了苏丹的努力。[147]

似乎没有迹象表明意大利曾将英国对苏伊士运河的统治视为对其安全的威胁。意大利的殖民扩张主要与法国的利益相冲突,法国是意大利的主要竞争对手。甚至有可能是英国对苏伊士运河的控制和它在地中海的存在帮助了意大利,因为它也在对抗法国。[148]

在德国对抗英国的战略中,苏伊士运河是最有趣的。特别是,从柏林到巴格达,再到波斯湾的陆路铁路线路的发展,将使德国能够对抗英国对埃及和苏伊士运河的统治。[149] 此外,一个亲德的土耳其可以提供将英国赶出埃及的手段。尽管巴格达铁路问题(见第七章)比这更复杂,但其部分意义在于它代表了德国在陆地上绕过英国海权的努力。用保罗·罗巴赫(Paul Rohrbach)博士 1911 年的话来说:

> 失去埃及不仅意味着它(英国)对苏伊士运河的统治以及它与印度和远东地区通信的结束,还可能意味着失去它在中非和东非的财产……然而,土耳其永远不会梦想收复埃及,除非她能掌握小亚细亚和叙利亚发达的铁路系统……如果在德英战争中,土耳其站在德国一边,那么土耳其越强大,英格兰的危险就越大。[150]

德国对柏林—巴格达路线的控制也有助于德国在东欧和近东地区的统治。[151] 当然,德国和英国并不是在每个问题上都有分歧。英国鼓励德国向非洲(以及意大利)扩张,以此遏制法国人,特别是在东非。[152] 事实上,在德国统一之前，法国是英国在运河问题上的主要竞争对手。

从通过运河的旅客组成可以看出军事通道进入印度洋、亚洲及欧洲的重要性。定期通过运河的军人与平民相比占据多数(见表 6.22)。通过运河的旅客交通分为三类：军人、平民和其他(指移民、朝圣者和罪犯)。军人旅客的优势很大程度上反映了各国(主要是英国)在亚洲的部队部署。值得注意的是，在世纪之交至战争爆发之前，军人旅客的比例开始下降，在 1912 年降至 27.5%的低点。1908 年，平民旅客占多数(50.6%)，并一直维持到 1913 年。当然，随着战争的开始，民用交通在百分比和数量上都有所下降。

表 6.22　　1876—1913 年通过苏伊士运河的旅客流量

	军事人员		民事人员	
	总数	占比(%)	总数	占比(%)
1876	30 420	51	20 832	34.9
1880	49 493	50	29 139	29.5
1885	112 230	55.6	47 068	23.3
1890	67 767	43.5	69 479	44.6
1895	118 635	54.7	74 878	34.5
1900	154 249	54.7	102 415	36.3
1905	110 179	43.6	96 637	38.2
1910	76 854	32.8	128 171	54.8
1913	88 748	31.4	169 641	60.1

资料来源：*Suez Canal*：*Returns of Shipping and Tonnage*，House of Commons Sessional Papers (London：HMSO)，various years。

然而，在航运方面，除了战争期间，通过苏伊士运河的交通主要是由商船组成的。尽管如此，大多数大国仍保持着通过运河的稳定军事流量，军舰的活动就是明证。表 6.23 显示了特定年份通过苏伊士运河的军舰数量和吨位。尽管英国在过去几年里派出的军舰比其他任何一个国家都多，但法国通常排在第二位。有趣的是，德国在这条运河上的海军力量，虽然从 19 世纪末开始总体上比之前更大，但从未接近英国的数量，而且经常远远低于法国的数量。

表 6.23　　1892—1913 年通过苏伊士运河的军舰数量和吨位

年份	奥匈帝国		英国		法国		德国		意大利		日本		俄国		美国	
	总数	千吨	总数	千吨	总数	千吨	总数	千吨	总数	千吨	总数	千吨	总数	千吨	总数	千吨
1892	3	2.87	46	97.8	17	37	1	0.61	10	5.17	2	2.35	5	6.24	0	0
1893	3	2.75	38	80.4	14	38	3	1.38	8	3.61	1	1.28	5	3.75	2	2.37
1895	4	1.8	39	49.2	21	47.8	9	4.84	12	7.68	0	0	7	6.22	3	1.91
1896	4	1.84	28	35.6	13	9.2	0	0	17	7.81	0	0	6	9.71	0	0
1899	6	5.33	28	23	12	11	11	10.7	11	9.4	11	10.1	1	0.17	25	67.6
1900	4	4.65	52	60.2	19	33.6	14	19.2	14	13.7	9	20.2	4	8.9	15	38.7
1902	4	5.6	41	57.1	10	14.3	4	2.16	16	16.9	9	15.3	7	17.8	18	47
1903			40	62.7			4	1.49								
1906			41	79.9			4	8.02								
1907	3	2.39	23	55.7	5	1.98	1	1.04	7	1.61	4	12.5	2	0.34	4	5.1
1908	2	2.75	23	38.5	4	2.69	0	0	3	1.87	0	0	2	2.53	6	15.8
1909	2	0.95	19	40.2	2	5.12	4	9.55	6	2.78	0	0	0	0	27	103
1910	3	3.22	23	54.7	4	8.05	4	6.24	8	17.1	1	4.87	2	1.32	4	5.85
1911	0	0	33	65.6	2	6.88	3	1.25	4	1.93	4	14.2	3	2.89	0	0
1912	2	1.96	38	93.3	1	3.89	0	0	34	18.6	0	0	1	2.26	3	1.25
1913	2	2.74	23	50.3	1	2.98	0	0	9	5.18	0	0	1	3.25	1	3.32

资料来源：*Suez Canal*：*Returns of Shipping and Tonnage*，House of Commons Sessional Papers (London：HMSO)，various years。

军舰通过运河反映了一系列利益，如海外贸易、殖民利益，以及大国之间的相互竞争和对抗。如第七章所述，在贸易竞争的背景下，苏伊士运河在巴格达铁路问题上与土耳其的竞争联系在一起。

结　论

对于第四章的结果，从上面的讨论可以得出什么结论？本章第一节中的军事和商业指标并没有揭示各国之间的系统性差异，但却指出了各国陆军和海军实际发挥作用的差异。例如，军队的角色有很大的不同，这有助于解释为什么有些可能与商业有关，而有些可能与商业无关。然而，从上文不容易看出的是，为什么一些陆军和海军项与贸易项是负相关的。我们可以接受相互依赖的推理来解释这一点，但我们仍然有一个问题，为什么会有这样的差异。

更有趣和可能更有用的是区域和商品组贸易数据。这些贸易数据可能会提供一些指导。第一，本书中大量的贸易要么是在竞争国附近，要么是竞争国之间进行的。本书中的大多数国家都是彼此的主要贸易伙伴。第二，随着时间的推移，各国的区域贸易分布在不同程度上反映了全球贸易格局的演进。第三，所有国家都继续严重依赖与西欧的贸易，无论它们位于何处。第四，所有国家要么表现出本地区（如果它们在欧洲）的持续重要性，要么表现出本地区（如果它们在欧洲以外）的日益重要性。第五，所有国家在其进出口中都明显强调了对某类商品的依赖。尽管某类商品贸易可能对贸易缺陷的本质提供强有力的指导，但我们无法将其与特定数据联系起来。

在这项研究中，还可以对各国的军事行为做一些陈述。一些国家的军事作用比其他国家更大，因此它们既履行侧重于本地区的职能，又履行远离本土的职能。这一时期，英国的军事活动在地理上最为分散。较小规模的军队所执行的职能大多基于本土，尽管随着时间的推移，它们的确都试图扮演更重要的角色，这反映了竞争性对抗的开始，在某些情况下是侵略性的贸易扩张。考虑到本研究中的大多数国家位于欧洲，欧洲军队的地方角色与大国竞争的问题联系在一起。与本地贸易相关的缺陷也与这些竞争有关。

与其他地区的贸易怎么样？如果区域贸易是一个很好的指标，表明对国家具有战略重要性的领域，而主要贸易地区是最重要的领域，那么我们能否将贸易分为主要和次要两类，并认为每一类与国家的军事力量有着不同的关系？笔者之所以问这个问题，是因为军事和商业联系因贸易类别而异，这既是可能的，也是合理的。我们可以就商品类别提出同样的论点，但这里的主要问题是我们不知道这些类别与哪些地区有关。鉴于军事力量是以地理为导向的，区域分裂可能是一个更好的指标。理想的贸易措施是按原产地和目的地划分商品类别，但这是不可行的。

也许那些大多分布在欧洲的主要贸易流动，与军事力量所提供的保护最为相关。这可能是因为一国的贸易缺陷可能会随着贸易规模的增加而增加（见第三章的讨论），而且这一贸易与当时的主要竞争对手最为接近。然而，尽管这些竞争造成了贸易的缺陷，但大国通常并没有破坏彼此的贸易。

世界其他地区小型的贸易流动可能经历了更多的破坏行为，尽管这种破坏可能是局部的而非其他大国的入侵造成的。为应对这类威胁而采取的军事行动可能包括一系列惩罚性和保护性活动，例如英国在印度及其北部的情况。然而，贸易的主要动向可能伴随着长期的军事承诺和更庞大的军事力量。如果上述推理是正确的，那么第四章模型中的总贸易和军事项可能反映各种影响，因此统计产生的差异反映了这些影响的净效应。如果这是真的，那么使用贸易的地区分类可能会产生更有说服力的估计。

本书的其余两章有两个任务。第一，在第七章中，笔者试图将各国的竞争行为与其贸易关系联系起来，并特别注意它们之间的相互依赖程度。这里的目标是理解贸易依赖在这些国家的战略政策中所扮演的角色。笔者还感兴趣的是，随着竞争的加剧，贸易上的相互依赖会如何表现。竞争对手之间的相互依赖程度下降了吗？虽然第七章的讨论集中在竞争行为上，但笔者将避免重复。相反，讨论的重点将是竞争与贸易关系如何相互作用。

第二，第八章的任务是估计考虑到区域贸易集团的第二套回归模型。并非所有国家都这样做，因为数据不允许。这里的目标是确定第四章的结果是否会让位于各国间更为清晰的贸易模式。某些类别的贸易可能比其他类别更重要。甚至可能这些关系的性质因区域类别而改变。

注释

1. Alfred T.Mahan, *The Problem of Asia and its Effect Upon International Policies* (Boston, MA: Little, Brown and Co., 1900), p. 43.
2. John Gooch, *Armies in Europe* (London: Routledge and Kegan Paul, 1980), pp. 70–2, 80–1, 109–22.
3. William H.McNeill, *The Pursuit of Power: Technology, Armed Force, and Society Since A.D. 1000* (Chicago: University of Chicago Press, 1982), pp. 256–7.
4. Arthur J.Marder, *The Anatomy of British Sea Power: A History of British Naval Policy in the Pre-Dreadnought Era, 1880–1905* (New York: Alfred A.Knopf, 1940), pp. 66–8.
5. Ibid., pp. 68–70.
6. Lt.-Col. P.D.Maud, 'Lord Haldane's Reorganization of the British Army, 1905–1912', in Gordon B.Turner (ed.), *A History of Military Affairs in Western Society Since the Eighteenth Century* (New York: Harcourt, Brace and Co., 1952), pp. 269–74.
7. J.F.C.Fuller, *War and Western Civilization, 1832–1932: A Study of War as a Political Instrument and the Expression of Mass Democracy* (1932; reprint. Freeport, NY: Books for Libraries Press, 1969), pp. 182–3; E.L.Woodward, *Great Britain and the German Navy* (Oxford: Clarendon, 1935), pp. 32–3; McNeill, *Pursuit of Power,* pp. 23–31.
8. See Maud, 'Lord Haldane's' and Fuller, *Western Civilization,* p. 183.
9. Russel F.Weigley, 'The Anglo-American Armies and Peace, 1783–1868', in Joan R.Challinor and Robert L.Beisner (eds), *Arms at Rest: Peacemaking and Peacekeeping in American History* (New York: Greenwood Press, 1987), p. 151.
10. James A.Huston, *The Sinews of War: Army Logistics, 1775–1953* (Washington, DC:GPO, 1966), pp. 305–6.
11. John Gooch, *Army, State and Society in Italy, 1870–1915* (New York: St. Martin's Press, 1989), p. 171.
12. R.J.B.Bosworth, *Italy, The Least of the Great Powers: Italian Foreign Policy Before the First World War* (London: Cambridge University Press, 1979), p. 24.
13. 有一种观点认为，意大利铁路并不是那么落后，参见 P.M.Kalla-Bishop, *Italian Railways* (Newton Abbot: David and Charles, 1971)。
14. Gooch, *Army,* pp. 171–2.
15. John Whittam, *The Politics of the Italian Army, 1861–1918* (London: Croom Helm, 1977), pp. 160–1.
16. Donald W.Mitchell, *A History of Russian and Soviet Sea Power* (New York: Macmillan, 1974), pp. xix-xx.
17. Holland Hunter, *Soviet Transportation Policy* (Cambridge, MA: Harvard University Press, 1957), p. 10.
18. W.Gordon East, *An Historical Geography of Europe* 5th edn, (1966; reprint. London: Methuen, 1967), p. 430.
19. Malcolm McIntosh, *Japan Re-Armed* (New York: St. Martin's Press, 1986), p. 6.

20. Alexander Kiralfy, 'Japanese Naval Strategy,' in Edward M.Earle (ed.), *Makers of Modern Strategy: Military Thought from Machiavelli to Hitler* (Princeton, NJ: Princeton University Press, 1943), p. 483.
21. Ibid., p. 484.
22. *W.G.Beasley, japanese Imperialism, 1894–1945* (Oxford: Clarendon, 1987), p. 36.
23. James L.Stokesbury, *Navy and Empire* (New York: William Morrow, 1983), p. 283.
24. Ibid.,p. 282.
25. Werner Schlote, *British Overseas Trade: From 1700 to the 1930s,* trans. W.O.Henderson and W.H.Chaloner (Oxford: Basil Blackwell, 1952), p. 79.
26. Weigley, 'Armies and Peace', p. 148.
27. Richard A.Preston, Sydney F.Wise, and Herman O.Werner, *Men in Arms: A History of Warfare and its Interrelationships with Western Society* (New York: Fredrick A. Praeger, 1956), p. 219.
28. Robert L.Schuyler, *The Fall of the Old Colonial System: A Study in British Free Trade, 1770–1870* (London: Oxford University Press, 1945), pp. 14–15, 195–9.
29. 参见 A.D.Couper, *The Geography of Sea Transport* (London: Hutchinson University Library, 1972)。
30. Robert E.Harkavy, *Great Power Competition for Overseas Bases: The Geopolitics of Access Diplomacy* (New York: Pergamon, 1982), p. 47; Paul M. Kennedy, *The Rise and Fall of British Naval Mastery* (New York: Praeger, 1976), p. 157. See also Preston, *Men in Arms,* p.223; and Schuyler, *Colonial System,* pp. 30–7.
31. T.Miller Maguire, *Outlines of Military Geography* (Cambridge: Cambridge University Press, 1899), pp. 88–9.
32. D.C.M.Platt, *Finance, Trade, and Politics in British Foreign Policy: 1815–1914* (Oxford: Clarendon Press, 1971), p. 86.
33. Ibid., p. 85.
34. Gerald Morgan, *Anglo-Russian Rivalry in Central Asia: 1810–1895* (London: Frank Cass, 1981), p. 213.
35. Eric Carlton, *Occupation: The Policies and Practices of Military Conquerors* (Savage, MD: Barnes and Noble, 1992), pp. 33–4.
36. Phillip Darby, *British Defence Policy East of Suez, 1947–1968* (London: Oxford University Press, for Royal Institute of International Affairs, 1973), pp. 2–4.
37. 这个数字是从1849年至19世纪末在印度境内或境外的军事行动清单中获得的，参见 *Sessional Papers for the House of Commons,* Vol. XCVI, 1905, pp. 848–61。
38. Willian C.Fuller, Jr., *Strategy and Power in Russia: 1600–1914* (New York: Free Press, 1992), p. 290.
39. Robert N.Taaffe, 'Transportation and Regional Specialization: The Example of Soviet Central Asia', *Annals of the Association of American Geographers* 52/1 (March 1962), p. 82.
40. George N.Curzon, *Russia in Central Asia in 1889, and the Anglo-*

Russian Question (1889; reprint. New York: Barnes and Noble, 1967), p. 44.
41. Morgan, *Anglo-Russian Rivalry,* p. 214.
42. 参见 Milan Hauner, *What is Asia to Us? Russia's Asian Heartland Yesterday and Today* (Boston, MA: Unwin Hyman, 1990)。
43. Paval A.Khromov, *Ekonomicheskoe Razvitie Rossii v XIX i XX Vekakh, 1899–1917* (Moscow: Gospolitizdat, 1950), p. 462.
44. Rogers P.Churchill, *The Anglo-Russian Convention of 1907* (Cedar Rapids, IA: The Torch Press, 1939), p. 7.
45. Hunter, *Soviet Transportation,* pp. 10–11, 161.
46. Hauner, *What is Asia,* pp. 98–9, 101.
47. Thomas E.Ross, 'Buffer States: A Geographer's Perspective', in John Chay and Thomas E.Ross (eds), *Buffer States in World Politics* (Boulder, CO: Westview, 1986), p. 15; Morgan, *Anglo-Russian Rivalry,* p. 1.
48. David B.Jenkins, 'The History of Afghanistan as a Buffer State', in John Chay and Thomas E.Ross (eds), *Buffer States in World Politics* (Boulder, CO: Westview, 1986), pp. 178–81.
49. Churchill, *Anglo-Russian,* pp. 148–9.
50. Jenkins, 'Buffer State,' p. 183.
51. Churchill, *Anglo-Russian,* p. 341.
52. Archibald Hurd and Henry Castle, *German Sea-Power: Its Rise, Progress, and Economic Basis* (1913; reprint, Westport, CT: Greenwood Press, 1971), pp. 88–9.
53. Ibid., pp. 90–2.
54. Ibid., pp. 95, 108–9, 292–4.
55. Theodore Ropp, 'Continental Doctrines of Sea Power', in Edward M.Earle (ed.), *Makers of Modern Strategy: Military Thought from Machiavelli to Hitler* (Princeton, NJ: Princeton University Press, 1943), p. 451.
56. Woodward, *Great Britain,* pp. 32–3; McNeill, *Pursuit of Power,* pp. 32–3.
57. Ivo N.Lambi, *The Navy and German Power Politics, 1862–1914* (Boston, MA: Allen and Unwin, 1984), pp. 27, 44–6, 113–33.
58. Woodward, *Great Britain,* pp. 32–3; McNeill, *Pursuit of Power,* pp. 32–3.
59. Jack Snyder, *Myths of Empire: Domestic Politics and International Ambition* (Ithaca, NY: Cornell University Press, 1991), p. 66.
60. Peter Padfield, *The Great Naval Race: The Anglo-German Naval Rivalry, 1900–1914* (New York: David McKay, 1974), p. 132; Ropp, 'Continental Doctrines', p. 451; McNeill, *Pursuit of Power,* pp. 304–5.
61. Woodward, *Great Britain,* pp. 73–4.
62. Ibid., pp. 74–5.
63. McNeill, *Pursuit of Power,* p. 305.
64. 当然，麦金德认为德国和俄国一样，有可能成为控制欧陆中心地带的潜在霸主。

65. Woodward, *Great Britain,* p. 12; Harold Sprout and Margaret Sprout, *Toward a New Order of Sea Power: American Naval Policy and the World Scene, 1918–1922* (Princeton, NJ: Princeton University Press, 1946), pp. 20–1.
66. M.H.Long, 'Imperial Policies of Great Britain', *Foreign Affairs* 6/2 (January 1928), p. 251.
67. Woodward, *Great Britain,* p. 12; Sprout and Sprout, *Toward a New Order,* pp. 20–1.
68. Kennedy, *Naval Mastery,* p. 212.
69. Kenneth J.Hagan, *American Gunboat Diplomacy and the Old Navy: 1877–1889* (Westport, CT: Greenwood Press, 1973), p. 188.
70. Alfred T.Mahan, *The Interest of America in Sea Power: Present and Future* (1897; reprint. Port Washington, NY: Kennikat Press, 1970), p. 66.
71. Ibid.
72. Ruhl Barlett, *Policy and Power: Two Centuries of American Foreign Relations* (New York: Hill and Wang, 1963), p. 123; Hagan, *Gunboat Diplomacy,* pp. 188–9.
73. David M.Pletcher, '1861–1898: Economic Growth and Diplomatic Adjustment', in William H.Becker and Samuel F.Wells, Jr. (eds), *Economics and World Power: An Assessment of American Diplomacy Since 1789* (New York: Columbia University Press, 1984), p. 127.
74. Ibid., pp. 164–5.
75. George Stambuk, *American Military Forces Abroad: Their Impact on the Western State System* (Columbus: Ohio State University Press, 1963), pp. 15–16.
76. William H.Becker, '1899–1920: America Adjusts to World Power', in William H.Becker and Samuel F.Wells, Jr. (eds), *Economics and World Power: An Assessment of American Diplomacy Since 1789* (New York: Columbia University Press, 1984), pp. 188–9; Barlett, *Policy and Power,* pp. 133, 135.
77. Tom E.Terrill, *The Tariff, Politics, and American Foreign Policy, 1874–1901* (Westport, CT: Greenwood Press, 1973), pp. 73–7.
78. Barlett, *Policy and Power,* p. 130.
79. Kim Key-Hiuk, *The Last Phase of the East Asian World Order* (Berkeley: University of California Press, 1980), p. 314.
80. Preston, *Men in Arms,* p. 232.
81. Ropp, 'Continental Doctrines', p. 448.
82. Edwin B.Hooper, *United States Naval Power in a Changing World* (New York: Praeger, 1988), pp. 102–3.
83. Bernard D.Cole, *Gunboats and Marines: The United States Navy in China, 1925–1928* (Newark: University of Delaware Press, 1983), pp. 24, 26, 28.
84. Bernard Brodie, *Sea Power in the Machine Age* (Princeton, NJ: Princeton University Press, 1941), p. 41.
85. E.H.Jenkins, *A History of the French Navy: From its Beginnings to the Present Day* (London: Macdonald and jane's, 1973), p. 292.

86. Charles W.Cole, *French Mercantilist Doctrines Before Colbert* (1931; reprint. New York: Octagon Books, 1969), pp. 221–2.
87. Jenkins, *French Navy,* pp. 294–7.
88. Ibid., pp. 303–4.
89. Ibid., pp. 298–9; Maurice Pearton, *Diplomacy, War and Technology* (Lawrence: University Press of Kansas, 1984), p. 61.
90. Jenkins, *French Navy,* p. 303.
91. Ibid.
92. Ropp, 'Continental Doctrines', p. 446.
93. Jenkins, *French Navy,* p. 307.
94. Ibid, pp. 304–5.
95. Brodie, *Sea Power,* p. 102.
96. Jenkins, *French Navy,* pp. 307–8.
97. Ibid., p. 309.
98. Ibid., pp. 308–9.
99. Ibid., p. 310.
100. Ropp, 'Continental Doctrines', p. 448.
101. Marder, *Anatomy,* pp. 145–6.
102. Tekeste Negash, *Italian Colonialism in Eritrea, 1882–1941: Policies, Praxis and Impact* (Uppsala: Almqvist and Wiksell International, 1987), pp. 2–3.
103. Whittam, *Italian Army,* p. 133.
104. Negash, *Italian Colonialism,* p. 39.
105 . R.J.B.Bosworth, *Italy, The Least of the Great Powers: Italian Foreign Policy Before the First World War* (London: Cambridge University Press, 1979), pp. 58, 59. Quote on p. 59.
106. Whittam, *Italian Army,* p. 133.
107. Ian H.Nish, *Japanese Foreign Policy 1869–1942: Kasumigaseki to Miyakezaka* (London: Routledge and Kegan Paul, 1977), p. 33.
108. Tatsuji Takeuchi, *War and Diplomacy in the Japanese Empire* (Garden City, NY: Doubleday, Doran, and Co., 1935) p.107; *Beasley, Japanese Imperialism,* pp. 133–4.
109. Giichi Ono, *Expenditures of the Sino-Japanese War* (New York: Oxford University Press, 1922), pp. 7–8, 88–9. 本书还讨论了日本在战争中的军事开支，并提供了一些有用的统计数据，参见Giichi Ono，*War and Armament Expenditures of Japan* (New York: Oxford University Press, 1922)。
110. *Nish, Japanese Foreign Policy, p.* 17.
111. McIntosh, *Japan Re-Armed,* p. 5.
112. Beasley, *Japanese Imperialism,* p. 79.
113. See, for example, Key-Hiuk, *World Order,* pp. 219–28, 231–2, 244–8.
114. Nish, *Japanese Foreign Policy,* p. 51.
115. Herbert Rosinski, 'The Limitations of Mahan and Tirpitz', in Gordon B.Turner (ed.), *A History of Military Affairs in Western Society Since the Eighteenth Century* (New York: Harcourt, Brace and Co., 1952), p. 356.
116. Fuller, *Western Civilization,* p. 190.

117. Platt, *Finance,* pp. 100–4.
118. Quoted in Ibid., p. xvi.
119. Pearton, *Diplomacy,* p. 107.
120. Ibid, pp. 107–8.
121. Paul Einzig, *The Economics of Rearmament* (London: Kegan Paul, Trench, Trubner, 1934), p. 19.
122. Ibid., pp. 15, 25.
123. Karl Polanyi, *The Great Transformation* (New York: Rinehart and Co., 1944), pp. 12–13. 这本书充满了对外交和国际经济互动的经典见解。
124. McNeill, *Pursuit of Power,* pp. 299–300.
125. Ibid., p. 300.
126. Marder, *Anatomy,* pp. 84–6.
127. Ibid., pp. 84–6, 90; Margaret L.Barnett, *British Food Policy During the First World War* (Boston MA: George Allen and Unwin, 1985), p. 5.
128. Hans Gustafsson, Bertil Oden, and Andreas Tegen, *South African Minerals: An Analysis of Western Dependence* (Uppsala: Nordiska Afrikainstitutet, 1990), p. 40.
129. John C.Kraft, 'Strategic Minerals and World Stability', in Gerard J.Mangone (ed.), *American Strategic Minerals* (New York: Crane Russak, 1984), p.9.
130. Ewan W.Anderson, *Strategic Minerals: The Geopolitical Problems for the United States* (New York: Praeger, 1988), p. 3.
131. Ibid., p. 14.
132. Patrick O'Sullivan, *Transport Policy: Geographic and Economic Planning Aspects* (Totowa, NJ: Barnes and Noble, 1980), p. 204.
133. Geoffrey Parker, *Western Geopolitical Thought in the Twentieth Century* (New York: St. Martin's Press, 1985), pp. 141–5.
134. Michael C.Desch, The Keys That Lock Up the World: Identifying American Interests in the Periphery', *International Security* 14/1 (Summer 1989), pp. 97–9.
135. Harkavy, *Great Power,* p. 47.
136. 在第一章中引用的大多数海军文献都涉及这个问题和相关的问题。
137. 也许有人会争辩说，通过政治协议，可以同样有效地维持通行权，而且各国也不愿使用武力强迫一个小国同意通行权，虽然有些相互矛盾的例子，一方面1967年苏伊士运河关闭并没有导致军事行动，但伊拉克对波斯湾的威胁却引发战争。
138. 参见 G.S.Bryan, 'Geography and the Defense of the Caribbean and the Panama Canal', *Annals of the Association of American Geographers* 31/1 (March 1941), pp. 83–94。
139. 仅从地理位置上看，除了巴拿马运河不会成为苏伊士运河的竞争对手，美国海军对巴拿马运河的控制也不会像英国对欧洲附近的狭窄海域和苏伊士运河的控制一样。Sprout and Sprout, *Toward a New Order,* p. 23; and Eugene van Cleef, *Trade Centers and Trade Routes* (New York: D. Applleton-Century, 1937), pp. 200–4.
140. Cleef, *Trade Centers,* p. 205.
141. R.A.Johns, *Colonial Trade and International Exchange: The Transition From Autarky to International Trade* (London: Pinter Publishers, 1988), p. 64.

142. Great Britain, *Suez Canal: Returns of Shipping and* Tonnage in House of Commons, *Sessional Papers* (London: HMSO, various years).
143. 引自 Hugh J.Schonfield, *The Suez Canal in Peace and War: 1869–1969* (Coral Gables, FL: University of Miami Press, 1969), p. 52。
144. Ibid., p. 51.
145. 有关德•莱塞普(De Lessep)为确保运河中立地位所做的努力的论述，参见 Pierre Crabites, *The Spoliation of Suez* (London: George Routledge and Sons, 1940), pp. 218–29。
146. D.A.Farnie, *East and West of Suez: The Suez Canal in History, 1854–1956* (Oxford: Clarendon Press, 1969), pp. 458–60.
147. Schonfield, *The Suez Canal,* p. 53.
148. Farnie, *East and West of Suez.*
149. Schonfield, *The Suez Canal,* p. 62.
150. Quoted in Ibid., pp. 62–3.
151. Cleef, *Trade Centers,* p. 181.
152. Farnie, *East and West,* p. 432.

第七章

贸易相互依赖和军事对抗

本章的目的是分析大国之间的竞争与国际贸易之间的相互作用。军事竞争对贸易关系的影响是潜在的、复杂的，因为贸易关系的许多场景都可以讨论。人们可以把重点放在两个敌对国家之间的贸易上，或者放在两个敌对国家对第三国的贸易上。第三国可以是另一个大国，也可以是一个本身就是竞争焦点的国家。还可以关注竞争对手和多边贸易之间的互动，这会让事情变得更加复杂。

这里的另一个复杂之处在于，在这项研究中，在克里米亚战争到 1913 年之间的某个时点，国家之间至少存在 12 种敌对关系。[1] 每一种都有其独特之处，而且都是涉及军事、外交和经济事务的复杂互动。这些竞争也不一定取决于某一具体问题或冲突线，而往往是一般化的竞争状态，即所涉国家的常态。

试图模拟大国之间存在的所有竞争将产生一个非常复杂的混乱局面。例如，至少有五个大国单独与英国存在某种形式的竞争，而这五个大国中的每一个都与其他大国存在额外的竞争。适当的模式还需要考虑到这些国家的联盟，这些联盟最初主要是为了抵御特定竞争路线所带来的威胁。

使问题进一步复杂化的是，需要将这些国家的贸易冲突包括在内，以便将经济冲突与军事和外交冲突的相互作用充分结合起来。这也将包括评估对联盟贸易的影响。因此,我们将有一个由12个国家之间的双边竞争组成的体系,这些竞争的强度和性质可能因竞争的不同而不同,其中还包括联盟和贸易关系,甚至可能包括相互依赖的措施。一个特定的模型是如何捕捉到所有这些因素而不造成混乱呢?

不过,相对容易做的是比较已知竞争对手的贸易和关税数据,从而了解它们的贸易关系。下面笔者将从国家间的竞争和联盟的角度介绍这些数据。笔者的目标不是概述大国之间的竞争,而是讨论这些竞争的经济层面,并将其与相互依赖的程度联系起来。

在第一次世界大战之前,虽然有许多不同的贸易冲突事件发生,但我们可以将它们分为两种大致的模式。第一种模式是英国与其他大多数大国之间的贸易冲突。这种贸易冲突模式反映了列强新贵与英国激烈竞争的兴起,以及英国在世界贸易中地位的变化。与英国的主要贸易冲突涉及德国、美国和法国。虽然有几次冲突似乎达到顶峰并有所下降,但经济摩擦的普遍状态可能会持续很长一段时间,这也是事实。英国在亚洲也面临来自日本的激烈竞争,日本在1894—1895年的甲午战争后成为英国更为棘手的竞争对手(尤其是在印度和中国)。在1890年至1913年间,日本对华出口增长了近13倍,而英国对华出口保持相对稳定,英国对此表示担忧。[2]

第二种贸易冲突模式是其他大国之间的贸易冲突,英国不一定参与其中。这些冲突也有特定的阶段,但也是长期贸易竞争的一般状态。俄德贸易冲突、法意贸易冲突以及欧洲大陆对美国经济竞争的担忧都是最突出的例子。

竞争和平均关税水平

把军事力量和商业之间的关系简单地看作贸易保护主义行为的一种功能,肯定是不准确的。所讨论的国家跨越了从自由主义到保护主义的范围,并且经常改变政策。此外,它们的贸易变量与军费开支的关系往往不同,有些也会发生变化。以美元为单位，美国的关税收入在这七个国家中是最多的，其余的则远远落后。与其他国家相比，日本的关税收入相当少，主要是因为日本在关税政策上缺乏自主权（直到 1911 年才完全恢复）。[3] 然而，在甲午战争之后，日本的关税收入开始攀升。

与其他国家相比，美国的关税水平占进口的比例也很高，而且下降速度相当缓慢。南北战争之后，美国的关税并没有像预期的那样下降。一系列关税法案（1883 年、1890 年、1894 年、1897 年、1909 年、1913 年）被通过，这些法案要么是公开的保护主义，要么至多是适度的保护主义。美国的这一比例高于该研究中除俄国以外的所有其他国家，俄国在 19 世纪 80 年代末超过了美国。然而，尽管数额巨大，美国的关税水平在世纪之交开始稳步下降。英国的平均关税水平一直是 7 个国家中最低的。令人惊讶的是，法国和德国的关税水平也相当低，尽管法国、德国、奥匈帝国、意大利和俄国的关税水平在 19 世纪 90 年代中期都有总体上升，然后在战争前经历了不同程度的适度下降。

表 7.1 和 7.2 显示了 7 个国家平均关税百分比变化及其水平的简单相关性。表 7.1 中的大多数相关性接近于零或非常弱。显著的例外是奥匈帝国与意大利、俄国之间的关联以及俄国与美国之间的关联。三个都是中度正相关。有一些相关性是中等或弱的，但也有负相关性。总的来说，平均关税水平的增长率没有太大的联动性。然而，如果研究滞后和其他变量，数据中可能存在更复杂的关系。关税冲突似乎确实意味着数据中的共同变动，但这些冲突可能太短暂，无法出现在相关性中。表 7.2 中的数据水平显示了不同的结果，尽管不一定是预期的结果。首先，英国、美国和日本与其他国家都呈负相关，但英国和美国之间存在适度的正相关。然而，英国与其他 5 个国家之间的相关性是负的，而且总体上较弱。这反映了一种趋势（无论多么微弱），即数据趋势偏离了英国统计数据。美国与其他国家的相关性从弱（日本）到强（奥匈帝国、法国）。强烈的负相关表明这两个数据的趋势大体上是朝着相反的方向移动的。

表 7.1　　1873—1913 年平均关税税率(百分比变化)相关程度

	英国	法国	德国	意大利	日本	俄国	美国
奥匈帝国	−0.146	0.112	0.127	0.379	−0.053	0.352	−0.028
英国		0.107	−0.077	0.057	−0.128	0.195	0.092
法国			0.006	0.056	−0.209	0.065	−0.386
德国				0.018	−0.089	0.292	−0.028
意大利					−0.049	−0.002	−0.283
日本						0.212	0.184
俄国							0.322

表 7.2　　1872—1913 年平均关税税率相关程度

	英国	法国	德国	意大利	日本	俄国	美国
奥匈帝国	−0.172	0.856	0.696	0.464	−0.097	0.699	−0.783
英国		−0.29	−0.212	−0.263	−0.114	−0.096	0.347
法国			0.867	0.741	−0.124	0.838	−0.757
德国				0.805	−0.094	0.904	−0.516
意大利					−0.395	0.766	−0.311
日本						−0.115	−0.152
俄国							−0.435

如果我们把高度的正相关性看作竞争性保护主义对抗的表面指标，那么英国和美国似乎都没有与任何其他国家处于竞争保护主义状态，至少不会持续很长时间。虽然美国在这一时期是保护主义国家，但总的关税水平在进口商品中所占的百分比与其他国家相比并没有明显地正相关。日本与其他国家的负相关度也很低，与意大利呈中度负相关。

法国、德国、奥匈帝国、意大利和俄国表现出与其他国家不同的模式。这五个国家之间的平均关税水平都呈高度的正相关关系。该结果符合这样一个事实，即这些国家通常比其他国家更倾向于重商主义贸易政策。这四个国家还相互卷入了贸易冲突。然而，这些相关性并不一定意味着贸易冲突，因为这些相关性通常不会体现在数据的百分比变化中。我们只能说，随着时间的推移，数据的水平也有类似的变化趋势。百分比变化中的任何协同运动都可能只在短时间内发生。

两国之间存在贸易冲突，也并不一定意味着两国平均关税之间存在高度的正相关关系。德国曾与英国发生过贸易冲突，但两者之间的相关性可以忽略不计。尽管英国和德国之间存在贸易竞争，但德国在整个冲突中一直享受着英国自由贸易政策的好处。

竞争的经济层面

虽然贸易伙伴之间的进口通常不是相互对立的，但它们在第三国市场上的地位反映了一种不同的模式。下面似乎至少有很好的描述性证据表明，许多竞争国家看到自己的贸易在其他的大国表现出相反的情况。然而，同样的证据往往表明，相互竞争的大国之间的贸易并不表现出两极分化，甚至不会反映出各国的抱怨。这里主要的例外是法国和意大利的贸易(见下文)。

正是在19世纪70年代，英国的贸易霸权开始受到挑战。在19世纪50年代和60年代，主要国家明显倾向于更自由的贸易。虽然没有一个国家像英国那样恪守自由贸易，但这种趋势甚至在德国和美国也很明显。[4]1860年至1867年间，法国对其贸易政策做了重大改革。法国走向自由贸易的运动始于1860年的《英法通商条约》(这是与欧洲签订的一系列条约中的第一个)，随后又采取了一系列减少关税和限制的措施，1866年至1867年的立法减少了与法国殖民地的贸易限制，结束了对外国船舶进口的附加税和对外国建造的船舶征收的吨位税。[5]法国甚至通过给予殖民地关税自治权，在1866年取消了对其殖民地的保护主义政策，这项政策是建立在法国和殖民地之间的互惠关系基础上的。[6]

然而，随着美国和欧洲大陆的民族工业的发展，各国政府变得更加激进，试图控制本国市场，并向外国市场进军。各国政府非常乐意支持铁路和港口设施的发展，并给予航运补贴和有利的航行限制，以帮助发展新的航运线路。[7]英国竞争对手转向保护主义的另一个原因是经济萧条，以及在意大利和德国的统一战争之后，更激进的民族主义的崛起。[8] 法国一直坚持自由贸易政策，直到 1892 年，它采取了更严厉的关税，并放弃了自 1860 年以来一直存在的自由贸易取向。[9] 法国还在其殖民政策中重新引入了保护主义，1892 年的法律对殖民地实行关税同化。[10]

随着西欧和美国的工业化，它们对英国的制成品征收高额关税，而英国则保持自由贸易政策，允许其新竞争对手的制成品免征关税。[11] 这些保护主义趋势意味着，英国对新竞争对手的出口将开始出现下降趋势，而竞争对手在英国进口中所占的份额将呈现略有不同的趋势[12]，尽管这些趋势在英国的主要贸易伙伴中并不都是明显的。例如，英国对美国的出口从 1870 年占英国出口总额的 12.8%下降到 1878 年的 7.1%。相比之下，同期英国从美国进口的商品从 1870 年占英国进口商品的 16.4%增加到 1878 年的 24.2%。

然而，从 19 世纪 70 年代起，欧洲工业化国家似乎和美国正在通过激进的竞争和保护主义行为损害英国的商业利益。还有一种观点认为，1869 年苏伊士运河的开通进一步推动了后来者的发展。这条运河当然也给英国带来了好处，但在运河开通之前，欧洲对好望角航线的依赖间接成就了英国的商业霸权。在英国控制的运河开通之前，欧洲与亚洲的贸易必须绕道好望角。好望角航线不仅使与亚洲的贸易成为一项长期事务，而且这种长途旅行也有风险，例如可能会因战争而中断贸易。此外，支持这种贸易所需的各种供应和服务都是由英国提供的。英国的海运霸权、仓储配送体系，以及英国对东方贸易的主导地位，使英国处于霸主地位。运河的开通，加上越来越多的轮船的使用，开辟了从欧洲南部和东部到亚洲的直接贸易路线。[13]

尽管苏伊士运河增加了通往世界的通道，但从运河开通到 1913 年，英国仍然对其保持着压倒性的统治地位。运河还为英国提供了通往东方的贸易和军事通道，使英国受益匪浅。值得注意的是，尽管英德竞争激烈，但在战前十年，德国通过运河的吨位增加的幅度足以使德国成为通过运河的第二大航运国（见表 6.21）。英国没有阻拦德国进入东方。然而，直到 1913 年，德国与英国的贸易冲突一直是贸易竞争的主线，军事对立并非是导致这种状况的唯一原因。到1885年，英德贸易冲突已全面爆发，但其根源可能在于1879年俾斯麦执政期间的政策变化，这可能已经开始扭转普鲁士贸易政策之前的自由主义趋势。[14]德国在1879年之前已经走上了自由贸易的道路，从1868年到1873年进行了一系列的关税削减，保护性关税也被放弃了(只保留用于财政收入目的的关税)。[15]关税削减在1877年全部生效，但随后不久又恢复了。俾斯麦改革的目的是优先考虑本国工业而不是外国工业，改革铁路系统和费率，以有利于德国货物的运输而不是外国的运输，并提供财政收入以支持国家财政的重组。[16]德国关税收入在1880年后开始增长，在1895年至1905年间达到最高水平，然后在战前有所下降。

英国媒体把1885年英国所经历的经济困难归咎于"德国人民的商业起义"。[17]然而，德国在19世纪80年代的贸易扩张是温和的。在19世纪80年代的后半期，进出口略有下降，直到80年代末才恢复。[18]然而，德国在外贸市场的份额正在增长。英国领事馆经常抱怨德国政府援助德国商业的做法，包括高额的关税和运费。无论英国在哪里失去了市场立足点，德国人似乎都有所收获。19世纪80年代德国进军南欧和东欧市场，以及德国进军亚洲市场、西半球市场，让英国外交部忧心忡忡。[19]

1885年，英国外交部向世界各地的外交和领事人员发出了一份调查问卷，以确定英国贸易的障碍是什么。尽管英国的贸易问题有许多原因，但德国进军当地市场的消息、德国房价低于英国、德国贸易代表拥有高超的外语技能，以及其他许多抱怨几乎随处可见。[20]

然而，直到19世纪90年代，英国人才开始担心德国过于激进的商业发展。英国的恐慌似乎随着英国贸易的滞后而上升，而随着英国贸易的复苏而下降。英国的保护主义者看到德国的影响力通过开放的贸易大门渗透到英国，这助长了对德国日益增长的民族主义敌对情绪。[21]到了1896年，德国人被普遍认为是世界上对英国最大的商业威胁，尤其是英国媒体。[22]

英国人有许多对德国不公平做法的指控。1894年，一场关于德国使用囚犯生产各种商品的争论爆发了。其中一项指控是,囚犯们复制英国模型制作产品,然后送往英国市场,以低于国内生产商的价格销售。1894 年秋,对德国监狱劳工的指控是,超过 44 000 名罪犯在 16 宗交易上与英国的产品产生了竞争。[23] 约瑟夫·张伯伦补充了这一指控,指出:德国人已将英国制造的模型运输回国,并在监狱里制作生产。目前,他们在各行各业生产大约 20 种不同的商品,因此,在他们企图破坏刷子贸易之后,还将入侵许多其他行业。[24]

然而,俾斯麦统治下的德国保护主义主要集中在农业上,德国与英国享有最惠国(MFN)地位。德国与意大利、希腊、西班牙和瑞士等国签订了相互间的贸易协定;德国通常与奥地利、匈牙利、比利时、荷兰、瑞典、挪威和法国签订了最惠国待遇,这意味着当法国与其他国家谈判减征关税时,德国将享受较低的税率。德国与美国和俄国的贸易问题有些紧张,这两个国家都希望出口农业,因此受到了德国关税的影响。[25] 事实上,德国与俄国的贸易冲突往往看起来比与英国的贸易冲突更严重(见下文)。

尽管英国的贸易版图彼时正被德国所侵蚀,但英国人的恐惧与英国本土市场的事实不成比例。确实有一些证据表明英国的贸易被竞争对手挤出了国外的某些市场(见下文),但是美国在英国进口市场上所占的份额要比德国大得多,第五章中提到,英国与美国的贸易严重失衡。

从第五章的进口数据中也很难看出,一个国家在另一个国家的市场上的收益是另一个国家的损失。例如,如果这一点在英德两国的情况下是正确的,那么我们可能会发现,德国在英国市场的地位是朝一个方向移动的,而英国在德国市场的地位是朝另一个方向移动的。但是,如表 7.3 和 7.4 所示,在英德的案例中相关证据并不充分。除了少数例外,这些表格表明,贸易伙伴在彼此进口中所占的份额一般没有关联。

表 7.3　　1870—1913 年与原产国进口的相关程度

	法国	德国	意大利	日本	俄国	美国
英国	0.291	−0.241	0.817	−0.769	−0.104	−0.294
法国		−0.129	0.924	na	−0.068	0.013

续表

	法国	德国	意大利	日本	俄国	美国
德国			0.545	0.75	0.341	0.509
意大利				−0.399	−0.221	na
日本					na	0.825
俄国						na

注:俄国—意大利相关计算时段为,1870—1906 年;所有与德国相关的计算时段为,1880—1913 年;所有与日本相关的计算时段为 1880—1906 年。

表 7.4　　1871—1913 年与原产国进口(百分比变化)的相关程度

	法国	德国	意大利	日本	俄国	美国
英国	−0.338	0.012	0.282	−0.134	−0.096	−0.068
法国		0.128	0.203	na	0.019	0.068
德国			0.314	−0.101	0.156	−0.035
意大利				−0.337	−0.157	na
日本					na	0.03
俄国						na

注:俄国—意大利相关计算时段为,1871—1906 年;所有与德国相关的计算时段为,1881—1913 年;所有与日本相关的计算时段为 1881—1906 年。

英国和日本之间的负相关性最强。数据显示,两国从对方的进口占其总进口的比例明显呈相反的趋势。虽然日本对英国的依赖程度很高,但随着时间的推移,日本对英国的依赖程度普遍下降了。英国的情况则相反,英国对日本的依赖程度非常低,而且随着时间的推移,英国对日本的依赖程度普遍有所增加。考虑到其他大多数国家的进口背离英国,英国和它们之间没有很强的负相关是令人惊讶的。缺乏负相关性表明,这种变化并非发生在贸易关系的两端。

表 7.3 中其余的相关性要么不显著,要么显著正相关。实际上,意大利与英国、法国和德国有着特别强的正相关。英国和法国没有其他类似的正相关,尽管美国与德国和日本都有很强的正相关。虽然我们可能会将强烈的负相关解释为表明每个国家在对方市场上的相对地位发生了不对称的变化(或许支持

英国对德国的上述抱怨)，但不清楚正相关反映了什么(如果有的话)。正相关显然表明每个国家的进口依赖于其他国家的同向变动，但这告诉我们什么呢？虽然上面的讨论没有指出，但其中一些国家可能在互惠的基础上提供进入其国内市场的机会。

表 7.4 显示了相同进口数据的相关性，尽管百分比有所变化。德国和美国与英国的负相关完全消失了，尽管英国和法国之间存在适度的负相关。意大利与英国、法国和德国的相关性仍为正，但弱得多，意大利与日本的相关性仍为负。其余的相关性接近于零。

尽管英国抱怨说，竞争对手在英国市场上获利的同时，英国却在自己的市场上亏损，但上述相关性通常不存在，第三国市场上存在这种两极分化的证据吗？下面是对其他贸易冲突和相关竞争的讨论，同时检验每个国家在其他国家的进口中的地位的相关性。

在这段时期的大部分时间里，英国是德国最大的贸易伙伴。从 1905 年到 1910 年，德国与英国的贸易有所下降，但直到战争结束，两国之间的贸易才有所恢复。俄国和美国是德国的第二大贸易伙伴，俄国在几年内超越了英国。英国、美国和俄国在这一时期是德国的三大主要贸易伙伴，也是战争期间德国的三大主要敌人。当然，随着时间的推移，美国逐渐成为主要的合作伙伴。这三个国家的贸易水平接近，到 1913 年这三个国家与德国的贸易货值超过了法国和意大利对德贸易。德国最好的贸易伙伴在战时刀兵相向，这不是很讽刺吗？

如果你看看竞争对手之间贸易的比例，就会看到稍微不同的情况。1880 年之后，德国与英国的贸易总额占德国贸易总额的比例上升了大约 10 年，但随后稳步下降。这一百分比的下降反映了这样一个事实：德国与世界贸易的增长速度快于与英国的贸易增长速度。这个事实可能与竞争的开始有关，也可能与之无关。

1870 年，英国开始对德国的总体贸易顺差，但对其他伙伴的贸易是逆差。此外，1870 年与美国的贸易逆差规模大于其他国家，1901 年增长到 1.246 亿美元的高点，到 1913 年下降到 8 220 万美元。此外，英国与德国的贸易在 1870 年至1912年期间一直保持顺差，而在1913年则是逆差。尽管德国的贸易行为可能很激进，但英国与美国之间才是真正的贸易失衡。当然，英国对法国和俄国的总体贸易也存在逆差，但从未增长到英国对美国的贸易逆差的比例。考虑到英德双边贸易，如果德国的收益并未导致英国的亏损，那么德国在英国市场上的地位是否与其他国家相反呢？表7.5显示了表5.5中总结的英国进口数据百分比之间的简单相关性。

表7.5 1870—1913年与英国进口的相关程度

	德国	意大利	日本	俄国	美国
法国	−0.496	0.489	−0.728	−0.039	0.181
德国		−0.073	0.382	−0.036	−0.023
意大利			−0.694	0.304	−0.376
日本				0.066	−0.163
俄国					−0.763

表7.5中的负相关性表明，德国在英国进口市场上的地位可能是以法国为代价增长的，尽管日本与法国（以及意大利）有很强的负相关性。在这里查看法国和德国数字的表格时，法国数字经历了很大的波动，但总体上是下行的。德国的数据比较稳定，随着时间的推移略有上升。意大利和美国之间适度的负相关关系也可能表明，当意大利的地位下降时，美国的地位也在上升。美国的地位似乎是以俄国为代价而上升的。调查英国从俄国和美国的进口后发现，自1870年以来，美国进口占英国进口的比例有所上升，而俄国进口占英国进口的比例略有下降。但在1913年来临之际，情况似乎相反，美国的数据明显下降，而俄国的数据略有上升。

从19世纪80年代后半期到1894年左右，德国与俄国的经济紧张关系是经济冲突的另一条主线，尽管德俄经济紧张关系在俄土战争后早就开始了。由于俄国预计对土战争会损害其财政健康，俄国在1877年就开始征收黄金关税，这实际上提高了俄国的关税。[26] 德国作为俄国的主要贸易伙伴，感受到了其政策变化带来的沉重负担，并于1879年开始提高德国关税。德国的加税影响了俄国对德谷物出口，从 1879 年至 1885 年，俄国对德国谷物的关税增至 400%，导致俄国谷物出口下降。[27] 虽然俄国在对土战争上的支出在几年里一直都是其沉重的财政负担，但在战争期间，俄国关税占进口总额的比例总体上却是适中的。然而，在此期间之后，俄国的关税及其在进口中所占的百分比将大幅增加。

德国和俄国之间的经济冲突在 19 世纪 80 年代后半期恶化。1885 年 4 月和 1887 年 5 月，俄国分别提高了对生铁、煤、铁矿石、金属、机器和农产品的关税，两国之间正在进行关税战。德国随后于 1885 年 5 月提高关税，并于 1887 年 12 月再次提高关税。[28] 俄国的高度保护性关税在 1881 年至 1891 年间提高了 8 次，最终达到了 1891 年的水平，这是自 1850 年以来的最高水平。虽然俄国普遍提高关税的做法影响到所有国家，但这一关税对陆运贸易是歧视性的，它损害了德国与英国在向俄国供应煤、铁和其他产品方面的竞争。[29] 在这场贸易冲突之前，德俄经济关系的基础是俄国向德国出口农产品并从德国接收工业品，再加上德国的财政援助俄国的发展。随着两国对彼此采取更加严苛的经济政策，这种关系基础发生了变化。[30]

德国和俄国开始谈判解决它们的问题，直到 1891 年年底，但未能达成协议。1893 年 8 月 1 日至 16 日，两国之间爆发了关税战。1893 年 8 月 1 日，德国运往俄国的货物被征收最高关税（制成品约占 30%，半制成品约占 20%）。德国对此的回应是，对已经受关税限制的俄国商品征收 50%的关税。例如，当时对俄国面包征收的关税，比对美国、匈牙利、罗马尼亚和阿根廷面包征收的关税高出约 115%。作为报复，俄国将德国商品的关税提高了 50%，提高了对德国船只的运费，芬兰也采取同样措施。作为回应，德国也对来自芬兰的商品征收 50%的关税。[31]

德国和俄国都在寻求解决冲突的办法。俄国希望与德国签订条约作为解决冲突的第一步，而德国则希望与俄国达成一项协议，以对抗法俄同盟。1894 年 2 月双方签订了一项条约，并都从中获益。俄国获得了最惠国待遇，获得了较低的谷物关税，并取消了亚麻、油籽和羊毛等其他商品的关税。俄国在向德国出口石油方面税率也较美国有优势。德国则对 120 种商品（例如，皮革制品关税降低 20%，未锻铁关税降低 17%，铁机械关税降低 18%，陶器关税降低 17%，纸张关税降低 17%，毛织纸关税降低 12%，毛织纸关税降低 12%，毛织纸关税降低 12%)[32]，俄国和德国也同意在 10 年内不提高某些商品的关税。此外，俄国同意不再区分海运货物和陆运货物，这原本阻碍了德国在俄国增强竞争力，德国同意俄国货物在普鲁士国家铁路上的运输费率不再高于国内货物。[33]

1884 年至 1886 年间，由于这场冲突，德国与俄国的贸易额有所下降，不过在这十年的剩余时间里，德国与俄国的贸易开始复苏，直到 1913 年，德国与俄国的贸易额一直呈上升趋势(尽管有波动)。按百分比计算，19 世纪 80 年代，德国与俄国的贸易总额在德国贸易总额的 7%至 9%波动(1886 年为 6.8%的低点)，但在 1900 年至 1913 年间，德国与俄国的贸易总额将在 10%至 12%波动。

如果在德国进口市场上有哪个国家的贸易与英国相反，那么这个国家就是俄国、美国、日本，或者三者都相反，如表 7.6 中英国与各国之间的负相关关系所示。在考察四国数据的变动时，美国和英国似乎最明显地相互对立。英国的数据在 1880 年后开始上升，然后稳步下降，而美国的数据似乎相反。俄国的数据总体上是上升的，虽然不是直线上升，但始终是波动的。当英国的数字下降时，它似乎上升，反之亦然。日本的数字虽然很小，但随着时间的推移也趋于上升。法国在德国进口市场上的份额似乎也转移到了英国之外的其他各国。

表 7.6　　1880—1913 年与德国进口的相关程度

	法国	意大利	日本	俄国	美国
英国	0.302	0.073	−0.7	−0.59	−0.51
法国		−0.692	−0.8	−0.409	−0.859
意大利			0.396	0.042	0.514
日本				0.544	0.896
俄国					0.383

因此，德国的表格似乎表明，其进口从英国和法国转向美国、俄国、日本，甚至意大利。法国努力寻求与俄国结盟的部分原因是为了制衡德国的威胁。法

国在俄国财政中的作用很小，但在19世纪80年代后半期开始扩大。据乔治·F.凯南(George F. Kennan)说，1886年法国对俄国的投资仅为150万法郎，约占法国对外投资的9.4%。法国向俄国政府提供的贷款约占俄国贷款的15%，而德国提供了约60%。[34]

在1888年至1889年间，俄国从法国获得了三笔贷款，从德国获得了一笔小额贷款，这极大地改善了俄国的财政状况。[35]法国努力成为俄国的主要金主，是法国寻求与俄国结盟的政治经济背景。法国最关心的是得到俄国的保证，即反对任何威胁和平的三国同盟。鉴于二者的安全考虑，无论如何它们都会合作，此举无疑是画蛇添足。[36]

表7.7和7.8是法国和俄国进口数据的相关性。表7.7中美国和英国之间的负相关性最强，尽管英国和德国之间的负相关性适中，而美国和意大利之间的负相关性稍强。我们没有看到俄国的进口状况与德国的负相关，这是我们可能预期的。相反，这些相关性表明，美国在法国的进口市场中取得了进展。

表7.7　**1870—1913年与法国进口的相关程度**

	德国	意大利	俄国	美国
英国	−0.303	0.72	0.016	−0.527
德国		−0.249	−0.197	0.208
意大利			0.08	−0.45
俄国				0.299

表7.8　**1870—1913年与俄国进口的相关程度**

	法国	德国	意大利	美国
英国	0.215	0.07	0.5	−0.179
法国		−0.285	0.411	0.048
德国			−0.123	−0.765
意大利				0.084

注：美国—意大利的相关计算时段为1870—1906年。

表7.8显示德国和美国之间有很强的负相关性，而法国和德国之间只有很

弱的负相关性。在考察德国和美国在俄国进口中的数字时，德国的数据似乎在早年趋于下降，在19世纪90年代中期达到低点，而美国的数据在早年趋于上升。在这一时期的第二部分，德国的数据趋于恢复和平稳上升，直到战前的最后一两年才出现急剧下滑。美国的这一数据在1890年后开始下降。如果说法德之间的竞争以及由此产生的1894年的同盟关系影响了俄国与德国和法国的贸易，那么，这种影响是轻微的。

两个竞争对手之间贸易分化的一个非常典型的例子就是法国和意大利。虽然在第一次世界大战之前，这两个国家之间的冲突并不是主要的冲突线，但法国和意大利在几条战线上都处于敌对状态。在贸易方面，意大利和法国的关系在1881年恶化，并在整个十年中一直未能改善。1881年法国对意大利施加经济压力，1886年法国拒绝与意大利签订通航条约，1886年意大利谴责与法国签订的通商条约(自1881年生效)，这些都是这场冲突的主要节点。意大利人对法国占领突尼斯感到不满，在意大利转向德国之后，法国人试图切断意大利与三国同盟的关系，并坚持认为只要意大利保持与德国的联系，法国和意大利之间就不可能达成通商条约。[37]

当英国削减其地中海舰队的规模，集中更多海军力量于本国水域以应对德国的挑战时，法国和意大利之间的冲突可能会加剧。意大利可能因此更容易受到法国的影响，法国提高了其地中海舰队的规模，这使意大利与三国同盟的关系更加密切。[38] 随着意大利和法国之间的冲突加剧，甚至出现了战争的可能性。

当时，法国和意大利之间的贸易冲突受到外交和战略问题的影响，这些问题与欧洲大陆的联盟政治和北非的殖民事务有关。贸易冲突的结果是它们之间的贸易总额急剧下降。意大利对法国的依赖远远超过法国对意大利的依赖。当时，法国的贸易模式比意大利更全球化，按绝对体量计算，法国的贸易额也比意大利多。然而，与上述其他贸易冲突不同的是，法国和意大利之间的贸易下滑持续了很长一段时间。1880年，意大利与法国的总贸易额占意大利总贸易额的比例为31.2%，此前经常高于这一水平。自1913年达到意大利贸易总额8.2%的低点后，贸易将稳步下降。这种对法国依赖程度的下降，部分原因当然是由于意大利其他地区贸易的普遍增长，但1880年之后，意大利从法国的转移更加明显。

表7.9中法国的情况比表7.7中意大利的情况更为极端，这可能是因为意大利对法国的依赖程度高于法国对意大利的依赖程度。表7.9中的英国和法国数据与德国和美国有很强的负相关，与日本和俄国也有很强的负相关。德国、日本、俄国和美国在意大利市场(俄国和日本除外)都具有很强的正相关关系，这表明，尽管存在波动和幅度差异，但每个国家的地位通常会随着时间的推移而上升。尽管英国和法国对意大利的进口下降总体上保持稳定，但在与意大利的贸易冲突爆发后，法国的进口下降幅度变得剧烈起来。

表7.9　　1870—1913年与意大利进口的相关程度

	法国	德国	日本	俄国	美国
英国	0.712	—0.832	—0.602	—0.51	—0.761
法国		—0.923	—0.607	—0.691	—0.847
德国			0.695	0.527	0.854
日本				—0.027	0.724
俄国					0.468

最后的表格是针对美国和日本的(表7.10和7.11)，其中也包含了主要贸易伙伴进口百分比的相关性。最显著的负相关性包括英德关系和英日关系。英国的数字在大多数年份里似乎都在急剧平稳地下降，而其他两个国家的数字则平稳地上升，尽管它们都低于英国的数字。

表7.10　　1870—1913年与美国进口的相关程度

	法国	德国	日本
英国	0.021	—0.733	—0.843
法国		—0.201	—0.241
德国			0.585

表 7.11　　　　1880—1906 年与日本进口的相关程度

	法国	德国	意大利	俄国	美国
英国	0.899	−0.761	0.834	−0.704	−0.747
法国		−0.708	0.797	−0.503	−0.705
德国			−0.843	0.594	0.56
意大利				−0.708	−0.505
俄国					0.52

表 7.11 再次显示了德国与英国和法国的强负相关,尽管英国和法国也与俄国和美国有强负相关。意大利也与德国、俄国和美国有着强烈的负相关。英国的跌幅最大,而法国的跌幅更为平稳。美国的数据显示,随着时间的推移,上升幅度最大,其次是德国。

大国贸易对抗目标:土耳其和埃及的案例

第三种贸易情景是大国之间对另一个地区或国家的贸易。这里只研究了两个案例(土耳其和埃及),以免读者看到一长串的表格。这种对贸易的关注背后的原因是,要确定在经济和军事规模较小的国家,敌对大国的贸易地位是否相互对立,同时也是竞争的焦点。

下面的数据表明,竞争对手在土耳其和埃及的贸易地位确实表现出与非竞争对手的贸易地位不同的模式。例如,德国与英国、法国在土耳其的贸易地位是负相关的,而英国与法国、俄国在土耳其的贸易地位则不是。下面提供的证据是有选择性的,这些方法与上述方法一样,都是描述性的。这些相关性只能说明数据水平上的一般趋势是什么,证据也有些浅显。

这里的第一个案例涉及土耳其和巴格达铁路问题期间围绕竞争的贸易问题。这个问题本身就是外交、经济和军事问题如何在和平时期的对抗中结合起来的一个典型例子。此外,围绕巴格达铁路的冲突是战前英德、俄德、英俄三条竞争主线的缩影。当然,巴格达铁路问题在这里没有充分讨论。笔者只是概述了冲突的基本情况,并试图将这些问题与贸易关系联系起来。

巴格达铁路问题始于19世纪80年代后期,当时土耳其苏丹向德国提出延长安纳托利亚铁路系统的特许权。随着时间的推移,这个问题变成了少数几个国家之间的主要争论,并与所有国家的更宏观的竞争、战略和贸易立场联系在一起。尽管当时特许权主要是一个经济问题,但德国外交部对此事产生了兴趣。英国、法国和比利时的公司在得知德国获得特许权的消息后提出了建议。[39]

英国和俄国也反对德国在土耳其的特许权,表面上原因不同。英国人反对计划修建的铁路线[科尼亚(Konia)到君士坦丁堡]穿过位于士麦那(Smyrna)的两条英国铁路线。英国人甚至暗示可能会举行反对这条线的示威游行,但德国人和英国人最终解决了这个问题。[40] 俄国反对所有寻求特许权的势力,以免土耳其的实力有任何的增强。[41] 然而,有关特许权的协议最终于1893年2月签署,科尼亚铁路线于1896年完工。

土耳其人寻求安纳托利亚铁路的进一步扩建,并明确偏爱德国人。德国人实际上试图淡化他们可能获得的任何外交利益,以避免把铁路问题变成外交斗争。[42] 虽然德国人看到了潜在的军事优势,以及在该地区将获得的外交威望,但他们也希望分散财政风险,让该项目保持开放状态,以便向世界表明,德国人并没有积极扩张到土耳其。[43]

德意志银行在1899年向土耳其申请了另一项特许权,将铁路从科尼亚延伸到巴格达,最终得到了批准。俄国人先前对德国在土耳其扮演的角色感到满意,但随着德国在土耳其的经济和政治利益的提升,俄国人变得惊慌失措。俄国最终寻求土耳其的特许权,以获得在黑海盆地建造铁路的特许权,土耳其同意了(豁免自身)。[44]

随着时间的推移,这个项目的谈判变得相当复杂,并在世纪之交之后卷入了欧洲大陆的政治。例如,1903年谈判破裂,此后,铁路问题从经济问题升级为外交和战略问题。从那时起,铁路问题就成了欧洲政治家们关心的问题,而在此之前,铁路问题只是众多银行家和土耳其苏丹的问题。[45] 一开始,德国愿意让其他国家参与进来，以避免把它变成一个政治问题，但俄国和英国的利益开始相互冲突，也与德国的利益发生了冲突。

俄国人反对通过铁路来加强土耳其的实力，这会影响俄国在那里的影响力，甚至可能会向西欧开放波斯市场。[46] 直到世纪之交，德国成为英国的主要竞争对手，英国对铁路项目的兴趣才成为决定性的战略兴趣。尽管英国有意让德国和俄国保持不和，但直到布尔战争结束后，该项目才与英国控制东方通道这一更大问题纠缠在一起。一条由德国控制的通往波斯湾的铁路线可能会削弱英国的地位。[47] 德国的立场也发生了变化。首先，土耳其铁路的发展对德国来说是一个经济问题。但由于这些利益受到竞争对手的攻击，德国在土耳其的铁路发展陷入了更大的战略问题。虽然德国与土耳其的贸易规模很小，但它象征着德国对东方的渗透。[48] 俄国和英国的利益与这些事态发展根本不相容。相比之下，法国的利益在铁路问题上并不完全明朗。法国金融家在该项目中投入了资金，但法国采取的官方立场是忠于与俄国的联盟(1894 年)，并在该问题上跟随英国和俄国的政策。[49]

当时，土耳其的铁路问题反映出几条冲突线。第一，存在英俄对立的问题，每个国家都会反对对方势力在土耳其得到加强。第二，是俄土冲突。俄国对任何可能增加土耳其实力的事情都持谨慎态度。第三，早期英国的目标是保持俄国和德国的分歧，这意味着英国不喜欢任何承诺德俄合作的东西。第四，也是最重要的一点，在布尔战争之后，铁路问题成为英德之间的竞争，德国试图获得一条通往波斯湾的陆路路线，这威胁到了英国对这条通往东方最短路线的统治地位。

在贸易方面，英国和法国担心土耳其正被贸易力量拖入同盟国的轨道。[50] 总的来说，与土耳其的贸易只占列强贸易的一小部分。就百分比而言，土耳其在这一时期从未达到俄国贸易的 5%，从未达到法国贸易的 4%，在 1910 年和 1911 年仅达到德国贸易 1%的高点，也从未超过英国贸易的 2.58%(1870 年)。俄国和土耳其的贸易是四年来最不稳定的。1877 年，由于俄土战争，俄国与土耳其的贸易额骤降到不到俄国贸易额的 1%，但第二年又回升到略高于 2%。

接下来的十年，俄国与土耳其的贸易大幅波动，然后在某种程度上稳定下来。然而，俄国对土耳其的贸易占俄国贸易的百分比总体趋势是下降的。英国和法国与土耳其的贸易也是如此。虽然在此期间，英国和法国与土耳其的贸易额非常稳定，但其相应百分比的总体趋势都是下降的。

表 7.12　　1870—1913 年各大国与土耳其贸易百分比

年份	英国	法国	德国	俄国
1870	2.58	3.49	0	2.78
1875	1.97	2.67	0	2.96
1880	1.59	2.1	0	4.11
1885	1.79	2.55	0.14	2.75
1890	1.62	2.36	0.57	1.83
1895	1.62	2.02	0.8	na
1900	1.28	1.79	0.6	1.5
1905	1.28	1.53	0.92	1.32
1910	1.11	1.26	1.05	na
1913	0.95	1.16	0.82	na

注：表中数字为每个国家向土耳其进出口占土耳其总贸易的百分比。

资料来源：参见附录 1 中各国相关统计来源。

当我们看看同土耳其的贸易占土耳其贸易的百分比时，也可以看到类似的贸易地位（见表 7.13）。英国和法国在土耳其市场的份额虽然一直很可观，但总体上呈下降趋势。1878 年，英国占土耳其贸易额的 46.6%，但 1913 年降至不到一半，仅略低于 20%。同样，法国在 1878 年开始时占土耳其市场的 20% 以上，到 1913 年结束时仅略高于 12%。

表 7.13　　1878—1913 年土耳其与主要贸易国百分比

年份	英国	法国	德国	俄国	其他
1878	46.6	20.48	0.18	6.22	26.52
1880	38.32	21.13	0.17	6.87	33.51
1885	41.62	18.88	0.08	6.7	32.73

续表

年份	英国	法国	德国	俄国	其他
1890	40.93	18.24	0.5	5.41	34.93
1895	37.32	17.11	1.75	5.35	38.47
1900	35.86	18.47	3.23	6.54	35.91
1905	33.96	14.66	5	4.73	41.64
1910	21.31	12.82	8.01	5.7	52.16
1913	19.98	12.32	9.25	6.79	51.65

注：百分比为占土耳其总贸易的百分比。

资料来源：B. R. Mitchell，*International Historical Statistics*：Africa and Asia（New York：New York University Press，1982）。

俄国在土耳其贸易中所占份额有所波动，但仍保持在5%至7%。然而，德国在土耳其贸易中的份额在世纪之交之后急剧增加，但从未达到土耳其贸易总额的10%。很明显，土耳其在这一时期开始时对英国和法国有着强烈的贸易导向，但随着时间的推移，土耳其转向了其他国家。有趣的是，土耳其与世界其他地区（表中为“其他”）的贸易已增长为土耳其贸易的主要部分。尽管英国和法国担心德国试图控制土耳其贸易，但德国在土耳其贸易总额中所占比例相对较小。英国和法国在土耳其的市场输给了世界其他国家，而不是德国。

从表7.14的相关性可以看出土耳其市场的相对损益情况。上述相关性是每个国家在土耳其进口中所占的百分比（即表7.13中数据的进口方面）。英国和法国之间存在很强的正相关关系，但两者都与德国数据存在很强的负相关关系。英国和法国也与世界其他国家呈强烈的负相关性。尽管这些相关性至少与下述观点相符：土耳其是以牺牲英国和法国为代价，被拉入德国的阵营，但土耳其与其他国家的贸易也在扩张。

表7.14　　1878—1900年与土耳其进口的相关程度

	法国	德国	俄国	世界
英国	0.626	−0.801	−0.107	−0.912
法国		−0.551	−0.082	−0.801

续表

	法国	德国	俄国	世界
德国			－0.129	0.76
俄国				－0.167

下面介绍埃及的情况，主要是因为它与土耳其的情况有关。当然，埃及本身就很重要，因为它是苏伊士运河的所在地，但运河作为通往东方的最短路径的作用也与土耳其问题有关，原因主要有两个。一个是土耳其是埃及名义上的宗主国，另一个是铁路线问题，至少在言辞上，是围绕英国控制海洋的陆上线。德国试图获得一条通往东方的陆路，至少在一定程度上是为了摆脱英国对其通道的控制。通往波斯湾的陆路就是这样一种尝试。此外，德国和土耳其的关系可能削弱或至少威胁到英国对埃及的控制。

笔者不会过多谈论巴格达铁路问题的地缘政治以及它与埃及的关系，这种事很容易夸大。在此只需指出，埃及也是一个竞争的焦点。当然，在德国人到来之前，法国和英国在该地区是竞争对手，俄国也对该地区感兴趣。事实上，埃及是唯一一个经常出现在俄国贸易表中的非洲国家。非洲的其余国家如果与俄国有任何贸易往来，也不过被统计在表中的"其他"一栏中。德国一直是本项研究的焦点，在竞争和贸易关系方面，也有其他可能反映在下面的数据中。

如表 7.15 所示，英国对埃及的进口依赖度总体上较小，但大于其他国家。就贸易额而言，英国与埃及的贸易在整个时期都是最大的；在这五国中，法国是埃及的第二大贸易国，直到这一时期末才被德国超越；意大利和俄国也是埃及的主要贸易国，但都没有达到法国的水平。像上面的例子一样，与埃及的贸易在所有这些国家的贸易中所占的份额很小。尽管在世纪之交之后，英国与埃及的贸易占比经常超过英国贸易的 2%。

表 7.15　　1880—1913 年各大国与埃及贸易百分比

年份	英国	法国	德国	意大利	俄国
1880	1.77	1.1	0.16	1.65	na
1885	1.95	0.75	0.13	1.27	1.84

续表

年份	英国	法国	德国	意大利	俄国
1890	1.58	0.65	na	1.16	1.35
1895	1.84	0.69	0.3	0.96	1.37
1900	2.14	0.79	0.52	1.35	1.58
1905	2.37	1.18	0.68	1.51	0.68
1910	2.47	1.03	0.78	1.5	na
1913	2.23	0.98	0.77	1.23	na

注：表中数字为每个国家进出口占埃及总贸易的百分比。

资料来源：参见附录1中各国相关统计来源。

就埃及的进口而言（见表7.16），埃及对英国的进口依赖从占绝对多数下降到1913年的不到38%。法国和意大利在埃及进口中的地位大致相同，俄国的数字在前几年有所下降，之后也保持不变。尽管德国在埃及进口中的地位与英国相比仍然很小，但德国在埃及进口中的地位持续增长，直至在这一时期末成为埃及的第二大进口国。

表7.16　　1880—1913年埃及与主要贸易国的贸易百分比

年份	英国	俄国	法国	德国	意大利	其他
1875	69.75	1.57	13.52	na	4.43	10.73
1880	59.05	3.94	10.89	na	3.96	22.16
1885	52.32	8.31	9.77	0.25	6.15	23.23
1890	53.81	6.65	8.7	0.33	4.96	25.56
1895	47.43	7.55	9.36	3.14	3.49	29.03
1900	47.32	5.82	8.9	4.98	4.08	28.91
1905	42.35	4.22	9.58	6.4	4.2	33.25
1910	41.2	4.27	9.78	8.21	3.76	32.78
1913	37.7	5.32	9.21	9.65	4.27	33.87

注：百分比为占埃及总贸易的百分比。

资料来源：B. R. Mitchell，*International Historical Statistics*：Africa and Asia（New York：New York University Press，1982）。

因此,表 7.17 的相关性显示了与上面的土耳其案例类似的结果。德国与英国有很强的负相关,但与法国没有,尽管英国和法国之间有很强的正相关。德国和俄国也有很强的负相关,尽管英国和法国也与俄国有同样的关系。

表 7.17　　1874—1913 年与埃及进口的相关程度

	法国	德国	意大利	俄国	世界
英国	0.802	−0.731	−0.085	−0.525	−0.953
法国		0.001	−0.052	−0.762	−0.852
德国			0.837	−0.728	0.069
意大利				−0.241	−0.155
俄国					0.603

注:德国相关计算时段为 1884—1913 年。

意大利的数据与德国有很强的正相关,但与英国和法国没有关系,与俄国只有弱的负相关。最后,英国和法国与世界其他国家也有很强的负相关性。虽然证据表明,英国和法国有可能在埃及市场上输给德国,但也有可能输给世界其他国家。

结　论

虽然上述论证很大程度上是描述性的,但可以合理地认为,大国竞争对手之间的进口并不像它们抱怨的那样真正对立,它们的对立主要体现在第三国市场的进口方面。人们可以通过使用上述类型的贸易数据估计冲突与贸易之间的关系模型,从而将这一讨论提升到更具有分析性的水平。大多数冲突和贸易模型使用的是简单的双边贸易总量,但可以使用更富想象力的方法,捕捉不同的贸易场景。这里的主要困难,尤其是历史数据,将是为这样一个课题定义一组适当的回归量。虽然一般性的冲突项可能有用,例如,特定贸易市场的冲突和/或两个对立国家之间的冲突将是最为有趣的。上述论证还表明,各国的贸易立场与更大的冲突和竞争问题交织在一起。军事/战略问题,例如控制通往亚洲的海上航线,既是商业问题,也是军事问题。然而,从上面和第六章可以清楚地看出,这些国家之间的军事力量和商业之间的相互作用是一个复杂棘手的难题。

注释

1. 这些竞争对手包括英俄、英法、英德、英美、英日、俄日、美日、德法、德俄、德意、意奥和奥俄。
2. Ian H.Nish, *Alliance in Decline: A Study in Anglo-Japanese Relations, 1908–1923* (London: The Athlone Press, 1972), p. 10.
3. Tatsuji Takeuchi, *War and Diplomacy in the Japanese Empire* (Garden City, NY: Doubleday, Doran and Co., 1935), p. 107; W.G.Beasley, *Japanese Imperialism 1894–1945* (Oxford: Clarendon Press, 1987), pp. 133–4.
4. Albert H.Imlah, *Economic Elements in the Pax Britannica: Studies in British Foreign Trade in the Nineteenth Century* (Cambridge, MA: Harvard University Press, 1958), p. 193.
5. Michael S.Smith, *Tariff Reform in France, 1860–1900: The Politics of Economic Interest* (Ithaca, NY: Cornell University Press, 1980), p. 28.
6. Arthur Girault, *The Colonial Tariff Policy of France* (Oxford: Clarendon Press, 1916), p. 6.
7. Ross J.Hoffman, *Great Britain and The German Trade Rivalry: 1875–1914* (New York: Russell and Russell, 1964), pp. 12–13.
8. Imlah, *Pax Britannica,* p. 194.
9. Smith, *Tariff Reform,* p. 196.
10. Girault, *Colonial Tariff,* pp. 6–7.
11. Werner Schlote, *British Overseas Trade: From 1700 to the 1930s* (Oxford: Basil Blackwell, 1952), p. 82; Imlah, *Pax Britannica,* p. 195.
12. Schlote, *British Overseas Trade,* p. 83.
13. Hoffman, *Trade Rivalry,* p. 70.
14. Imlah, *Pax Britannica,* pp. 193–4.
15. Percey Ashley, *Modern Tariff History: Germany-United States-France* (London: John Murray, 1910), pp. 52–3.
16. Ibid., pp. 58–9.
17. Hoffman, *Trade Rivalry,* p. 74.
18. 参见下文的讨论; Ashley, *Tariff History,* pp. 80–4。
19. Hoffman, *Trade Rivalry,* p. 74.
20. 同上，见附录1，第305-324页，内载对问答的回应
21. 参见 Paul M.Kennedy, *The Rise of the Anglo-German Antagonism, 1860–1914* (London: Ashfield Press, 1980)。有关英德贸易冲突的讨论贯穿全书，但在19世纪90年代末和20世纪初的261-266页特别提到了这些问题。
22. Hoffman, *Trade Rivalry,* pp. 224–31.
23. Ibid., pp. 236–8.
24. Quoted in ibid., p. 238.

25. Ashley, *Tariff History,* p. 83.
26. George F.Kennan, *The Decline of Bismarck's European Order: Franco-Russian Relations, 1875–1890* (Princeton NJ: Princeton University Press, 1979), pp. 226–31.
27. Ibid.
28. Dietrich Geyer, *Russian Imperialism: The Interaction of Domestic and Foreign Policy, 1860–1914* (New Haven, CT: Yale University Press, 1987), p. 152.
29. Ashley, *Tariff History,* pp. 92–3.
30. Geyer, *Russian Imperialism,* p. 60.
31. Ashley, *Tariff History,* pp. 94–5.
32. Ibid., p.97.
33. Ibid., p.98.
34. Kennan, *European Order,* pp. 236–7.
35. Ibid., p. 401.
36. William L.Langer, *The Franco-Russian Alliance: 1890–1894* (Cambridge, MA: Harvard University Press, 1929), pp. 187, 399–400.
37. Ibid., pp. 115–16.
38. R.J.B.Bosworth, *Italy, the Least of the Great Powers: Italian Foreign Policy Before the First World War* (London: Cambridge University Press, 1979), p. 268.
39. J.B.Woolf, *The Diplomatic History of the Bagdad Railroad* (1936; reprint. New York: Octagon Books, 1973), p. 16.
40. Ibid., pp. 16–17.
41. Ibid., p. 16.
42. Ibid., pp. 10–1, 35–8, 48–52.
43. Ibid., pp. 19–22. 肯尼迪(Kennedy)注意到德国银行无力筹集项目所需的大额资金，因些需要英国和法国的参与，参见 Kennedy, *Anglo-German Antagonism,* p.260。
44. Woolf, *Bagdad Railroad,* pp. 24–8.
45. Ibid., p. 64.
46. Ibid.
47. Ibid., pp. 64–5.
48. Ibid., pp. 65–6.
49. Ibid., p. 64.
50. Ibid., p. 9.

第八章

军费开支与区域贸易:六个探索性模型

本章提出了六个基于地区贸易数据的探索性模型。如前两章所述,使用反映区域或商品种类细分的贸易变量可以预测出更好的模型。幸运的是,这项研究中的大多数国家都有足够的数据估算这些模型。数据确实会根据样本大小而变化,有一些情况下数据是不充分的。

预测这些模型的主要问题是指导性的问题。虽然前面各章中概述的论点可能会为指定模型提供一般指导,并且对每个国家行为的详细讨论也可能会提供一些指导,但事实是,各国数据可能存在相当大的差异,且没有明确的迹象表明其原因。在这些情况下,具体的政策分析可能会使问题明确一些,但即使如此也尚有不足。然后,在讨论模型的细节之前,笔者将指出要点,以方便读者理解模型。

首先,本章预测了 6 个模型:3 个海军模型和 3 个陆军模型。第四章中的英国、法国和美国的陆军、海军模型为以下 6 个模型提供了基础。其他国家由于不同的原因没有评估。德国和日本的区域贸易数据样本最小(均为 1880 年至 1913 年),日本的数据有一些年份缺失。意大利和俄国确实有更多年份的区域贸易数据,但也存在一些问题。在一些年份中，意大利与亚洲的贸易为零（1870－1877年），而在此之前或之后的数据都没有出现这种情况。这些零值是在意大利年鉴的早期版本中记载的（也就是说，在按原产地和目的地列出的贸易表中，这些年份没有报告亚洲国家的数据），但目前不确定这些值是否为零，还是报告有中断。这对意大利来说并不是一个严重的问题，但它使亚洲的数据不那么确定，1869－1870年和1377－1878年的增长率也很棘手。俄国的亚洲及非洲贸易数据也有缺失年份，它们可能为零，也可能不为零，区域贸易报告一般截至1906年。

英国、法国和美国的地区贸易数据最完善。法国数据中大洋洲的数据存在问题，笔者决定将大洋洲作为一个变量从下面的模型中排除。法国与大洋洲的贸易数据缺失了好几年，尽管这里的大洋洲贸易总量很小。在早期的一些年份里，价值低于100万法郎。因此这一类被完全排除在外。然而，大洋洲属于英国的殖民地范畴，因此笔者没有试图将其排除在外。英国的殖民贸易在这里受到普遍关注。

有一点值得商榷，即在1868到1874年，法国的殖民贸易额与其地区贸易总额没有差别。为方便与英国比较，法国的殖民贸易是法国模型中（如果能够进入模型）笔者非常感兴趣的一个重要类别。考虑到1874年之后的几年中，法国与大洋洲的贸易额非常小，笔者使用了1868－1874年间法国殖民时期的贸易估算，该估算基于法国进出口总额中减去其余每个地区的进出口总额。差额包括殖民地和大洋洲的贸易，而大洋洲的部分可能非常小。这一估算值在规模上也与19世纪70年代剩余年份的殖民地贸易额非常近似。1875年至1913年法国殖民贸易数据被记录在案。

另一点需要注意的是，以下模型不使用按商品组贸易。笔者的选择是在模型中使用区域贸易或商品贸易，但不能同时使用两者。考虑到两组贸易数据的总和相同，将两者都包括在内将产生严重的共线性。区域贸易和商品组贸易的单独模型也将不必要地重复实质上相似的结果。所有数据中最好的是按地区划分的商品组贸易，但这些信息很难获取。按产地和目的地划分的个别商品数据唾手可得，但并非适用于所有商品。

此外，下面预测的模型仅为以军事变量为因变量的模型。左侧区域贸易数据的模型同样有趣，但考虑到所有的回归系数，将有更多不必要且可能不那么有启发性的乘法模型，每个模型中都有相同的一组回归系数。新的回归模型，特别是与特定区域相关的回归模型，可能也需要用于此类模型。

关于下面的模型，需要注意的是，首先，在笔者构建它们的方式中存在一定程度的机会主义，这可能会招致一些批评。第四章中对每个国家陆军和海军模型的说明是本章的基础。消除了总的贸易变量，取而代之的是区域进出口值。由此产生的模型反映了两个重要特征。笔者测试了有滞后和没有滞后的贸易变量，包括了它们对模型的贡献。因此，如果某一特定的区域贸易数值对模型没有贡献，则该数值将被排除在外。在法国的案例中，笔者将样本限制在1874年至1913年，以便排除普法战争期间的极端陆军军费开支，并测试法国与德国和意大利的军费开支的关系。这也使笔者避免使用除最后一年(1874年)以外的所有法国殖民贸易估算数据。

其次，模型中的多重共线性程度是一个潜在的问题。为了减少这一问题，笔者选择了在适当的时候合并地区贸易数据。当每个变量对因变量有相似的影响时(即系数上的符号和大小相同)，当没有检测到任何变量的变化或使用虚拟变量检测到每个变量的变化类型相同时，将合并区域贸易变量。例如，在下面的英国陆军模型中，从南美洲和中美洲的进口与殖民地进口合并。虽然读者可能会对这个决定持批评态度，但它并不像起初看起来那么不合理。如果把一个国家的所有区域贸易额加起来，结果将等于总贸易额。因此，把几个地区的贸易额加起来，而把其他地区的贸易额分开，在概念上是没有问题的。只要各区域贸易变量系数上的符号和大小相似，将它们作为一个和，就可以减少多重共线性，同时不会造成概念上的问题。

最后，笔者所使用的所有贸易变量(定义见下文)的编制方式与第四章中使用的进出口总额相同。每个国家都用批发价格指数平减，然后计算出国民收入的百分比，最后计算出该指标的百分比变化。在合并区域贸易额的情况下，先加上国民收入百分比值，然后取百分比变化(即取总额的百分比变化，而不是百分比变化之和)。

贸易变量的定义

下面模型中所有非贸易变量的定义见第四章。陆军开支有三个因变量，海军开支有三个因变量，这与第四章的因变量相同。例如，BRA_t 和 BRN_t 是指英国陆军和海军支出占国民收入比例的增长率，法国和美国的变量定义与之类似。缩略语也被用于区域贸易变量的模型中。一般来说，*NA* 代表北美，*SA* 代表南美和中美洲，*AS* 代表亚洲，*AF* 代表非洲，*WE* 代表西欧，*EE* 代表东欧，*EU* 代表欧洲，*CO* 代表殖民地，下标 t 和 $t-1$ 分别表示未滞后值和滞后值。

以下术语是指英国、法国和美国模型中的进口地和出口地。所有指标都以占国民收入百分比计算，并观察其百分比变化。

英国模型

ASSAE——对亚洲及中南美洲的出口

COE——对殖民地的出口

EEASI——从东欧及亚洲的进口

NAE——对北美洲的出口

SACOI——从中南美洲及殖民地的进口

WEASE——对西欧及亚洲的出口

WEE——对西欧的出口

法国模型

AFE——对非洲的出口

ASI——从亚洲的进口

EEASAFCOI——从东欧＋亚洲＋非洲＋殖民地的进口

NACOI——从北美洲及殖民地的进口

NAE——对北美洲的出口

NASACOE——对北美洲＋中南美洲＋殖民地的出口

WEE——对西欧的出口

WEI——从西欧的进口

美国模型

AFE——对非洲的出口

AME——对美洲的出口(美洲全境)

AMI——从美洲的进口(美洲全境)

ASE——对亚洲的出口

ASI——从亚洲的进口

EUAMAFI——从欧洲+美洲+非洲的进口(欧洲全境)

EUAME——对欧洲及美洲的出口(欧洲及美洲全境)

EUASE——对欧洲及亚洲的出口(欧洲全境)

EUASI——从欧洲及亚洲的进口(欧洲全境)

由于每种模型的贸易项定义不同,因此用表格表示会影响效率。每个模型都用方程形式表示如下。最后,下文的讨论将仅限于模型中的贸易项。

陆军模型

下面的每一个陆军模型都说明了贸易项与陆军军费之间的关系。在英国陆军模型中,从中南美洲的进口(*SACOI*)和对殖民地的出口(*COE*)进入模型,且呈负相关并带有滞后效应,尽管这两种情况都很微弱。东欧和亚洲的进口(*EEASI*)是正相关的,尽管这种关系也很弱。英国陆军模型中最为强势的是对西欧和亚洲的出口(*WEASE*),呈强正相关。在1889年之后,这两个地区的贸易额与陆军军费的关系也发生了变化。虚拟变量*D*1889从1857年到1889年的值为1,之后为0。*WEASE*的斜率虚拟系数表明,直到1889年,这些区域的贸易额与陆军开支之间的关系为弱正相关(两个系数的和为0.329)。然而,从1890年起,变为强正相关。

因此,最强的正相关项包括独占英国贸易大部分的地区(西欧,见第六章),以及竞争相当激烈的地区(西欧和亚洲)。英国在亚洲的竞争问题似乎与非洲的竞争问题没有明显不同，但印度是个例外，因为它是大英帝国的战略重点。鉴于印度的中心地位，俄国、日本甚至美国都是英国在亚洲最主要的竞争对手，亚洲的竞争问题可能对英国来说更为重要。但这一点还不明确。

$$BRA_t = 4.316 - 0.589\,1SACOI_{t-1} + 0.383EEASI_t + 2.122WEASF_{t-1} - 0.463COE_{t-1}$$
$$(-1.522) \quad (1.882) \quad (3.346) \quad (-1.487)$$
$$+0.857BRC_t + 0.466NAVY_t - 8.292CON_{t-1} + 22.73WARI_t + 0.942D1889$$
$$(2.351) \quad (1.981) \quad (-1.519) \quad (2.322) \quad (0.139)$$
$$-1.793D1889 \times WEASE_{t-1} + 0.283AR(1)$$
$$(-2.052) \quad (1.612)$$

Adj. $R^2 = 0.456$

$DW = 1.977$

时期：1857—1913

$N = 57$

法国陆军模型也显示出混合性的结果，尽管所有的贸易项都进入该模型并呈显著状态。大多数贸易项都是负相关的，尽管从西欧的进口（*WEI*）无论是否滞后都明显呈正相关。滞后的从北美及殖民地的进口（*NACOI*）、滞后的从亚洲的进口（*ASI*）、对非洲的出口（*AFE*）以及滞后的对北美洲的出口（*NAE*）都进入模型并呈显著负相关。因此，这种负相关关系所涉及的贸易在法国区域贸易中所占比例较小（见第六章）。正相关的进口项涉及法国主要的进口地区（西欧）以及法国所有竞争对手（英国、德国、意大利）所在的地区。世界其他地区在法国贸易总额中所占的比例较小，与法国的竞争关系也更为边缘化。

$$FRA_t = 6.83 + 0.285WEI_t + 0.642WEI_{t-1} - 0.15NACOI_{t-1} - 0.223ASI_{t-1} - 0.154NAE_{t-1}$$
$$(2.673) \quad (6.719) \quad (-3.722) \quad (-5.001) \quad (-4.691)$$
$$-0.154AFF_t + 0.215FRC_t - 4.826CON_{t-1} - 2.277WAR2_t + 0.107GRN_{t-1} + 0.286ITA_{t-1}$$
$$(-3.772) \quad (2.418) \quad (-3.365) \quad (-1.459) \quad (2.576) \quad (3.76)$$
$$-0.294ITN_{t-1} - 0.507GNP_t - 0.202GOV_{t-1}$$
$$(-4.958) \quad (-3.468) \quad (-1.82)$$

Adj. $R^2 = 0.762$

$DW = 1.943$

时期：1874—1913

$N = 40$

美国陆军模型中的所有贸易项,除了一个,最初都是负相关的,尽管其中三个表明发生了变化。这个例外是从亚洲的进口(ASI),尽管是正相关,但并不显著。然而,从1898年起,该项变得显著正相关。正如斜率虚拟变量 $D1898\times ASI_{t-1}$ 所示。对非洲的出口(AFE)也不显著,但从1898年开始,变为显著正相关($D1898\times AFEt$)。最后一个发生变化的贸易项是对美洲的出口(AME),它最初始负相关的,但在冲突时期变为正相关的($CONt\times AMEt$)。

在美国陆军的案例中,大多数贸易项似乎与军费开支呈负相关,但在冲突和/或竞争时期,其中一些就会变为正相关。1898年以来的这段时期通常比之前竞争更为激烈。

$$\underset{}{USA_t}=-3.744\underset{(-3.579)}{-1.137AMI_{t-1}}\underset{(-3.464)}{-0.592EUASI_t}\underset{(0.779)}{+0.2ASI_{t-1}}\underset{(-2.612)}{-0.509EUASE_{t-1}}\underset{(-0.828)}{-0.064AFE_t}$$

$$\underset{(-1.745)}{-0.759AME_t}\underset{(4.018)}{+0.667USN_{t-1}}\underset{(-1.817)}{-0.605GOV_{t-1}}\underset{(-2.41)}{-0.242BRA_t}\underset{(4.678)}{+68.537WAR2_t}\underset{(-1.103)}{-4.987D1898}$$

$$\underset{(2.729)}{+1.087D1898\times ASI_{t-1}}\underset{(0.397)}{+2.471CON_t}\underset{(2.273)}{+1.209CON_t\times AME_t}\underset{(2.248)}{+0.475D1898\times AFE_t}$$

Adj. $R^2=0.805$

$DW=2.176$

时期:1868—1913

$N=46$

海军模型

海军模型与陆军模型虽然不完全相同,但却表现出相似的模式。在英国海军模型中,从中美洲和殖民地的进口($SACOI$)是负相关的,正如对北美洲滞后的出口(NAE)一样。然而,对亚洲和中南美洲的滞后的进口则是正相关的。对西欧的出口(WEE)表明了一种变化,在1881年之前,其与海军军费呈正相关,而在1882年之后,则变为不显著的负相关,如斜率虚拟变量 $D1882\times WEEt$ 所示(两系数之和为0.077)。$D1882$ 从1882年到1913年取1,然后取0。在上面的英国陆军模型中,对西欧和亚洲的出口在竞争时期是强正相关的,而在此之前则不显著。然而，在海军军费方面，情况则正号相反。

$$BRN_t = 10.906 - \underset{(-2.056)}{0.334SACOI_t} + \underset{(4.422)}{1.138WEE_t} - \underset{(-4.376)}{1.215D1882 \times WEE_t} - \underset{(-1.969)}{0.075NAE_{t-1}}$$

$$+ \underset{(2.403)}{0.208ASSAE_{t-1}} - \underset{(-3.988)}{10.217WAR2_t} - \underset{(-2.857)}{0.081FRA_t} + \underset{(5.136)}{0.608ARMY_t} + \underset{(0.855)}{2.102D1882}$$

$$- \underset{(-4.892)}{0.682D1882 \times ARMY_t} + \underset{(2.301)}{7.324WARI_t} - \underset{(-2.328)}{1.174MERC_t} + \underset{(1.117)}{0.14BRC_t} + \underset{(2.716)}{0.38AR(1)}$$

Adj. $R^2 = 0.751$

$DW = 1.989$

时期：1857—1913

$N = 57$

法国海军模型再次表明，从西欧的进口（WEI）是正相关，而滞后的对西欧的出口（WEE）和其他地区贸易项是负相关的。法国大多数贸易项都与海军军费有类似关系，因此可以将几个贸易项合并起来。例如，$EEASAFCOL_t$ 反映了从东欧、亚洲、非洲和殖民地的进口。

$$FRN_t = -3.208 - \underset{(-3.255)}{0.476WEE_{t-1}} - \underset{(-3.91)}{0.414EEASAFCOI_t} + \underset{(4.047)}{0.729WEI_t} - \underset{(-6.44)}{0.606NASACOE_t}$$

$$- \underset{(3.397)}{0.405BRN_{t-1}} + \underset{(4.272)}{10.823WAR2_t} - \underset{(-2.665)}{0.634GNP_t} + \underset{(3.476)}{1.02MERC_{t-1}} + \underset{(2.216)}{0.174GRN_{t-1}}$$

$$+ \underset{(2.076)}{0.337GOV_{t-1}} + \underset{(2.43)}{0.957FRA_{t-1}} - \underset{(-3.329)}{1.405WAR2_t \times FRA_{t-1}} + \underset{(1.005)}{0.16FRC_t} + \underset{(6.018)}{0.801AR(1)}$$

Adj. $R^2 = 0.729$

$DW = 1.743$

时期：1875—1913

$N = 39$

最后，美国海军模型显示从亚洲的进口（ASI）进入模型并呈弱正相关。对欧洲和美洲的进口（$EUAME$）进入模型并呈显著正相关。滞后的对亚洲出口（ASE）进入模型并呈显著负相关。从欧洲、美洲和非洲的进口（$EUAMAFI$）发生了变化，该项进入模型并呈强负相关，但在冲突期间变得平缓（尽管仍然是负相关的），如斜率虚拟变量 $CONt \times EUAMAFIt$ 所示。如果美国海军像早期文献中提到的那样对出口起到支持的作用（见第一章），那么这种支持似乎集中在欧洲和美洲，这是当时美国最大的出口市场。

$$
\begin{aligned}
USN_t = & -3.609 + \underset{(1.472)}{0.27ASI_t} - \underset{(-2.908)}{0.176ASE_{t-1}} + \underset{(2.39)}{0.355EUAME_t} - \underset{(-8.47)}{2.479EUAMAFI_t} \\
& + \underset{(1.459)}{0.262USC_{t-1}} - \underset{(-1.55)}{0.323GNP_{t-1}} - \underset{(-3.894)}{0.295BRM_t} + \underset{(7.541)}{3.699MERC_t} + \underset{(1.301)}{4.456CON_t} \\
& + \underset{(5.139)}{1.34CON_t \times EUAMAFI_t} - \underset{(-2.336)}{5.476D1898} - \underset{(-6.166)}{0.693AR(1)}
\end{aligned}
$$

Adj. $R^2 = 0.747$

$DW = 2.006$

时期：1869—1913

$N = 45$

结　论

以上模型表明，军费开支与贸易之间的关系比第四章模型中所有贸易项的关系更为复杂。上述模型的有趣之处在于，正相关的贸易项通常发生于世界主要地区，尽管并非完全如此。一些涉及西欧的贸易项是负相关的，一些与世界其他地区的贸易项是正相关的。例如，英国海军军费与对亚洲和中南美洲的出口是负相关的，因为这些地区不是英国贸易的主要对象。在美国模型中，也有一些与其他地区的贸易项是正相关的，特别是在陆军模型中。但是一般来说，主要地区的贸易流动（特别是西欧）提供了最多的正相关贸易项。

这里需要注意的是，如果相互依赖理论为军事力量和商业的关系提供了准确的指导，那么为什么负相关的贸易项主要集中在主要经济体以外的地区呢？为什么殖民地的进口项和出口项都与英国陆军军费呈负相关，殖民地的进口与英国海军军费呈负相关？是否存在这样一种情况，即随着与英国贸易的增加，以及冲突的减少，军费开支下降了？

从这里提出的观点来看，关于英国殖民贸易的负号不一定可以理解。考虑到英国对其殖民地的进口依赖（如表 6.6 所示），我们可能会期待一种正相关。即使是那些认为存在剥削的激进观点，也会使人们认为军费开支和殖民贸易之间存在正相关。鉴于殖民贸易在地理上是分散的,英国模型中的殖民地进口项很可能反映了这种关系的净效应。如果我们把英国的殖民贸易分割到具体的区域,每个区域的贸易额可能都很小。殖民贸易的每一个区域组成部分可能更多地和影响与这些区域的非殖民贸易的因素有关。

关于其他贸易项,我们也可以提出类似的问题。如果军费开支和商业是正相关的,为什么那么多贸易项是负的?如果相互依赖理论是一个准确的指导,那么为什么正相关的项出现在贸易额最多的地区而大多数负相关的项出现在贸易额比较小的地区?

在解决上述问题时,要谨记两点。首先,单独检验上述六个模型。鉴于上述原因,贸易模型与军事模型难以一一对应。这意味着,虽然上述结果有趣且具有启发性,但我们不能在这里明确全部情况。上面的一些负相关项很可能反映了第三章中讨论的情况,即一个负相关项与一个正相关项相结合表明了一种正向的整体关系。这些地区恰当的贸易模式肯定需要额外的回归量,这些回归量可能因地区而异。我们知道上述一些项确实是负相关的,这暗示了一种相反的关系。

从表面看,这种负相关关系似乎不大可能反映出这样一种观点,即随着贸易的扩大,军事将失去其作用,进而衰落。笔者之所以这样说,是因为包含大多数负相关项的地区在很长一段时间内都是大国侵略性军事行为的对象。例如,大国与非洲的贸易增长给了大国合作的动力,但笔者并不认为大国的军事行为会下降。非洲国家受到西方殖民统治,被殖民国家无权参与决策。奇怪的是,将第一次世界大战前的时期描述为一个自由主义时代往往忽略了一个事实,即这种自由主义也伴随着对殖民地的掠夺性重商主义行为。

对这些负相关项的一个可能的不完全解释是,军费开支与专门用于殖民目的的军费开支之间可能存在一种权衡。例如,英国的殖民军事扩张可能与英国的殖民贸易有正相关关系,而这种殖民军事扩张可能是以牺牲英国陆军和海军的军费为代价的。这不是一个非常令人信服的解释,而且理应加以检验。但是,一个国家的军费开支与其在亚洲、非洲和其他地区的军费开支之间可能存在一些权衡。

更有可能的是，贸易本身是由军事行为推动的，也许是大国之间的军事竞争，这将是相互依赖观点的另一面。因此，与其争论贸易增长导致军事力量衰落，我们不如讨论相反的因果关系：军事扩张（可能还有竞争）对这些地区的大国的贸易产生了不利影响。如果以上为真，那么我们可能会发现，这些国家在亚洲、非洲、殖民地和其他贸易流量通常较小的地区的军事活动基本上是胁迫性的、侵略性的，甚至可能是惩罚性的。例如，针对当地商业的惩罚性行动，甚至对当地商业的局部破坏，都会损害贸易流动。这种推理方式仍然存在两个问题。首先，军费开支是上述模型中的因变量，因此不能反映这一论点。其次，为什么扩张没有在所有地方带来同样的结果？

上文提到的第二个问题是，大多数正相关项也出现在大多数大国竞争发生的地区（西欧）。为什么我们没有在法国和英国的模型中看到美国贸易的正相关项？如果竞争是一个问题，那么美国直到这段时期的后半段才真正成为一个竞争对手。

军事力量和贸易之间的正相关是否存在于全面的军事竞争态势中，以促使军事力量保护商业？这里的理由可能是，主要国家之间的对抗和竞争产生了保护和促进贸易的军事作用（即保护和管制职能），但在西方殖民扩张盛行的地区，这种对抗具有不同的性质。在此期间，欧洲本身并没有真正的领土扩张，而非洲、亚洲和其他地区则出现了大规模扩张。就数量而言，殖民战争也远远多于这一时期的主要战争。欧洲以外地区或贸易流量较小地区的大国竞争（更不用说这些国家和当地人民之间的冲突）对两国关系的影响，可能不同于欧洲本身或贸易流量较大地区的竞争，因为这些不同贸易流的相关军事活动确实存在类型上的差异。

例如，在英国陆军模型中包含的西欧出口项（包括对亚洲出口）从 1890 年起变得强正相关，尽管其他模型中的正相关欧洲项并没有表明这种类型的变化。然而，在美国陆军模型中，有些项在冲突期间变得正相关，但这些项也包括世界其他地区。

结　论

本书分析了第一次世界战前列强之间军事力量与商业的相互作用。前文的回归模型有两个清晰但不容易理解的结果。一个是军费开支和贸易在某些情况下是正相关的，另一个是军费开支和贸易在其他情况下呈负相关。然而，本书中的所有结果都很复杂，大致可以分为四组。虽然这些结果提供了丰富的信息，说明列强之间军事力量和商业是如何联系在一起的，这些关系是如何变化的，以及冲突和竞争如何与它们的贸易依赖相互作用，但关于这些关系的问题比明确的答案要更多一些。每一组结果都对本书开头提出的问题提供了一些见解和指导，但从相关结果中得到的明确建议是继续这项研究计划。

第一组结果与第四章的 28 个回归模型所反映的迹象有关。有人认为，尽管结果是混合性的，但大多数结果似乎都支持军事力量与商业之间存在直接关系。然而，从这些结果中还不清楚为什么在不同国家和单个国家的模型中都存在差异，这些差异中也没有明确的模式可以提供解释。虽然其中一些结果与国家政策一致，但另一些则存在差异。例如，美国海军和出口之间的强正相关，符合美国政府的出口导向，也符合美国海军助力出口的理念。然而，英国的关注焦点在于其进口方面所表现出的弱点和英国海军在保护贸易方面的作用，出人意料的是，其结果是混合性的，且往往表明海军与进口之间存在负相关。

我们可以接受第四章的结果为第二章和第三章的两个论点提供了支持。到目前为止，笔者提出的观点是，军事力量和商业是直接相关的，而不是反向相关的，仿佛它们在所有国家都是相互排斥的。有没有这样一种可能，即一些国家直接相关，而另一些国家相反，或者甚至与军事或贸易指标的一个分支直接相关，而与其他分支相反？如果是这样，那么就需要解释为什么一个进程在一个国家或一组指标上运行（导致直接相关），而另一个进程将在另一个国家或另一组指标上运行（导致负相关）。这里最棘手的情况是，在一个国家的数据中，结果兼而有之。

如果这种解释说得通，那么它可能植根于有关军事和商业行为的深层细节之中。回顾第三章中概述的军事力量和商业之间的各种联系，国家的行为可能会有很大的不同。威胁的性质和地点各不相同，贸易依赖的程度、类型和地点也各不相同。军事和商业行为的细节越深，军事和商业互动的模式就越复杂。这很可能会改变上述任何一种观点，并可能允许对关系做出更复杂的假设。第一章和第二章中的所有文献本质上都是相当笼统的。例如，虽然军事力量和商业之间的许多联系是在海军至上主义文献中建立起来的，但它们仍然是对海军行为的一般性、描述性特征。第三章的论证试图进一步发展这些联系，但变量之间错综复杂的联系显然比这个论证本身或其他建议要复杂得多。

例如，经济相互依赖的增强会导致军事力量的下降，这种观点是泛泛的。而我们可以设想这样一种情况：一个国家积极保护和支持其在一个地区的贸易，而它在另一个地区的军事作用在下降，但贸易却在扩张。特别是在第一次世界大战之前，我们很可能会发现这样一种情况：一个国家保护和支持其在一个地区的贸易，而其在另一个地区的军事行为具有侵略性和破坏性，足以对贸易产生不利影响，这也将导致一种负相关关系（虽然与相互依赖所提出的方式不同）。

第二组结果涉及试图找到一些更深入的细节。第六章中最有可能说明问题的数据涉及每个国家的区域和商品组贸易细分。除了敌对国家也是彼此最好的贸易伙伴(如第五章的数据所示)之外,每一组区域和商品组贸易数据都表明了每个国家明显依赖的领域,以及随着1913年的临近,全球贸易模式日益增多所导致的变化的一般模式。这里的一个关键问题是,我们能否将贸易依赖的主要和次要领域与不同类型的军事行为相匹配。伴随着贸易数据而来的大国行为的讨论为这一问题提供了一些线索,但这种可能性在本质上仍然是推测性的。虽然一个国家贸易的地理分布可能是其最重要区域的良好指标,但尚不清楚在这些方面是否存在军事行为的系统性差异,尽管存在这种可能。

这里的主要假设是,主要的贸易流动大多发生在大国附近,由于大国贸易脆弱性的增加,需要采取最为有力的保护措施。而脆弱性本身就是由于竞争行为和更大规模的贸易流引起的。往来于不同地区的较小贸易流可能受到的保护较少,容易受到当地的破坏,某些情况下甚至通过武力手段破坏。这种推理方式的含义是,用地区或商品组的细分数据而不是用总体的贸易数据测试模型。

第三组结果在第七章中,重点描述了两个已知处于竞争状态的国家的贸易在多大程度上相互对立。在这里,笔者关心的是揭示任何可能与竞争行为有关的相互依赖中的不对称性。总的来说,尽管当时有人抱怨,但两个竞争对手的相互进口依赖水平并不对立。德国人在英国的进口市场上没有获利,而英国人也在德国市场遭遇失利。尽管德国对英国的贸易依赖确实有所减少,但对其他大多数国家也同样如此,英国对德国的依赖并没有相应增加。

然而,在第三国市场上,这两个竞争对手似乎确实存在这种不对称。这种关注特别有趣,因为第三国的贸易依赖转移可能与第三国和竞争对手之一结盟(意大利的情况似乎很明显)相一致,或者,如果第三国本身就是竞争的焦点,那么这两个竞争对手在第三国市场中的贸易本身就可能成为一种竞争手段。例如,在意大利的案例中,我们可以清楚地将法意冲突与法意贸易的下降联系起来,而德意贸易的增长可能与三国同盟(本身就是用来针对法国的,与法意和法德冲突都有关)相联系。

然而，即使在其他国家的进口市场上，德国、日本和美国的立场似乎与英国和法国的立场普遍相反。总体来看，新兴国家在第三国市场的发展是以牺牲老牌国家的利益为代价的。贸易相互依赖的数据可以做更多的工作，但上述结果很好地说明了竞争的过程确实对贸易有影响，尽管不是以一种直接的方式。

最后一组结果与第八章的回归模型有关，该模型使用区域贸易数据代替总体贸易数据。虽然只有陆军和海军开支两个因变量，而且仅检验了三个国家，但还是有一些令人兴奋的结果。最有趣的是，大多数贸易变量的正相关项都涉及主要贸易区，而大多数负相关项都涉及较小的贸易区。虽然不完全正确，但确实在输出一种模式。第八章中关于为什么这种输出会以不同的方式变化的推测可能会激发一些兴趣，但是，早期关于不同类型的军事行为可能发生在不同贸易流中的假设似乎是正确的。其中保护性和管制性的军事行为大多伴随着主要的贸易流，而惩罚性、强制性和侵略性的行为大多伴随着较小的贸易流。

断言相互依赖的观点适用于对一个遥远地区的少量贸易，军费开支与主要贸易存在直接关系，似乎无法令人信服。虽然从第三章的观点来看军费开支与主要贸易流之间的直接关系是有道理的，但为什么相互依赖会导致军事力量的作用随着贸易流的减少而下降，而不是随着主要贸易流的减少而下降？相反的模式可能更容易证明，在主要贸易流中存在相互依赖，在次要贸易流中存在直接关系，但这不是我们在第八章中看到的模式。然而，如第八章结论所述，一个更为一致的说法可能是，大国在偏远地区的侵略性军事行为推动了对这些地区的贸易下降，这可能是负相关的原因，但这不能从六种模型本身推断出来，因为事实上军费开支在所有模型中都是因变量。

未来对这些大国关系研究的明显方向是研究非常详细的历史数据。具体来说，需要有更具体的军事变量和更详细的贸易数据。现在有一些更详细的军事数据，例如关于殖民地军费开支和殖民地军事人力资源的数据，但其他数据则较难获得。建立一个关于这段时间内对特定地区或国家的军事行动的数据集是有价值的，尽管很困难。有一些关于军事行动的历史数据，但一般都不完整。现有最好的数据是通过苏伊士运河的军事人员和军舰的记录，但这些由各国收集的数据并不完整。如果能够结合同样具体的贸易和冲突措施制定和分析更具体的军事措施,那么可能会出现一个更具启示性的故事。

一般来说,获得更详细的贸易数据比军事数据更容易。虽然按来源地和目的地获取商品组的数据是不可能的,但有按来源地和目的地划分的个别商品的数据。在一段时间内,在特定的地点上也有非常详细的贸易数据,以及大量的殖民贸易统计数据。甚至按数量和价值分别获取商品贸易数据也相对容易,这样就可以准确地制定贸易价格指数。

虽然更详细的数据有可能加深我们对大国之间军事力量和商业之间联系的理解,但也有可能,任何模型的统计结果都会因数据的编制方式和模型的具体说明而有所不同。这里使用的数据是时间序列。除了提到的例外情况外,所有数据都以占国民收入百分比表示,其变动也体现为百分比变化。例如,如果使用 Hodrick-Prescott 滤波估计趋势,然后消除趋势对数据的影响,结果可能会有所不同,甚至不那么复杂。笔者之所以选择增长率,是因为它们很直观,并且确实达到了使数据稳定的目的,因为增长率中的分子是该序列的第一个差异。

横截面数据也可能产生不同的结果。在横截面数据中没有趋势的问题。因此,横截面模型中的数据点通常采用层次形式。如果在这里估计横截面模型,即在少数几个国家收集一年甚至两三年的数据,那么结果可能没有百分比变化的结果复杂。当然,没有足够的大国用一年的时间估算这样一个模型。笔者之前写的一篇文章使用了战后时期的横截面数据。这些模型比本书中的要简单得多,结果也没这么复杂。[1]

关注第二次世界大战后的时期将是一个很有趣的研究步骤。从数据的角度看,有许多时间序列和横截面数据集可以收集。还有各种各样的军事措施可供选择。详细的军费开支细目、军事人员、海军吨位和其他军事装备措施,甚至通信频率都可以广泛获得。例如,就最后一项指标而言,美国关于驻扎在世界各地的各分支机构军事人员数量的数据在冷战期间的大部分时间都是可用的。

然而,从实质性的角度看,我们对当今世界大多数国家的军事行为和商业行为如何相互作用所知甚少。我们可以粗略地看美国的行为，并找到许多例子，但世界上的中小国家呢？此外，虽然美国军事力量和商业之间存在冗杂的联系，但这些联系都没有反映出大国之间普遍存在的侵略性和获取性使用军事力量的情况。美国军事力量的防御性用途（如保护贸易路线）和惩罚性用途（如禁运）是显而易见的，但没有将军事力量更积极地用于商业用途。

今天的主要国家不从事这类活动。我们倾向于认为这样的活动由于现代性的某些方面而过时了，或者只是简单地过时了。笔者认为小国，尤其是那些雄心勃勃的国家，很可能在较小的范围内从事这些行为。例如，我们对非洲所有国家了解多少？试图分析这些国家之间在贸易和军事领域的相互作用很难，因为它们从未出现在文献中。我们可以问其他地区同样的问题。中国海军在南海的行为如何？尽管石油资源是那里的关键问题，但中国的海军行动和中国的雄心壮志与中国在那里的贸易流动有什么关系？笔者非常有兴趣建立一个关于通常被排除在问题之外的国家的此类活动的数据集。目前的研究重点是大国，但世界其他地区可能会产生有趣的信息，特别是在当今。

注释

1. Michael P.Gerace, 'State Interests, Military Power and International Commerce: Some Cross-National Evidence', *Geopolitics* 5/1 (Summer 2001), pp. 101–24.

附录 1

关于数据来源和问题的说明

本研究中统计资料的主要来源是各国政府的统计丛书，但笔者也参考了一些二手资料。在传统描述和分析部分，笔者完全依赖二手资料。

原始资料

在这项研究中，我寻求了几种获得统计数据的途径。第一个是搜索每个国家的国家统计丛书。大多数国家都有类似于《法国统计年鉴》(*Annuaire Statistique de la France*)的年度出版物。幸运的是，笔者可以接触到英国、法国、德国、意大利、日本、俄国和美国的系列丛书，并可以追溯到第一期。波士顿公共图书馆实际上有除俄国之外以上所有国家的丛书(从第一期到现在或丛书结束)。波士顿公共图书馆甚至还有奥匈帝国系列丛书，该丛书于 1918 年结束。此外，笔者还利用了其他政府资源填补国家丛书所留下的信息空白。然而，大部分的数据是从每个国家的丛书中检索的。例外情况如下所述。

除了一些特别之处外，所有官方统计丛书的格式都是相同的。例如，德国丛书仅用几年就按产品将商品贸易与其他国家一样汇总(农产品、工业原材料、半成品和制成品)。德国的商品贸易必须从沃尔特·G. 霍夫曼(Walther G. Hoffmann)的著作《19 世纪中叶以来德国的经济增长》(*der Deutschen Wirtschaft seit der Mitte des* 19 *Jahrhunderts*)中获得。德国在 1880 年以前也没有按原产地和目的地区分贸易,仅在几年中按运输方式区分贸易。

英国的《与其他国家的主要统计表》(*Statistical Tables for Principal and Other Foreign Countries*)可以通过下议院的会议文件查阅,也十分有用(该丛书时间段为 1860 年到 1912 年)。具体来说,该资料使笔者能够以原产地和目的地区分获取俄国贸易的相关情况。俄国的统计丛书《俄国帝国统计》(*Statistika Rossiiskoi Imperii*)记录了按商品类别划分的俄国贸易,但对按原产地和目的地的贸易记载却很少。俄国的军费开支和关税收入也可以从上述两份资料中找到,这可以进行一些交叉参考,尽管俄国 1912 年和 1913 年的军费开支在这两份资料中都没有记载。因此,笔者决定使用帕维尔·A. 克罗莫夫(Pavel A. Khromov)的《19、20 世纪俄国的经济发展:1899－1917 年》(*Ekonomicheskoe Razvitie Rossii v XIX i XX Vekakh*, *1899－1917*)中记载的军费数据。这些数据与帝国丛书所记载的数据完全相同,只是不够全面,该书的作者也全面记录了这非同寻常的军费开支。

笔者还使用《与其他国家的主要统计表》来填补法国数据的空缺。《法国统计年鉴》只在 1875 年按原产地和目的地划分了贸易,而《与其他国家的主要统计表》能够让时间提前到 1870 年。《法国统计年鉴》也只记载了 1868 年法国的军费开支(事实上,后来的版本在历史回顾表中也只记载了 1871 年的法国军费开支)。法国统计丛书始于 1878 年(就像意大利丛书一样),即使是第一版也仅记载了 1868 年的军费开支。英国的资料详细列出了 1855 年以来法国的收入和支出(1862 年除外,这一数据通常难以获取)。

同样始于 1878 年的《意大利统计年鉴》(*Annuario Statistico Italiano*)非常完备。像所有的国家丛书一样,越早发行,就越详尽。到了 20 世纪,所有国家的数据报告似乎都变得不那么详尽了。意大利丛书的大部分数据可以追溯到

1861 年(其他为 1862 年),早期数据也相当丰富。像德国和日本丛书一样,意大利丛书也在很长一段时间内连续报告了海军舰艇的型号、数量和吨位。遗憾的是,其他国家在不断增加海军吨位方面就没那么翔实了。始于 1854 年的英国《年度统计摘要》(*Annual Abstracts of Statistics*)只报告了两次世界大战期间的海军船只和吨位信息。现代版的英国丛书会披露海军的人力资源情况,但在 1913 年之前从未披露过,尽管其不断披露陆军的人力资源情况。想要获取英国海军吨位和人力资源情况,就不得不在英国下议院会议记录中搜寻数年。

日本的统计数据主要有两个来源。由日本政府出版的英文版《20 世纪初的日本》(*Japan in the Beginning of the 20th Century*),以及从 1886 年到 1916 年间发行的《日本帝国统计报告》(*Résumé Statistique de l'Empire du Japon*)(法文和日本版)都对本研究贡献颇丰。另一个由日本政府赞助的《日本年鉴》(*The Japan Yearbook*)提供了两次世界大战之间的有用数据,但 1913 年之前的数据非常少。英国统计资料也定期披露日本的贸易和军事数据,但本书并未使用。

《美国统计摘要》(*Statistical Abstracts of the United States*)于 1878 年首次发行。虽然可以从早期版本中获得一些个别的统计数据,如军费开支和关税收入,但从南北战争结束到 19 世纪 70 年代末,无法获得按来源地和目的地分列的贸易数据。美国还有其他系列丛书,其可追溯的数据对本研究来说足够久远了。但《美国历史数据:殖民时代到 1970 年》(*Historical Statistics of the United States:Colonial Times to 1970*)已经把贸易按地区划分,并且可以一直追溯到 1790 年,更不用说商品贸易、政府支出和本研究的其他相关的连续性统计数据了。

简而言之,每个国家的统计丛书都是一个信息宝库。然而如前所述,其中一些有关键性空白,笔者可以用其他资料来填补。

一些优秀的二手资料也被用来填补空白(以及做交叉参考数据)。B. R. 米歇尔(B. R. Mitchell)的统计系列丛书非常有价值。就英国而言,其历史统计有三个版本[最新版本是 1988 年的《英国历史统计》(*British Historical Statis-*

tics)]。在英国所有的军费开支方面，该丛书的数据与国家统计丛书一样可靠。《英国年度统计摘要》(*Annual Abstracts of Statistics*)披露了详细的军费开支表，但有时军费开支报告包含了征税成本，有时则没有。由此产生的差异性很小，且米歇尔丛书似乎可以不间断地提供数据。

米歇尔丛书中其他引用的资料是：《欧洲历史统计：1750－1975 年》(*European Historical Statistics：1750－1975*)、《国际历史统计：欧洲，1750－1988 年》(*International Historical Statistics：Europe，1750－1988*)、《国际历史统计：非洲和亚洲》(*International Historical Statistics：Africa and Asia*)以及《国际历史统计：美洲，1750－1988 年》(*International Historical Statistics：the Americas，1750－1988*)。除了这些丛书提供的交叉参考外，笔者还用了其中的批发价格指数，这些指数在国家统计丛书中是没有的。米歇尔丛书中所披露的数据与国家统计丛书有高度的一致性。

关于军费开支的说明

除美国外，本书中国家的军费开支分为两类：普通开支及特别开支。这实际上适用于所有类型的政府开支。因此，军费总开支为普通开支加上特别开支。普通开支是指政府每年计划支出的数额，而特别开支则是计划外的数额，主要是危机和战争所致。似乎这些军费开支数据大多只使用了普通开支。普通开支产生出的时间序列比实际情况更为平滑，因为数据中没有考虑危机和战争导致的开支变化。

例如，德国在 1872 年至 1913 年间没有发生过战争(不包括殖民地)，但普法战争的成本是一系列持续到 1882 年的陆军和海军开支。这些费用属于特别开支。其他国家也是如此，对俄国来说，俄土战争、日俄战争以及第一次世界大战前的最后几年都有巨额的特别开支。

因此，本研究中使用的陆军和海军支出总额是普通开支和特别开支的总和。

按地区和商品组划分的贸易

按地区划分的贸易主要是笔者自己从原产地和目的地划分的贸易表中汇总的。主要的例外是美国的地区数据，如前所述，这些数据来自《美国历史数据》。对于其余的案例，笔者通过检查研究中每个国家每年的贸易表，按地区汇总贸易。有两点值得注意。

首先，对贸易（或任何其他统计数据）的估计会随着该统计丛书的后续更新而改变，因为数据是更新的。例如，如果我们要查找1890年的贸易表，那么1891年的统计丛书将包含这些数据。官方统计丛书的大多数版本都是一次按原产地和目的地报告两年的贸易情况。1891年的版本将包含1889年和1890年的贸易。下一版，1892年的版本将包含1890年和1891年的贸易。其中1890年的相关数据与早期版本略有不同。在所有情况下，笔者都使用了后一种按原产地和目的地划分贸易的估算方法，并根据时间倒序处理表格。因此，本研究中使用的贸易数据是最新版本。

其次，需要注意的是，地区（西欧、北美等）的定义非常传统。有时贸易表会按区域划分国家，有时还会加上该地区的贸易额。否则，笔者会把这些国家放到其所在的地区，并把该地区所有国家的贸易额汇总。

美国的区域贸易在《美国历史数据》中已经汇总，但没有区分西欧和东欧，将所有西半球贸易汇总到“美洲”类别中。对于其他所有国家，地区划分都是相同的。英国和法国的文献资料也很难将它们的殖民贸易与世界其他地区贸易区分开来。当然，这也确实意味着在英国和法国的区域贸易表中，亚洲、非洲和中南美洲的贸易额不含殖民贸易。

商品组贸易也存在类似的情况。有时一个商品表会将商品分成几组（有时甚至会把各组汇总），否则，笔者将自己在贸易表中划分各组，列出每种商品的进出口情况，然后再汇总。

具体的数据问题

如前文所述，本研究所有数据均采用百分比变化形式(虚拟变量除外)。对于所有政府支出和贸易变量(俄国和日本除外)，数据首先是按国民收入的百分比表示，然后计算百分比变化。关于结果数据有几个问题值得注意。

首先，法国 1862 年的军费开支数据不可用。《法国统计年鉴》及《与其他国家主要统计表》都没有披露当年的数据。因此，笔者通过计算 1861 年和 1863 年的平均值估算这个数据。

其次，日本的军费开支有两个问题。第一个问题是，日俄战争(1904－1905 年)的特别开支不适用于两个军事部门，尽管普通开支适用。这种缺失在这两年的序列中产生了一个非常明显的凹痕，在 1904－1905 年间，该值太低了。因此，笔者估算 1904 年和 1905 年的特别开支如下：笔者先取了 1903 年和 1906 年的平均军费总额。当从中减去 1904 年的普通开支时，差额为 1904 年特别开支的增长的预估。接着笔者通过简单地将各分支除以实际的普通开支总额，计算出 1904 年陆军和海军普通开支所占比例。笔者将预估的特别开支的增长乘以这些比例，计算出 1904 年各分支的特别开支增长量。然后计算了 1903 年到 1904 年的增长率，根据这个比例，笔者让 1905 年取同样的增长率。从经过修正计算的 1905 年总额中减去 1905 年的实际普通开支，差额为 1905 年的超额开支增长。笔者根据 1905 年陆军和海军的普通开支占普通开支总额的比例，将特别开支数额分配给陆军和海军。通过这样估算，笔者让 1905 年的增长值与 1904 年的增长值完全相同(相对于 1903 年的值)。1903—1906 年的平均特别开支只是一个起点。

第二个问题只与日本陆军的数据有关。在 1895 年(中日甲午战争期间)，总军费增长率为 385%，而 1894 年和 1896 年分别低于 5%和 1.5%。这个异常值实际上改善了陆军模型，但可能对模型有不适当的影响，所以被移除。取而代之的是 1894 年和 1896 年增长率的平均值。

还有一些其他的情况，特别是区域贸易数据。其中一年产生了一个很大的异常值。在这些情况下，如果模型在有或者没有正常值的情况下都没有明显的变化，那么笔者通常也不会采取什么措施。否则，笔者将计算异常值前后的平均值。

附录 2

关于第四章中模型的说明

第四章中的回归表(表 4.1 至表 4.4)可能会引起一些疑惑,因为有时变量的滞后性在表中已经指出,有时却没有。以这种方式在表格中显示数据的原因仅仅是为了方便,因为笔者在第四章中对模型的讨论中提到了哪些变量存在滞后性。下文给出了每个模型的完整说明。笔者将只列出每个模型中的变量、名称和周期(t 或 $t-1$),不包括系数或符号。第八章中回归分析中的各项在这里也得到了充分的解释。

陆军模型

英国:1854—1913

$ARMY_t$—常数,IMP_t,IMT_{t-1},EXP_{t-1},$CUST_t$,GNP_t,$NAVY_t$,CON_{t-1},$WAR1_t$,$D1889$,$D1889\times EXP_{t-1}$,$AR(1)$

法国:1858—1913

$ARMY_t$—常数,IMP_t,EXP_{t-1},$CUST_t$,$BRITNAVY_t$,GNP_t,

GOV_t, $WAR1_t$, CON_{t-1}, $WAR2_{t-1}$, $CON_{t-1} \times IMP_t$, $AR(1)$

德国:1875—1913

$ARMY_t$—常数，IMP_t, EXP_t, $CUST_t$, $FRENCHMIL_{t-1}$, $RUSMIL_{t-1}$, CON_{t-1}, $CON_{t-1} \times CUST_t$, $D1894$, $AR(1)$

意大利:1865—1913

$ARMY_t$—常数，IMP_t, EXP_t, $NAVY_t$, CON_t, $WAR1_t$, GNP_{t-1}, GOV_t, $AR(1)$

日本:1875—1913

$ARMY_t$—常数，IMP_t, JPE_{t-1}, $RUSMIL_t$, $CUST_{t-1}$, $NAVY_t$, $D1904$, $D1904 \times CUST_{t-1}$, GOV_t, $WAR2_t$, $AR(1)$

我国:1864—1913

$ARMY_t$—常数，IMP_t, IMP_{t-1}, $CUST_{t-1}$, $D1878$, $D1878 \times NAVY_t$, $NAVY_t$, $D1878 \times IMP_t$, GOV_t, $D1878 \times CUST_{t-1}$, $AR(1)$

美国:1869—1913

$ARMY_t$—常数，IMP_t, EXP_t, EXP_{t-1}, $CUST_{t-1}$, $NAVY_{t-1}$, $BRITNAVY_{t-1}$, GNP_{t-1}, GOV_{t-1}, $D1898$, $D1898 \times IMP_t$, $AR(1)$

海军模型

英国:1854—1913

$NAVY_t$—常数，IMP_t, EXP_{t-1}, $CUST_t$, $MERC_t$, $ARMY_t$, $WAR2_t$, $D1882 \times ARMY_t$, CON_{t-1}, $WAR2 \times IMP_t$, $D1882$, CON_t, $* EXP_{t-1}$, GNP_{t-1}, $AR(1)$

法国:1857—1913

$NAVY_t$—常数，IMP_t, EXP_t, $CUST_{t-1}$, GOV_t, $WAR1_t$, $WAR2_t$, $BRITNAVY_{t-1}$, $D1872$, $D1872 \times ARMY_{t-1}$, $WAR1_t \times EXP_t$, $ARMY_{t-1}$, $D1872 \times CUST_{t-1}$, $MERC_{t-1}$

德国：1874—1913

$NAVY_t$—常数，IMP_t，EXP_{t-1}，$CUST_t$，$WAR2_{t-1}$，GNP_t，$D1882$，$D1882 \times EXP_{t-1}$，$FRENCHARMY_t$，$D1890$，$D1890 \times CUST_t$，$MERC_{t-1}$

意大利：1864—1913

$NAVY_t$—常数，IMP_t，IMP_{t-1}，$CUST_t$，$ARMY_t$，$D1882$，GOV_t，$MERC_{t-1}$

日本：1874—1913

$NAVY_t$—常数，IMP_t，CON_{t-1}，GOV_t，$MERC_t$，$ARMY_t$，$D1895$，$D1895 \times ARMY_t$，$D1895 \times IMP_t$

俄国：1864—1913

$NAVY_t$—常数，IMP_{t-1}，EXP_t，CON_{t-1}，$WAR2_t$，$BRITNAVY_{t-1}$，$CON_{t-1} \times IMP_{t-1}$，$D1878$，$D1878 \times EXP_t$，$AR(1)$

美国：1869—1913

$NAVY_t$—常数，IMP_t，EXP_t，$CUST_{t-1}$，GNP_t，$BRITMIL_t$，$MERC_t$，CON_t，$CON_t \times IMP_t$，$D1898$，$AR(1)$

进口模型

英国：1854—1913

IMP_t—常数，$ARMY_t$，$ARMY_{t-1}$，$NAVY_t$，$NAVY_{t-1}$，EXP_t，$CUST_t$，PD/PF_t，$WAR1_t$，CON_t，$WAR3_t$，$CON_t \times ARMY_t$，$WAR3_t \times NAVY_{t-1}$，GNP_t，$AR(1)$

法国：1857—1913

IMP_t—常数，$ARMY_t$，$NAVY_{t-1}$，EXP_t，$CUST_t$，GNP_t，PD/PF_{t-1}，CON_t，$WAR1_{t-1}$，$MERC_t$

德国：1875—1913

IMP_t—常数，$ARMY_{t-1}$，$CUST_t$，EXP_t，GNP_{t-1}，PD/PF_t，$NAVY_t$，

$D1890$，$D1890 \times NAVY_t$，$MERC_t$，$AR(1)$

意大利：1865—1913

IMP_t—常数，$ARMY_t$，$ARMY_{t-1}$，$NAVY_t$，$NAVY_{t-1}$，EXP_t，$CUST_t$，CON_t，PD/PF_t，GNP_{t-1}，$AR(1)$

日本：1874—1913

IMP_t—常数，$NAVY_{t-1}$，EXP_{t-1}，CON_t，$CUST_t$，PD/PF_t，$MERC_t$，$AR(1)$

俄国：1864—1913

IMP_t—常数，$ARMY_{t-1}$，EXP_{t-1}，$CUST_t$，$D1878$，$D1878 \times ARMY_{t-1}$，$AR(1)$

美国：1869—1913

IMP_t—常数，$ARMY_t$，$NAVYPROXY_t$，$CUST_t$，PD/PF_{t-1}，GNP_{t-1}，$WAR1_{t-1}$，$WAR1_{t-1} \times ARMY_t$，CON_t，$AR(1)$

$NAVYPROXY_t$——海军项在剩余回归量上的回归残差，如第四章所示

出口模型

英国：1853—1913

EXP_t—常数，$ARMY_t$，$ARMY_{t-1}$，$NAVY_t$，PF/PD_t，IMP_t，GNP_t，$D1882$，$D1882 \times ARMY_t$，$D1882 \times NAVY_t$，$WAR1_t$，$WAR2_t$

法国：1856—1913

EXP_t—常数，$ARMY_t$，$NAVY_t$，GNP_t，CON_t，PF/PD_t，$WAR1_t$，$D1870$，$D1870 \times ARMY_t$，$CON_t \times NAVY_t$，$MERC_t$

德国：1874—1913

EXP_t—常数，$ARMY_t$，GNP_t，PF/PD_t，$WAR2_t$，IMP_{t-1}，$NAVY_t$，$D1890$，$D1890 \times NAVY_t$

意大利：1865—1913

EXP_t—常数，$ARMY_t$，$ARMY_{t-1}$，$NAVY_{t-1}$，IMP_t，GNP_{t-1}，PF/PD_t，$WAR2_t$，$MERC_{t-1}$，$AR(1)$

日本：1875—1913

EXP_t—常数，$ARMY_{t-1}$，IMP_t，PF/PD_t，$D1895$，$D1895 \times ARMY_{t-1}$，$AR(1)$

俄国：1863—1913

EXP_t—常数，$ARMY_{t-1}$，$NAVY_t$，$D1878$，$D1878 \times ARMY_{t-1}$，$D1890$，$D1890 \times NAVY_t$

美国：1869—1913

EXP_t—常数，$NAVY_t$，$NAVY_{t-1}$，PF/PD_t，GNP_t，$WAR2_{t-1}$，$AR(1)$

参考文献

France: *Annuaire Statistique de la France,* Paris: Institut National de la Statistique et des Etudes Economiques, various years, 1878–1966.

Germany: Kaiserlichen Statistischen Amt. (1880–1918), Statistisches Reichsamte (1918–1942). *Statistisches Jahrbuch für das Deutsche Reich,* Berlin: Puttkammer and Muhlbrecht, various years, 1880–1942.

Great Britain: Central Statistical Office, *Annual Abstract of Statistics,* London: HMSO, various years, 1853–1939.

—*Statistical Tables for Principal and Other Foreign Countries,* House of Commons Sessional Papers, London: HMSO, various years, 1860–1912.

—*Suez Canal: Returns of Shipping and Tonnage,* House of Commons Sessional Papers, London: HMSO, various years, 1876–1918.

Hoffmann, Walther G., *Das Wachstum der Deutschen Wirtschaft seit der Mitte des 19 Jahrhunderts,* Berlin: Springer-Verlag, 1965.

Italy: *Annuario Statistico Italiano,* Rome: ISTAT, various years, 1878–1939.

Japan: Imperial Cabinet, *Résumé Statistique de l'Empire du Japon,* Tokyo: Bureau of General Statistics, various years, 1888–1916.

—Department of Agriculture and *Commerce, Japan in the Beginning of the 20th Century,* Tokyo: Tokyo-Shoin, 1904.

Khromov, Pavel A., *Ekonomicheskoe Razvitie Rossii v XIX i XX Vekakh, 1899–1917,* Moscow: Gospolitizdat, 1950.

Mitchell, B.R., *European Historical Statistics: 1750–1975,* New York: Facts on File, 2nd and rev. edn, 1980.

—*International Historical Statistics: Africa and Asia,* New York: New York University Press, 1982.

—*British Historical Statistics,* Cambridge: Cambridge University Press, 1988.

—*International Historical Statistics: Europe, 1750–1988,* New York: M Stockton Press, 3rd edn, 1992.

—*International Historical Statistics: The Americas, 1750–1988,* New York: M Stockton Press, 1993.

Russia: Tawsawentral Nyi Statisticheskii Komitet, *Statistika Rossiiskoi Imperii, Petrograd,* various years, 1886–1916.

United States: Department of Commerce, *Historical Statistics of the United States: Colonial Times to 1970,* Washington, DC: GPO, 1976, 2 vols.

—Department of Commerce, *Statistical Abstracts of the United States,* Washington, DC: GPO, 2000.

Alam, M. Shahid, *Poverty from the Wealth of Nations: Integration and Polarization in the Global Economy Since 1760,* New York: St. Martin's Press, 2000.

Alford, Jr. H. and H. Neill, *Modern Economic Warfare: Law and the Naval Participant,* Washington, DC: GPO, 1967.

Anderson, Ewan W., *Strategic Minerals: The Geopolitical Problems for the United States,* New York: Praeger, 1988.

Angell, Sir Norman, *Raw Materials, Population Pressure and War,* Boston, MD: World Peace Foundation, 1936.

Ashley, Percey, *Modern Tariff History: Germany—United States-France,* London: John Murray, 1910.

Balassa, Bela, *The Theory of Economic Integration,* Homewood, IL: Richard D. Irwin, 1961.

Baldwin, David, 'Power Analysis and World Politics: New Trends Versus Old Tendencies', *World Politics 31/2* January 1979), pp. 161–94.

—*Economic Statecraft,* Princeton, NJ: Princeton University Press, 1985.

Barbieri, Katherine and Gerald Schneider, 'Globalization and Peace: Assessing New Directions in the Study of Trade and Conflict', *Journal of Peace Research 36/4* (July 1999), pp. 387–404.

Barlett, Ruhl, *Policy and Power: Two Centuries of American Foreign Relations,* New York: Hill and Wang, 1963.

Barnett, L. Margaret, *British Food Policy During the First World War,* Boston MA: George Allen and Unwin, 1985.

Beasley, W.G., *Japanese Imperialism, 1894–1945,* Oxford: Clarendon Press, 1987.

Becker, William H., '1899–1920: America Adjusts to World Power', in William H. Becker and Samuel F. Wells, Jr. (eds), *Economics and World Power: An Assessment of American Diplomacy Since 1789,* New York: Columbia University Press, 1984, pp. 173–223.

Borrus, Michael and John Zysman, 'Industrial Competitiveness and American National Security', in Wayne Sandholtz, et al. (eds), *The Highest Stakes: The Economic Foundations of the Next Security System,* New York: Oxford University Press, 1992, pp. 7–52.

Bosworth, R.J. B., Italy, *the Least of the Great Powers: Italian Foreign Policy Before the First World War,* London: Cambridge University Press, 1979.

Brodie, Bernard, *Sea Power in the Machine Age,* Princeton, NJ: Princeton University Press, 1941.

—*A Guide to Naval Strategy,* Princeton, NJ: Princeton University Press, 1944.

—*Strategy in the Missile Age,* Princeton, NJ: Princeton University Press, 1959.

Bryan, G.S., 'Geography and the Defense of the Caribbean and the Panama Canal', *Annals of the Association of American Geographers* 31 /1 (March 1941):pp. 83–94.

Brzezinski, Zbigniew, *Game Plan: How to Conduct the US—Soviet Contest,* Boston, MD: Atlantic Monthly Press, 1986.

Bull, Hedley, 'Sea Power and Political Influence', in Jonathan Alford (ed.), *Sea Power and Influence: Old Issues and New Challenges,* London: IISS, 1980, pp. 3–11.

Cable, James, *Gunboat Diplomacy: Political Applications of Limited Naval Force,* New York: Praeger, 1971.

—*Navies in Violent Peace,* New York: St. Martin's Press, 1989.

Capcraso, James A., 'Interdependence and the Coordination of Foreign and Domestic Policies in the Atlantic World', in Wolfram Hanrieder (ed.), *Economic Issues and the Atlantic Community,* New York: Praeger, 1982, pp. 1–14.

Carlton, Eric, *Occupation: The Policies and Practices of Military Conquerors,* Savage, MD: Barnes and Noble, 1992.

Chan, S. 'The Impact of Defense Spending on Economic Performance: A Survey of Evidence and Problems', *Orbis* 29/2 (1985), pp. 403–34.

—'The Political Economy of Military Spending and Economic Performance: Directions for Future Research', in A.L. Ross (ed.), *The Political Economy of Defense: Issues and Perspectives,* NY: Greenwood, 1991, pp. 203–22.

Choucri, Nazli and Robert C. North, *Nations in Conflict: National Growth and International Violence,* San Francisco, CA: W.H. Freeman and Co., 1975.

Churchill, Rogers P., *The Anglo-Russian Convention of 1907,* Cedar Rapids, LA: The Torch Press, 1939.

Cleef, Eugene van, *Trade Centers and Trade Routes,* New York: D. Applleton-Century, 1937.

Cohen, Benjamin J. *In Whose Interests? International Banking and American Foreign Policy,* New Haven, CT: Yale University Press, 1986.

Cohen, Saul B., *Geography and Politics in a World Divided,* New York: Oxford University Press, 1973.

Cole, Bernard D., *Gunboats and Marines: The United States Navy in China, 1925–1928,* Newark: University of Delaware Press, 1983.

Cole, Charles W., *French Mercantilist Doctrines Before Colbert,* 1931, reprint. New York: Octagon Books, 1969.

'Continuity and Change in the Westphalian Order', special issue of *International Studies Review* 2 (Summer 2000).

Conybeare, John A.C., *Trade Wars: The Theory and Practice of International Commercial Rivalry,* New York: Columbia University Press, 1987.

Couper, A.D., *The Geography of Sea Transport,* London: Hutchinson University Library, 1972.

Crabites, Pierre, *The Spoliation of Suez,* London: George Routledge and Sons, 1940.

Crawford, Beverly, 'The New Security Dilemma Under International Economic Interdependence', *Millennium* 23 (Spring 1994), pp. 25–55.

Curzon, George N., *Russia in Central Asia in 1889, and the Anglo-Russian Question,* 1889, reprint. New York: Barnes and Noble, 1967.

Darby, Phillip, *British Defence Policy East of Suez, 1947–1968,* London: Oxford University Press for the Royal Institute of International Affairs, 1973.

Deger, S. and R. Smith, 'Military Expenditure and Growth in Less Developed Countries', *Journal of Conflict Resolution* 27/2 (1983), pp. 335–53.

DeGrasse, R.W., *Military Expansion and Economic Decline: The Impact of Military Spending on US Economic Performance,* Armonk, NY: ME Sharpe, 1983.

Delucchi, Mark and James Murphy, 'US Military Expenditures to Protect the Use of Persian Gulf Oil for Motor Vehicles', (April 1996), at www.uctc.net/papers/325.pdf.

Desch, Michael C., The Keys That Lock Up the World: Identifying American Interests in the Periphery', *International Security* 14/1 (Summer 1989), pp. 86–121.

Deudney, Daniel, *Whole Earth Security: A Geopolitics of Peace,* Washington, DC: Worldwatch Institute, July 1983.

Drucker, Peter F., The Global Economy and the Nation-State', *Foreign Affairs 76* (September-October 1997), pp. 159–71.

Earle, Edward M., 'Adam Smith, Alexander Hamilton, Fredrich List: The Economic Foundations of Military Power', in Edward M. Earle (ed.), *Makers of Modern Strategy: Military Thought from Machiavelli to Hitler,* Princeton, NJ: Princeton University Press, 1943, pp. 117–54.

East, W. Gordon, *An Historical Geography of Europe,* 1966, reprint. 5th edn, London: Methuen, 1967.

Ebinger, Charles K., *The Critical Link: Energy and National Security in the 1980s,* Cambridge: Ballinger, 1982.

Eckes, Alfred E., Jr., *The United States and the Global Struggle for Minerals,* Austin: University of Texas Press, 1979.

Einzig, Paul, *The Economics of Rearmament,* London: Kegan Paul, Trench, Trubner, 1934.

—*Economic Warfare,* London: Macmillan, 1940.

Ekelund, Robert B., *Mercantilism as a Rent-Seeking Society: Economic Regulation in Historical Perspective,* College Station, TX: Texas A and M University Press, 1981.

Emeny, Brooks, *The Strategy of Raw Materials: The Study of America in Peace and War,* New York: Macmillan, 1934.

Evans, Douglas, *The Politics of Trade: The Evolution of the Superbloc,* New York: John Wiley and Sons, 1974.

Evans, Peter, The Eclipse of the State: Reflections on Stateness in an Era of Globalization', *World Politics* 50 (October 1997), pp. 62–87.

Farnie, D.A., *East and West of Suez: The Suez Canal in History, 1854–1956,* Oxford: Clarendon Press, 1969.

Frederiksen, P.C. and R.E. Looney, 'Defense Expenditures and Economic Growth in Developing Countries', *Armed Forces and Society* 9/4 (1983), pp. 633–45.

Fuller, J.F. C., *War and Western Civilization, 1832–1932: A Study of War as a Political Instrument and the Expression of Mass Democracy,* 1932, reprint. Freeport, NY: Books for Libraries Press, 1969.

Fuller, Jr., William C., *Strategy and Power in Russia: 1600–1914,* New York: Free Press, 1992.

Gasiorowski, Mark, 'Economic Interdependence and International Conflict: Some Cross-National Evidence', *International Studies Quarterly* 30/1 (March 1986), pp. 23–38.

Gasiorowski, Mark and Solomon W. Polackek, 'Conflict and Interdependence: East-West Trade and Linkages in the Era of Détente',*journal of Conflict Resolution* 26/4 (December, 1982), pp. 709–29.

Gerace, Michael P., 'State Interests, Military Power and International Commerce: Some Cross-National Evidence', *Geopolitics* 5/1 (Summer 2001), pp. 101–24.

Geyer, Dietrich, *Russian Imperialism: The Interaction of Domestic and Foreign Policy, 1860–1914,* New Haven CT: Yale University Press, 1987.

Gilpin, Robert, *US Power and the Multinational Corporation: The Political Economy of Foreign Direct Investment,* New York: Basic Books, 1975.

—*War and Change in World Politics,* Cambridge: Cambridge University Press, 1981.

—*The Political Economy of International Relations,* Princeton, NJ: Princeton University Press, 1987.

—*The Challenge of Global Capitalism: The World Economy in the 21st Century,* Princeton, NJ: Princeton University Press, 2000.

Girault, Arthur, *The Colonial Tariff Policy of France,* Oxford: Clarendon Press, 1916.

Gooch, John, *Armies in Europe,* London: Routledge and Kegan Paul, 1980.

—*Army, State and Society in Italy, 1870–1915,* New York: St. Martin's Press, 1989.

Gorg, Christoph and Joachim Hirsch, 'Is International Democracy Possible?' *Review of International Political Economy* 5 (Winter 1998), pp. 585–615.

Gorshkov, S.G., *The Sea Power of the State,* Oxford: Pergamon Press, 1979.

Gottmann, Jean, 'Bugeaud, Gallieni, Lyautey: The Development of French Colonial Warfare', in Edward M. Earle (ed.), *Makers of Modern Strategy: Military Thought from Machiavelli to Hitler,* Princeton, NJ: Princeton University Press, 1943, pp. 234–59.

Gowa, Joanne, *Allies and Adversaries, and International Trade,* Princeton, NJ: Princeton University Press, 1994.

Gray, Colin S., *The Geopolitics of Superpower,* Lexington, KY: University of Kentucky Press, 1988.

—*The Leverage of Sea Power: The Strategic Advantage of Navies in War,* New York: The Free Press, 1992.

Gregory, Paul R., *Russian National Income: 1885–1913,* Cambridge: Cambridge University Press, 1982.

Grove, Eric J., *The Future of Sea Power,* Annapolis, MD: Naval Institute Press, 1990.

Guehenno, Jean Marie, 'The Impact of Globalisation on Strategy', *Survival 40* (Winter 1998/99), pp. 5–19.

Gustafsson, Hans, Bertil Oden, and Andreas Tegen, *South African Minerals: An Analysis of Western Dependence,* Uppsala: Nordiska Afrikainstitutet, 1990.

Hagan, Kenneth J., *American Gunboat Diplomacy and the Old Navy: 1877–1889,* Westport, CT: Greenwood Press, 1973.

Haglund, David G. (ed.), *The Defence Industrial Base and the West,* New York: Routledge, 1989.

Ham, Rose Marie and David C. Mowery, 'Enduring Dilemmas in US Technology Policy', *California Management Review* 37 (Summer 1995), pp. 89–107.

Hanks, Robert J., *The Unnoticed Challenge: Soviet Maritime Strategy and the Global Choke Points,* Cambridge, MA: Institute for Foreign Policy Analysis, 1980.

—*The Cape Route: Imperiled Western Lifeline,* Cambridge, MA: Institute for Foreign Policy Analysis, 1981.

Harkavy, Robert E., *Great Power Competition for Overseas Bases: The Geopolitics of Access Diplomacy,* New York: Pergamon, 1982.

Hartshorne, Richard, 'Political Geography in the Modern World', *Journal of Conflict Resolution* 4/1 (March 1960), pp. 52–66.

Hauner, Milan, *What is Asia to Us ? Russia 's Asian Heartland Yesterday and Today,* Boston, MD: Unwin Hyman, 1990.

Hawtrey, R.G., *Economic Aspects of Sovereignty,* London: Longmans, Green and Co., 1930.

Heckscher, Eli F., *Mercantilism,* rev. edn., trans. Mendel Shapiro, E.F. Soderlund (ed.), Vol. 2, London: George Allen and Unwin, 1955.

Heilperin, Michael A., *The Trade of Nations,* New York: Alfred A. Knopf, 1947.

Hirschman, Albert O., *National Power and the Structure of Foreign Trade,* Berkeley: University of California Press, 1945.

Hoffman, Ross J., *Great Britain and The German Trade Rivalry: 1875–1914,* New York: Russell and Russell, 1964.

Holton, Robert, *Globalization and the Nation-State,* New York: St. Martin's Press, 1998.

Hooper, Edwin B., *United States Naval Power in a Changing World,* New York: Praeger, 1988.

Howard, Michael, 'Order and Conflict at Sea in the 1980s', in Jonathan Alford (ed.), *Sea Power and Influence: Old Issues and New Challenges,* London: IISS, 1980, pp. 74–79.

Hu, Patricia S., 'Estimates of 1996 US Military Expenditures on Defending Oil Supplies from the Middle East: Literature Review', (August 1997), at www-cta.ornl.gov/Publications/military.pdf.

Huang, C. and F.W. Hoole, 'Military Burden and Economic Hegemonic Decline: The Case of the United States', in A. Mintz (ed.), *The Political Economy of Military Spending in the United States,* London: Routledge, 1992, pp. 238–58.

Huisken, Ron, *The Meaning and Measurement of Military Expenditures,* SIPRI Research Report No. 10 (Stockholm: SIPRI, 1973).

Hunter, Holland, *Soviet Transportation Policy,* Cambridge, MA: Harvard University Press, 1957.

Hurd, Archibald and Henry Castle, *German Sea-Power: Its Rise, Progress, and Economic Basis,* 1913. reprint. Westport, CT: Greenwood Press, 1971.

Huston, James A., *The Sinews of War: Army Logistics, 1775–1953,* Washington, DC: GPO, 1966.

Ikenberry, G. John, 'Why Export Democracy? The "Hidden Grand Strategy", of American Foreign Policy', *The Wilson Quarterly* 23/2 (Spring 1999), p. 56, available at wwics.si.edu/OUTREACH/ WQ/WQSELECT/ IKENB.HTM

Imlah, Albert H., *Economic Elements in the Pax Britannica: Studies in British Foreign Trade in the Nineteenth Century,* Cambridge, MA: Harvard University Press, 1958.

Jean, Carlo, 'The Role of the Nation State in Providing Security in a Changed World', *International Spectator* 33/1 (January-March 1998), pp. 67–77.

Jenkins, David B., 'The History of Afghanistan as a Buffer State', in John Chay and Thomas E. Ross (eds), *Buffer States in World Politics,* Boulder, CO: Westview, 1986, pp. 171–89.

Jenkins, E.H., *A History of the French Navy: From its Beginnings to the Present Day,* London: Macdonald and jane's, 1973.

Johns, R.A., *Colonial Trade and International Exchange: The Transition From Autarky to International Trade,* London: Pinter Publishers, 1988.

Jones, Jr., Joseph M. *Tariff Retaliation:Repercussions of the Hawley-Smoot Bill,* Philadelphia: University of Pennsylvania Press, 1934.

Jones, Stephen B., The Power Inventory and National Strategy', *World Politics 6/4* (July 1954), pp. 421–52.

Kaiser, David E., *Economic Diplomacy and the Origins of the Second World War: Germany, Britain, France, and Eastern Europe, 1930–39,* Princeton, NJ: Princeton University Press, 1980.

Kalla-Bishop, P.M., *Italian Railways,* Newton Abbot: David, and Charles 1971.

Kaloudis, George, The Search for Global Order', *International journal on World Peace* 15 (March 1998), pp. 3–21.

Kennan, George F., *The Decline of Bismarck's European Order: FrancoRussian Relations, 1875–1890,* Princeton, NJ: Princeton University Press, 1979.

Kennedy, Paul M., *The Rise and Fall of British Naval Mastery,* New York: Praeger, 1976.

—*The Rise of the Anglo-German Antagonism, 1860–1914,* London: Ashfield Press, 1980.

—*The Rise and Fall of the Great Powers: Economic Change and Military Conflict From 1500 to 2000,* New York: Random House, 1987.

Keohane, Robert O., and Joseph S.Nye, *Power and Interdependence,* 2nd edn., Boston, MD: Scott, Foresman and Co., 1989.

Key, Helmer, *The New Colonial Policy,* London: Methuen, 1927.

Kieffer, John E., *Realities of World Power,* New York: David McKay Co., 1952.

Kim, Key-Hiuk, *The Last Phase of the East Asian World Order: Korea, Japan, and the Chinese Empire, 1860–1882,* Berkeley, CA: University of California Press, 1980.

Kiralfy, Alexander, 'Japanese Naval Strategy', in Edward M. Earle (ed.), *Makers of Modern Strategy: Military Thought from Machiavelli to Hitler,* Princeton, NJ: Princeton University Press, 1943, pp. 457–84.

Kissinger, Henry A., *Diplomacy,* New York: Simon and Schuster, 1994.

Klein, Burton H., *Germany 's Economic Preparation for War,* Cambridge, MA: Harvard University Press, 1959.

Knorr, Klaus, *The War Potential of Nations,* Princeton, NJ: Princeton University Press, 1956.

—The Concept of Economic Potential for War', *World Politics* 10/1 (October 1957), pp. 49–62.

—*Military Power and Potential,* Lexington, MA: Heath Lexington Books, 1970.

—*The Power of Nations: The Political Economy of International Relations,* New York: Basic Books, 1975.

Koburger, Jr., Charles W., *Narrow Seas, Small Navies, and Fat Merchantmen: Naval Strategies for the 1990s,* New York: Praeger, 1990.

Kraft, John C., 'Strategic Minerals and World Stability', in Gerard J. Mangone (ed.), *American Strategic Minerals,* New York: Crane Russak, 1984.

Kranold, Herman, *The International Distribution of Raw Materials,* London: George Routledge and Sons, 1938.

Krasner, Stephen D., 'State Power and the Structure of International Trade', *World Politics 28/3* (April 1976), pp. 317–47.

—*Defending the National Interest: Raw Materials Investments and US Foreign Policy,* Princeton, NJ: Princeton University Press, 1978.

Lambi, Ivo N., *The Navy and German Power Politics, 1862–1914,* Boston, MD: Allen and Unwin, 1984.

Langer, William L., *The Franco-Russian Alliance: 1890–1894,* Cambridge, MA: Harvard University Press, 1929.

Leith, C.K., J.W. Furness, and Cleona Lewis, *World Minerals and World Peace,* Washington, DC: Brookings Institution, 1943.

Lim, D., 'Another Look at Growth and Defense in Less Developed Countries', *Economic Development and Cultural Change* 31/2 (1983), pp. 377–84.

Long, M.H., 'lmperial Policies of Great Britain', *Foreign Affairs* 6/2 (January 1928), pp. 245–68.

Luttwak, Edward N., *Strategy and History, Collected Essays,* Vol. 2, New Brunswick, NJ: Transaction Books, 1985.

—*Strategy: The Logic of War and Peace,* Cambridge, MA: Belknap Press, 1987.

McCwire, Michael, 'Maritime Strategy and the Super-Powers', in Jonathan Alford (ed.), *Sea Power and Influence: Old Issues and New Challenges,* London: IISS, 1980, pp. 56–65.

Mclntosh, Malcolm, japan *Re-Armed,* New York: St. Martin's Press, 1986.

McNaugher, Thomas L., *Arms and Oil: US Military Strategy and the Persian Gulf,* Washington, DC: Brookings Institution, 1985.

McNeill, William H., *The Pursuit of Power: Technology, Armed Force, and Society Since AD 1000,* Chicago: University of Chicago Press, 1982.

MacKinder, Halford, *Democratic Ideals and Reality, With Additional Papers,* New York: W.W. Norton, 1962.

Maguire, T. Miller, *Outlines of Military Geography,* Cambridge: Cambridge University Press, 1899.

Mahan, Alfred T., *Armaments and Arbitration: Or the Place of Force in the International Relations of States,* New York: Harper and Brothers, 1912.

—*The Influence of Sea Power Upon History: 1660–1783,* 1890, reprint, New York: Sagamore Press, 1957.

—*The Interest of America in Sea Power: Present and Future,* 1897, reprint. Port Washington, NY: Kennikat Press, 1970.

—*The Problem of Asia and its Effect Upon International Policies,* Boston, MD: Little, Brown and Co., 1900.

Makinda, Samuel M., 'Sovereignty and Global Security', *Security Dialogue,* 29 (September 1998), pp. 281–92.

Mansfield, Edward D. and Rachel Bronson, 'Alliances, Preferential Trading Arrangements, and International Trade', *American Political Science Review,* 91/1 (March 1997), pp. 94–107.

Mansfield, Edward D., Jon C., Pevehouse, and David H. Bearce, 'Preferential Trading Arrangements and Military Disputes', in Jean-Marc F. Blanchard, Edward D. Mansfield and Norrin M. Ripsman (eds), *Power and the Purse: Economic Statecraft, Interdependence and National Security,* London: Frank Cass, 2000, pp. 92–118.

Marder, Arthur J., *The Anatomy of British Sea Power: A History of British Naval Policy in the Pre-Dreadnought Era, 1880–1905,* New York: Alfred A. Knopf, 1940.

Marshall, Robert, 'Autonomy and Sovereignty in the Era of Global Restructuring', *Studies in Political Economy* 59 (Summer 1999), pp. 115–47.

Mastanduno, Michael, 'Economics and Security in Statecraft and Scholarship', *International Organization* 52/4 (Autumn 1998), pp. 825–54.

—'Economic Statecraft, Interdependence, and National Security: Agendas for Research', in Jean-Marc F. Blanchard, Edward D. Mansfield and Norrin M. Ripsman (eds), *Power and the Purse: Economic Statecraft, Interdependence and National Security,* London: Frank Cass, 2000, pp. 288–316.

Maud, Lt.-Col. P.D., 'Lord Haldane's Reorganization of the British Army, 1905–1912', in Gordon B. Turner (ed.), *A History of Military Affairs in Western Society Since the Eighteenth Century,* New York: Harcourt, Brace and Co., 1952, pp. 269–74.

Maull, Hans W., *Energy, Minerals and Western Security,* Baltimore, MD: Johns Hopkins University Press, 1984.

Mitchell, Donald W., *A History of Russian and Soviet Sea Power,* New York: Macmillan, 1974.

Mitchell, William, *Winged Defense: The Development and Possibilities of Modern Air Power—Economic and Military,* New York:G.PPutnam's Sons, 1925.

Moberg, Erik, The Protection of Resources', in Jonathan Alford (ed.), *Sea Power and Influence: Old Issues and New Challenges,* London: IISS, 1980, pp. 19–23.

Moore, Rebecca R., 'Globalization and the Future of US Human Rights Policy', *Washington Quarterly* 21 (Autumn 1998), pp. 193–212.

Moran, Theodore H., *American Economic Policy and National Security,* New York: Council on Foreign Relations Press, 1993.

Morgan, Gerald, *Anglo-Russian Rivalry in Central Asia: 1810–1895,* London: Frank Cass, 1981.

Morgenthau, Hans J., *Politics Among Nations,* 6th edn., revised by Kenneth W.Thompson, New York: McGraw-Hill, 1985.

Morrow, James D., Randolph M.Siverson and Tressa E.Tabares, The Political Determinants of International Trade: The Major Powers, 1907–90', *American Political Science Review* 92/3 (September 1998): pp. 649–61.

Mueller, M.J. and H.S.Atesoglu, 'A Theory of Defense Spending and Economic Growth', in J.E.Payne and A.P.Sahu (eds), *Defense Spending and Economic Growth,* Boulder, CO: Westview, 1993, pp. 41–53.

Nardenelli, C. and G.B.Ackerman, 'Defense Expenditures and the Survival of American Capitalism: A Note', *Armed Forces and Society* 3/1 (1976), pp. 13–16.

Negash, Tekeste, *Italian Colonialism in Eritrea, 1882–1941: Policies, Praxis and Impact,* Uppsala: Almqvist and Wiksell International, 1987.

Nichols, Albert L. and Richard Zeckhauser, 'Stockpiling Strategies and Cartel Prices', *Rand Journal of Economics* 8/1 (Spring 1977), pp. 66–96.

Nish, lan H., *Alliance in Decline: A Study in Anglo-Japanese Relations, 1908–1923,* London: The Athlone Press, 1972.

—*Japanese Foreign Policy 1869–1942: Kasumigaseki to Miyakezaka,* London: Routledge and Kegan Paul, 1977.

Nye, Jr., Joseph S., *Bound to Lead: The Changing Nature of American Power,* New York: Basic Books, 1990.

—'Soft Power', *Foreign Policy* 80 (Autumn 1990), pp. 153–71.

O'Connor, Raymond G., *Force and Diplomacy: Essays Military and Diplomatic,* Coral Gables, FL: University of Miami Press, 1972.

Olson, Jr., Mancur, *The Economics of Wartime Shortage: A History of British Food Supplies in the Napoleonic War and in the World War I and II,* Durham, NC: Duke University Press, 1963.

Oneal, John R. and Bruce Russett, 'Assessing the Liberal Peace with Alternative Specifications: Trade Still Reduces Conflict', *Journal of Peace Research* 36/4 1999), pp. 423–42.

Ono, Giichi, *Expenditures of the Sino-Japanese War,* New York: Oxford University Press, 1922.

—*War and Armament Expenditures of Japan,* New York: Oxford University Press, 1922.

Osgood, Robert E., 'Military Implications of the New Ocean Politics', in Jonathan Alford (ed.), *Sea Power and Influence: Old Issues and New Challenges,* London: IISS, 1980, pp. 12–18.

O'Sullivan, Noel, 'Concept and Reality in Globalization Theory', inC. P. Rao (ed.), *Globalization, Privatization and Free Market Economy,* Westport, CT: Quorum, 1998.

O'Sullivan, Patrick, *Transport Policy: Geographic and Economic Planning Aspects,* Totowa, NJ: Barnes and Noble, 1980.

Padfield, Peter, *The Great Naval Race: The Anglo-German Naval Rivalry, 1900–1914,* New York: David McKay, 1974.

Parker, Geoffrey, *Western Geopolitical Thought in the Twentieth Century,* New York: St. Martin's Press, 1985.

—*The Geopolitics of Domination,* London: Routledge, 1988.

Pearton, Maurice, *Diplomacy, War and Technology,* Lawrence: University Press of Kansas, 1984.

Pedraja, Rene de la, *The Rise and Decline of US Merchant Shipping in the Twentieth Century,* New York: Twayne Publishers, 1992.

Platt, D.C. M., *Finance, Trade, and Politics in British Foreign Policy: 1815–1914,* Oxford: Clarendon Press, 1971.

Pletcher, David M., '1861–1898: Economic Growth and Diplomatic Adjustment', in William H.Becker and Samuel F.Wells, Jr. (eds), *Economics and World Power: An Assessment of American Diplomacy Since 1789,* New York: Columbia University Press, 1984, pp. 119–71.

Polackek, Solomon W., 'Conflict and Trade', *Journal of Conflict Resolution 24/1* (March 1980), pp. 55–78.

Polackek, Solomon W., John Robst and Yuan-Ching Chang, 'Liberalism and Interdependence: Extending the Trade-Conflict Model', *Journal of Peace Research* 36/4 (July 1999), pp. 405–22.

Polanyi, Karl, *The Great Transformation,* New York: Rinehart and Co., 1944.

Pollins, Brian M., 'Does Trade Still Follow the Flag?' *American Political Science Review 83/2* (June 1989), pp. 465–80.

—'Conflict, Cooperation, and Commerce: The Effect of International Political Interactions on Bilateral Trade Flows', *American Journal of Political Science 33/3* (August 1989), pp. 737–61.

Pounds, Norman G., 'A Free and Secure Access to the Sea', *Annals of the Association of American Geographers* (September 1959) 49/3 , pp. 256–68.

Preeg, Ernest H., *Economic Blocs and USForeign Policy,* Washington, DC: National Planning Association, 1974, Report No. 135.

Preston, Richard A., Sydney F. Wise, and Herman O. Werner, *Men in Arms: A History of Warfare and its Interrelationships with Western Society,* New York: Fredrick A. Praeger, 1956.

Ram, R., 'Conceptual Linkages Between Defense Spending and Economic Growth and Development: A Selective Review', in J.E. Payne and A.P. Sahu (eds), *Defense Spending and Economic Growth,* Boulder, CO: Westview, 1993, pp. 19–39.

Rensburg, W.C. J. and D.A. Pretorius, *South Africa's Strategic Minerals: Pieces on a Continental Chess Board,* Johannesburg: Valiant Publishers, 1977.

Reuveny, Rafael and Heejoon Kang, 'International Trade, Political Conflict/Cooperation, and Granger Causality', *American Journal of Political Science* 40 (August 1996), pp. 943–70.

—'Bilateral Trade and Political Conflict/Cooperation: Do Goods Matter?' *Journal of Peace Research 35* (September 1998), pp. 581–602.

Ropp, Theodore, 'Continental Doctrines of Sea Power', in Edward M. Earle (ed.), *Makers of Modern Strategy: Military Thought from Machiavelli to Hitler,* Princeton, NJ: Princeton University Press, 1943, pp. 446–56.

Rosecrance, Richard, *The Rise of the Trading State: Commerce and Conquest in the Modern World,* New York: Basic Books, 1986.

—*America 's Economic Resurgence: A Bold New Strategy,* New York: Harper and Row, 1990.

—'Regionalism and the Post-Cold War Era', *International Journal 66/3* (Summer 1991), pp. 373–93.

Rosenau, James N., *The Study of Global Interdependence: Essays on the Transnationalization of World Affairs,* London: Frances Pinter, 1980.

Rosinski, Herbert, The Limitations of Mahan and Tirpitz', in Gordon B. Turner (ed.), *A History of Military Affairs in Western Society Since the Eighteenth Century,* New York: Harcourt, Brace and Co., 1952, pp. 352–57.

Ross, Thomas E., 'Buffer States: A Geographer's Perspective', in John Chay and Thomas E. Ross (eds), *Buffer States in World Politics,* Boulder, CO: Westview, 1986, pp. 11–28.

Royal Institute of International Affairs, *Raw Materials and Colonies,* New York: Oxford University Press, 1936.

Sandholtz, Wayne and John Zysman, 'Europe's Emergence as a Global Protagonist', in Wayne Sandholtz, etal. (eds), *The Highest Stakes: The Economic Foundations of the Next Security System,* New York: Oxford University Press,1992, pp. 81–113.

Sayrs, Lois W., 'Reconsidering Trade and Conflict: A Qualitative Choice Model with Censoring', *Conflict Management and Peace Science* 10/1 (Spring 1988), pp. 1–19.

—'Expected Utility and Peace Science: An Assessment of Trade and Conflict', *Conflict Management and Peace Science* 11/1 (Spring 1990), pp. 17–44.

Scharfen, John C., *The Dismal Battlefield: Mobilizing for Economic Conflict,* Annapolis: Naval Institute Press, 1995.

Schlote, Werner, *British Overseas Trade: From 1700 to the 1930s,* trans.W. O. Henderson and W.H. Chaloner, Oxford: Basil Blackwell, 1952.

Schmidt, Vivien A., The New World Order Incorporated: The Rise of Business and the Decline of the Nation-State', *Daedalus* 124/2 (Spring 1995), pp. 75–106.

Schmoller, Gustav, *The Mercantile System and its Historical Significance,* 1897, reprint. New York: Augustus M. Kelly, 1967.

Schonfield, Hugh J., *The Suez Canal in Peace and War: 1869–1969,* Coral Gables, FL: University of Miami Press, 1969.

Schuyler, Robert L., *The Fall of the Old Colonial System: A Study in British Free Trade, 1770–1870,* London: Oxford University Press, 1945.

Sen, Gautam, *The Military Origins of Industrialisation and International Trade Rivalry,* New York: St. Martin's Press, 1984.

Seversky, Alexander P. de, *Victory Through Air Power,* New York: Simon and Schuster, 1942.

Singer, J. David, *Models, Methods, and Progress in World Politics,* Boulder, CO: Westview, 1990.

Singer, Max and Aaron Wildovsky, *The Real World Order: Zones of Peace, Zones of Turmoil,* Chatham, NJ: Chatham House, 1993.

Smith, Michael S., *Tariff Reform in France, 1860–1900: The Politics of Economic Interest,* Ithaca, NY: Cornell University Press, 1980.

Smith, R.P., 'Military Expenditures and Capitalism', *Cambridge Journal of Economics* 1 (1976), pp. 61–76.

Snyder, Jack, *Myths of Empire: Domestic Politics and International Ambition,* Ithaca, NY: Cornell University Press, 1991.

Soros, George, *The Crisis of Global Capitalism: Open Society Endangered,* New York: Public Affairs, 1998.

Spiegel, Henry W., *The Economics of Total War,* New York: AppletonCentury, 1942.

Sprout, Harold and Margaret Sprout, *Toward a New Order of Sea Power: American Naval Policy and the World Scene, 1918–1922,* Princeton, NJ: Princeton University Press, 1946.

Spykman, Nicholas J., *The Geography of the Peace,* New York: Harcourt, Brace and Co., 1944.

Spykman, Nicholas J. and Abbie A. Rollins, 'Geographic Objectives in Foreign Policy, I', *American Political Science Review 33/3* (June 1939), pp. 391–410.

—'Geographic Objectives in Foreign Policy, II', *American Political Science Review 33/4* (August 1939), pp. 591–614.

Staley, Eugene, *Raw Materials in Peace and War,* New York: Council on Foreign Relations, 1937.

—*World Economy in Transition: Technology Vs. Politics, Laissez Faire Vs. Planning, Power Vs. Welfare,* New York: Council on Foreign Relations, 1939.

Stambuk, George, *American Military Forces Abroad: Their Impact on the Western State System,* Columbus: Ohio State University Press, 1963.

Stokesbury, James L., *Navy and Empire,* New York: William Morrow, 1983.

Strange, Susan, *States and Markets,* London: Pinter Publishers, 1988.

Sullivan, Michael, *Power in Contemporary International Politics,* Columbia: University of South Carolina Press, 1990.

Taaffe, Robert N., Transportation and Regional Specialization: The Example of Soviet Central Asia', *Annals of the Association of American Geographers 52/1* (March 1962), pp. 80–98.

Takeuchi, Tatsuji, *War and Diplomacy in the Japanese Empire,* Garden City, NY: Doubleday, Doran, and Co., 1935.

Terrill, Tom E., *The Tariff, Politics, and American Foreign Policy, 1874–1901,* Westport, CT: Greenwood Press, 1973.

Thompson, W. Scott, *Power Projection: A Net Assessment of US and Soviet Capabilities,* New York: National Strategy Information Center, 1978.

Till, Geoffrey, *Maritime Strategy and the Nuclear Age,* New York: St. Martin's Press, 1982.

Tracy, Nicholas, *Attack On Maritime Trade,* Toronto: University of Toronto Press, 1991.

Valencia, Mark J., 'Northeast Asia: Petroleum Potential, Jurisdictional Claims and International Relations', *Ocean Development and International Law 20/1* (1989), pp. 35–61.

Vanberg, Viktor, 'Globalization, Democracy, and Citizens' Sovereignty: Can Competition among Governments Enhance Democracy?' *Constitutional Political Economy* 11 (March 2000), pp. 87–112. Villiers, Cas de (ed.), *Southern Africa: The Politics of Raw Materials,* Pretoria: Foreign Affairs Association, 1977.

Viner, Jacob, *The Customs Union Issue,* New York: Carnegie Endowment for International Peace, 1950.

Voronkov, Lev, 'Regional Cooperation: Conflict Prevention and Security through Interdependence', *International Journal of Peace Studies 4/2* (July 1999), pp. 83–93.

Wallace, Benjamin and Bruce and Lynn Ransey Edminster, *International Control of Raw Materials,* Washington, DC: Brookings Institution, 1930.

Warner, Edward P., 'Douhet, Mitchell, Seversky: Theories of Air Warfare', in Edward M. Earle (ed.), *Makers of Modern Strategy: Military Thought from Machiavelli to Hitler,* Princeton, NJ: Princeton University Press, 1943, pp. 485–503.

Waltz, Kenneth N., *Theory of International Politics,* New York: Random House, 1979.

Weber, Steve and John Zysman, The Risk That Mercantilism Will Define the Next Security System', in Wayne Sandholtz, et al. (eds), *The Highest Stakes: The Economic Foundations of the Next Security System,* New York: Oxford University Press, 1992, pp. 167–96.

Weigley, Russel F., *The American Way of War: A History of United States Military Strategy and Policy,* Bloomington: Indiana University Press, 1973.

—The Anglo-American Armies and Peace, 1783–1868', in Joan R. Challinor and Robert L. Beisner (eds), *Arms at Rest: Peacemaking and Peacekeeping in American History,* New York: Greenwood Press, 1987, pp. 133–59.

Whittam, John, *The Politics of the Italian Army, 1861–1918,* London: Croom Helm, 1977.

Whittlesey, Derwent, *The Earth and the State: A Study in Political Geography,* New York: Henry Holt, 1939.

William J. Casey Institute of the Center for Security Policy, 'Terms of "Engagement": Lugar Anti-Sanctions Measure Could Preclude Important US Security Policy Options', *Casey Institute Perspectives* No. 98-C 117 (William J. Casey Institute of the Center for Security Policy), 22 June 1998, at www.security-policy.org/papers/1998/98-C117.html

Winton, John, *Convoy: The Defense of Sea Trade, 1890–1990,* London: Michael Joseph, 1983.

Woodward, E.L., *Great Britain and the German Navy,* Oxford: Clarendon, 1935.

Woolf, J.B., *The Diplomatic History of the Bagdad Railroad,* 1936, reprint.New York: Octagon Books, 1973.

Wu, Yuan-Li, *Economic Warfare,* New York: Prentice-Hall, 1952.